BASALT REGIONAL LIBRARY DISTRICT

99 MIDLAND AVENUE
BASALT CO 81621
927-4311

747 LEE SPA   09/05
Lee, Vinny.
Guia esencial de decoracion.
$24.95

DATE DUE		DATE DUE	

GUÍA ESENCIAL DE
Decoración

EDIMAT Libros

www.edimat.es

GUÍA ESENCIAL DE
Decoración

Vinny Lee

diseños realizados y escritos por Jane Davies
fotografías de Ray Main y Graeme Ainscough

Contenidos

Introducción

El presente libro es una guía ilustrada e informativa que pretende abarcar todos los aspectos relacionados con la decoración de tu hogar, introduciendo cuestiones básicas como la planificación de tu esquema decorativo, explicando las principales técnicas que puedas necesitar y dándote las ideas y la inspiración necesarias para sacar el máximo partido a cada habitación. Con la ayuda de este libro y un poco de imaginación podrás conseguir el interior que siempre habías soñado.

Arriba: es importante pensar cómo quedarán los objetos dentro del conjunto de una habitación al planificar.

Enfrente: este interior de estilo contemporáneo tiene las paredes pintadas de blanco, que contrastan con los colores fuertes del sofá y de los accesorios como cojines o cuadros. El suelo de madera le da a la habitación un toque de calidez.

Un mundo cambiante

El interés por la decoración ha ido aumentando en los últimos años debido a los cambios que hemos experimentado en la forma de entender la vida en nuestros hogares y en la respuesta a nuestros entornos personales. Mientras que hasta hace unos años la elección de los colores se basaba en la gama disponible en el establecimiento de turno o en la paleta de tonalidades estándar fabricadas por un reducido número de fabricantes de pinturas, actualmente el límite está en la imaginación de cada uno. Por ejemplo, los colores de pintura se pueden mezclar hasta conseguir un tono igual al de un tejido en concreto y se hacen a la carta para satisfacer todos tus deseos.

Disponible para todos

El creciente mercado del bricolaje, inspirado por los numerosos programas de televisión y artículos de revistas, ha abierto las puertas del hasta ahora reservado mundo de los profesionales de la decoración, la pintura y la carpintería, así como de otros muchos especialistas. Las grandes superficies comerciales ofrecen prácticamente de todo, desde luminarias hasta fregaderos de cocina y desde papel pintado hasta accesorios para camas, directamente al público. Artículos que antes había que encargar a las casas comerciales o que había que hacer a medida, en la actualidad se pueden conseguir al instante.

Como la decoración se ha convertido en una actividad tan accesible, hay una creciente demanda de información básica y de calidad sobre cómo crear un esquema de decoración y sobre los trucos y las técnicas fundamentales para que una persona que sea profana en la materia se pueda enfrentar con la terminología y los aspectos prácticos de la decoración.

Es difícil saber por dónde empezar, teniendo en cuenta que la tecnología y los avances en la pintura y en otro tipo de acabados supusieron una variedad cada vez mayor de productos entre los que elegir, por lo que te resultará muy útil contar con una pequeña ayuda para hacer tu elección.

Cómo utilizar este libro

Es fundamental acertar con los básicos, prepararse bien y saber cómo comenzar un proyecto. En este libro nos centramos, en primer lugar, en los aspectos básicos de la decoración de una casa, antes de abordar los complementos y el estilismo de cada habitación. Además trae una serie de proyectos para reproducir que varían en dificultad y en envergadura, de modo que siempre habrá una idea para cada persona, desde el cauto principiante hasta el más confiado decorador avanzado. El libro está redactado de una forma muy sencilla y se incorporan fotografías de los procesos paso a paso. También estudiamos otros aspectos como, por ejemplo, cómo encontrar la inspiración o cómo construir muestrarios. Crear un esquema puede ser una experiencia creativa, así como una oportunidad inmejorable para aprender cómo canalizar tu gusto y qué es lo que más se adecua a tu estilo de vida.

Guía esencial de decoración está dirigido a todos los aficionados a la decoración, a aquellos que tengan una casa grande o pequeña, en la ciudad o en el campo. Se trata de una guía práctica e informativa para sacar el máximo partido a tu espacio, además de un libro inspirador que te enseñará a crear tu propio estilo.

Cómo crear tu propio ambiente

Crear un entorno que se adecue a la composición, estilo y forma del edificio, así como a tus gustos, es lo que convierte una casa en un verdadero hogar. Una casa es una residencia fija, el lugar al que siempre regresamos, un entorno familiar que debemos diseñar para satisfacer nuestros requisitos y necesidades.

La casa se ha convertido en una parte fundamental de nuestra vida diaria (ha dejado de ser un lugar donde asearse, comer y dormir). Aunque todas estas funciones son importantes, nuestra casa también es un lugar donde podemos expresarnos tal como somos, así como expresar nuestros gustos e intereses y nuestro estilo personal. Puede ser una galería o un escaparate de cosas que te gusten o con las que disfrutes, como artefactos u objetos adquiridos en tus paseos por la ciudad, en tus vacaciones o en viajes largos. Nuestro hogar es el lugar donde nos relajamos, nos expandimos y nos divertimos con los amigos, pero también puede ser tu lugar de trabajo, lo que significa que es necesario incorporar muchas funciones diferentes dentro del plan doméstico básico.

Cómo encontrar tu propio estilo

Actualmente resulta mucho más sencillo adecuar nuestro entorno a nuestro propio gusto, debido a la creciente oferta de materiales disponible. Por lo tanto, tu casa y la forma en la que está decorada, dicen mucho de ti. De este modo, algunas personas pueden seguir un estilo de clara inspiración clásica, otros buscarán un aspecto práctico y cómodo, y algunos seguirán una moda o tendencia.

Lo más importante es crear un espacio en el que te sientas cómodo. Hay tendencias muy fuertes y modernas que causan una gran sensación y ocupan las páginas de las revistas de decoración más importantes y que pueden tener una gran influencia sobre el mercado del interiorismo en un momento dado, pero a lo mejor no son las más adecuadas para ti. Aunque haya un determinado estilo que resulte atractivo, tú deberás modificarlo y adaptarlo a tu espacio y a tu estilo de vida.

Por ejemplo, el estilo minimalista de la obra del arquitecto Claudio Silvestrin, un maestro de los entornos espiritualmente limpios, es el sueño de los puristas. Sus interiores son prácticamente monacales, creados principalmente con espacios blancos y lineales pero, por suerte, Silvestrin admite que su estilo no es para todo el mundo (hay que ser una persona

Abajo: tu casa debe ser la expresión de tu propio estilo. Aquí se combinan los colores oscuros con los accesorios de formas redondeadas para conseguir un aspecto espectacular.

disciplinada para vivir en él y aceptar el pensamiento que lleva unido para alcanzar el equilibrio entre el espacio y la luz).

Pero también es posible admirar la obra de Silvestrin sin seguirla al pie de la letra. Empieza por los aspectos básicos (las líneas puras y las formas hermosas) y luego utiliza un amplio espacio de almacenamiento, deshaciéndote de algunas de tus pertenencias. Con el tiempo descubrirás que te estás deshaciendo de más cosas y comprando menos, convirtiéndote poco a poco en un seguidor del estilo minimalista.

Puede llegarte la inspiración mirando una fotografía del interior de una casa fantástica en un libro o en una revista elegante. La habitación en cuestión puede ser muy cara y costarte muchos meses (o incluso años) de dedicado trabajo conseguirla (lo que puede estar fuera de tu alcance e interés). La clave está en pensar de forma práctica, analizar los cuadros o fotografías y quedarse con los elementos que más te atraigan.

Pregúntate a ti mismo qué es lo que realmente te atrae de esa habitación en concreto. ¿Es el color de las paredes? ¿El estilo y la disposición de los muebles? ¿Los suelos o el aspecto de la habitación? Una vez que hayas descubierto de qué se trata, piensa si es un estilo práctico para ti y cómo podrías recrearlo. ¿Quedará bien en tu habitación y se adecuará a tu estilo de vida? Y lo más importante de todo, ¿se trata únicamente de una moda de la que te acabarás cansando?

Cómo personalizar tu espacio

El extraordinario diseñador francés Philippe Starck dijo en una ocasión: «Es importante infundir amor en el lugar en el que viva. No es sano contratar a un diseñador de interiores para que te diseñe tu propia casa porque no es bueno vivir en la fantasía de otra persona. La gente debería elegir por sí misma y reflejar su propia

identidad en un lugar. Debería mezclar y combinar todo para crear su propio cóctel».

A la hora de decorar tu casa, piensa primero en tu estilo de vida y pregúntate a ti mismo cómo y dónde vives. ¿Tienes una habitación en una casa compartida? ¿Hay zonas de estar comunes con otras personas? Puedes ser un estudiante con una habitación en una casa alquilada o un adolescente que vive con sus padres o en su propio piso en un bloque de apartamentos.

El grado de personalización de un espacio puede variar mucho. Por ejemplo, tu habitación puede ser el lugar en el que te expreses realmente, pero una zona compartida, como una salita de estar o un comedor, tendría que ser un término medio y adecuarse a los gustos y aversiones de todas las personas que la utilizan.

En una habitación compartida, una decoración neutra quedaría bien con una pared sencilla y unas alfombras y darle un poco de vida con los accesorios. Cuando se trata de compartir zonas utilitarias, como la cocina o el cuarto de baño, lo que primero se busca es que sean prácticas (la mejor opción son las superficies resistentes que se puedan limpiar, fácil, regular y minuciosamente).

También puedes decantarte por dejar una serie de habitaciones «públicas», como salas de estar y comedores, donde entren personas que no pertenezcan al círculo familiar, con un estilo más libre, en las que introduzcas algún toque personal pero sin crear un espacio recargado ni excesivamente personal en el que los visitantes no se sientan cómodos.

Cambio de gustos

Los propios gustos suelen variar con el paso del tiempo. Las cosas que te gustaban y te desagradaban en la infancia eran probablemente muy diferentes a las que te agradaban en la adolescencia. Del mismo modo, al dejar la casa familiar (un espacio influenciado por tus padres y por sus

gustos personales) empiezas a experimentar con tus propios esquemas. El compromiso empieza de nuevo al encontrar pareja y formar un hogar juntos. Entonces, si tienes familia, tendrás que modificar tus ideas y tu estilo para adaptarte también a sus necesidades. El tiempo y las circunstancias, al igual que las modas, las tendencias y el emplazamiento de tu casa, afectarán a tu modo de vida y a la forma de decorar tu espacio.

Arriba: se puede utilizar el cristal para crear una ilusión de espacio, como observamos en este asombroso hueco de escalera contemporáneo.

Colores y texturas

Los colores y las texturas son dos elementos fundamentales en el aspecto final de una habitación. El color ayuda a definir el ánimo y el ambiente y se puede utilizar para disimular o acentuar determinados aspectos. La textura realzará las superficies de paredes, muebles y accesorios.

Encontrar la inspiración

Reunir una paleta de colores para el esquema global de una habitación dependerá del estilo o del tipo de decoración que escojas, y la clave para decidirlo es la inspiración. Puedes empezar por encontrar una tela de cortinas que te guste y guiarte por sus tonalidades, o seguir el mismo proceso con un cuadro, un mueble o una pieza de artesanía hecha a mano que haga despertar tu imaginación.

Actualmente, la inspiración nos

Abajo: este jarrón amarillo contrasta con el color naranja de la pared del fondo. El amarillo y el naranja son colores compatibles dentro de la misma familia.

puede llegar desde cualquier lugar del mundo. El cine, la televisión y las oportunidades cada vez mayores de viajar hacen posible que una cocina de Londres recree las paredes bañadas por el sol de una villa italiana, que un apartamento de Nueva York reproduzca los tonos verdes y los azules grisáceos de una casa escandinava tradicional y que el arte tribal de un poblado africano esté presente en un moderno estudio parisino.

Las temáticas, como una colección de máscaras africanas o de cerámica oriental, pueden ser la base y la inspiración de todo un esquema de decoración. Si el diseño no es lo tuyo, investiga la gama de materiales y acabados disponibles. Sé valiente y experimenta con materiales insólitos para conseguir un estilo único.

La teoría del color

A la hora de elegir una combinación de colores existen diversas opciones (incluida la elección de colores de la misma familia, que tienen una misma base de color, colores opuestos o colores tonales). La mejor forma de ver las distintas opciones es estudiando una rueda de color. Es como un arco iris, pero los colores están dispuestos alrededor de un círculo en vez de formar un arco lateral. Los colores primarios (el rojo, el amarillo y el azul) son los principales radios y, entre ellos, se sitúan colores que se consiguen combinándolos. Esto significa que entre el rojo y el amarillo hay un tono rojo con

un rastro de amarillo, luego el verdadero color naranja y, a continuación, amarillo con un poco de rojo. Entre el amarillo y el azul los colores son el amarillo con un rastro de azul, el verde y el azul con algo de amarillo.

Los que pertenecen a la misma familia son los mezclados, de modo que el rojo, el amarillo y el naranja son de la misma familia que el rojo, el púrpura y el azul. Los opuestos o que contrastan son los que se enfrentan diametralmente en la rueda, de modo que el rojo y el verde, el naranja y el azul, el amarillo y el violeta son opuestos. Las combinaciones tonales eligen un color sencillo, como el rojo, y utilizan tonalidades más claras y más oscuras en lugar de mezclarlo con otros colores.

Cómo elegir tus colores

La elección del color es algo muy personal y la gente reacciona de formas muy diversas a las diferentes tonalidades. Ante todo, debes elegir colores con los que tú y tu familia os sintáis a gusto. Por ejemplo, a una persona el color rojo le puede resultar muy acogedor, mientras que a otra le puede parecer cargante.

Los colores neutros son muy populares desde hace tiempo (el magnolia es un color estándar a nivel mundial, al igual que el *beige,* los amarillos claros y los blancos grisáceos) porque resulta muy sencillo convivir con ellos y hacen las habitaciones luminosas.

Hay una norma básica de la decoración que dice que los colores oscuros hacen que las superficies avancen, mientras que los claros las hacen retroceder. Los colores oscuros pueden hacer que un techo parezca más alto. Por ejemplo, un techo pintado con un tono negro o azul oscuro brillante hará que el techo parezca infinito, como el cielo por la noche. Los colores oscuros, al igual que las texturas, se pueden utilizar para disimular superficies irregulares o desequilibrios arquitectónicos.

Para conseguir un resultado impactante y espectacular te recomendamos que utilices tonos vivos. Mucha gente se muestra recelosa a utilizarlos y a manifestarse de un modo tan definitivo a la hora de decorar sus hogares pero, si te atreves, el efecto final te recompensará. Tardarás algún tiempo en acostumbrarte a los colores intensos y oscuros, pero siempre puedes hacerlo poco a poco, potenciando el color gradualmente hasta conseguir un tono realmente oscuro. Pinta una pared con un color fuerte y déjala unas cuantas semanas hasta que te acostumbres o empieza con una primera mano de un tono claro y añade más adelante un color más oscuro, para tener tiempo de adaptarte y familiarizarte con el cambio.

Debes tener en cuenta que cuando veas por primera vez las paredes desnudas pintadas con un color oscuro, las encontrarás muy cargadas, e incluso abrumadoras, pero tan pronto coloques las alfombras, los muebles, los cuadros, las luces y la pasamanería, el efecto se reducirá sustancialmente.

Esquemas tono sobre tono

Puedes utilizar el truco de los diseñadores de interior de emplear esquemas tono sobre tono (esto significa utilizar una variedad de diferentes tonalidades de un mismo color). Por ejemplo, si pintas las paredes de color marrón café y colocas una alfombra de un color marrón más claro en el suelo, puedes escoger para la tapicería un tejido que contenga ambas tonalidades y quizás añadir un tono más oscuro en los muebles para conseguir

un efecto más fuerte. Los accesorios pueden ser de tonalidades más claras o más oscuras dentro del mismo color base para que todas las tonalidades tengan la misma nota básica armónica. De todos modos, debes tener cuidado de que esta combinación no resulte un poco apagada. Para evitar esto, añade materiales como el cristal, el latón, el oro y la plata y muchos estampados y texturas.

Textura

El tipo de acabado para las paredes también influirá en el efecto final. Una superficie mate y gredosa hará que un color oscuro parezca más oscuro y suave, y absorberá la luz haciendo que el efecto sea un poco más oscuro. Una superficie con pintura de aceite brillante enfatizará la profundidad del color y, debido a que la superficie refleja la luz, puede doblar el impacto de la iluminación natural y artificial.

La textura es importante, no sólo para el acabado de las paredes, sino también para la mezcla de materiales y fundas que utilices (una habitación llena de superficies lisas resultará plana para la vista, pero si colocas unas fundas de cojines de chenilla añadirás un toque distinto).

Arriba: *un esquema tono sobre tono en blanco y amarillo crea un efecto sutil.*

Abajo: *esta alfombra muy texturada contrasta en una habitación que tenga muchas superficies lisas.*

Muestrarios

Los decoradores profesionales colocan los muestrarios juntos para presentar a sus clientes una selección de materiales, colores de pintura, papeles de pared, accesorios y alfombras, para poder comparar así los colores y texturas. Son una forma de mostrar todos los ingredientes de la receta antes de prepararla.

Enfrente: *un muestrario reúne todas tus ideas para un esquema decorativo, incluidos los colores, las texturas, los dibujos y los tejidos que hayas elegido.*

Abajo: *una vez que hayas creado tu muestrario, puedes transformar tus ideas en realidad en tu hogar.*

Un muestrario es una forma de reunir una serie de elementos de materiales de decoración para poder verlos y tocarlos, mezclarlos y combinarlos hasta encontrar la combinación perfecta. Tratar de explicar a alguien de palabra o imaginar cómo combinan las diferentes texturas y colores resulta prácticamente imposible. Una persona diría que se trata de un color crema, mientras que otra lo describiría como amarillo o dorado. La palabra «ribete» se puede utilizar para describir un millón de accesorios y acabados diferentes, pero sólo uno será el acertado para tu pantalla o galería, por lo que es muy importante ver una muestra real.

El muestrario también nos da la oportunidad de jugar con diferentes muestras y ver cómo combinan. Por ejemplo, si quieres una pintura de color crema y has encontrado una tela de un tono similar, puedes probarlos con diferentes colores que destaquen más, como el rojo o el verde, para ver cuál queda mejor en la paleta general.

Cómo hacer un muestrario

Para hacer un muestrario necesitas una lámina grande de cartulina blanca gruesa. Empieza sujetando con alfileres pequeños retales y muestras. A medida que lo vayas actualizando, quita los trozos más antiguos o que hayas descartado. Finalmente, cuando hayas llegado a una selección final, pégalos para asegurarte de que los trozos no se caigan ni se pierdan.

Aunque este tablón es básicamente una guía visual, asegúrate de que conservas las referencias de todos los objetos que colocas y, por lo tanto, tienes un registro con todos los detalles de los fabricantes.

El muestrario también puede resultar muy útil para ver cómo reaccionan los diferentes colores y tejidos a las diferentes luces. Puedes acercarlo a la ventana y comprobar si los colores combinan bien a la luz del día y, por la noche, puedes probarlos bajo la luz eléctrica para ver si siguen siendo compatibles y si hay alguna alteración tonal.

Deberías hacer un muestrario para cada habitación de la casa (no apelotones dos o tres esquemas diferentes en un mismo muestrario, ya que lo único que conseguirás será confundirte). El muestrario también puede resultarte muy útil para llevarlo contigo cuando vayas a escoger los muebles, las alfombras u otros acabados ya que será un punto de referencia tanto para ti como para el proveedor o el dependiente.

Qué colocar en los muestrarios

Algunos de los objetos pueden ser sólo temporales (por ejemplo, puede ser que encuentres una hoja o un envoltorio de un caramelo que sea justo del mismo color que estabas buscando). Guarda el envoltorio o la hoja y colócalo en el tablón hasta que encuentres el mismo color de pintura. También puede ser que encuentres un dibujo o una postal que represente una habitación, una composición o un mueble con las características adecuadas o con una forma interesante. Coloca el dibujo en el tablón para acordarte de qué es lo que estás buscando. Recuerda que la inspiración está a tu alrededor.

Épocas y estilos

Puedes crear tu propio estilo combinando esquemas antiguos y modernos o muebles viejos y nuevos. Puedes elegir un diseño que se adapte a la antigüedad de tu casa o, simplemente, uno que te guste. Pero, además de los elementos que escojas, trata de utilizar un esquema armonioso de colores y texturas.

Cómo encontrar tu propio estilo

Las tendencias pasadas, futuras o presentes pueden influir notablemente en tu esquema de decoración. El edificio en el que vives puede pertenecer a un período o estilo determinados, relacionados con una gama de colores o de mobiliario concreta y esto podría servirte de inspiración para tratar de reproducir estos elementos en tu decoración. Por ejemplo, en las décadas de 1950 y 1960, un bloque de apartamentos sería el escenario perfecto para la utilización de muebles de estilo retro con tejidos de estampados geométricos. Una casa de principios del siglo XX podría conservar algunas características originales como las cornisas, los detalles de yeso y las chimeneas de mármol o de yeso (estos detalles harán que te decantes por un mobiliario y por unos tejidos de estilo más clásico).

Incluso aunque el edificio donde se encuentre tu casa no pertenezca a ningún estilo en concreto, puede haber algún período de la historia que te evoque un recuerdo nostálgico o con el que disfrutes. Por ejemplo, te puedes atraer el Art déco y la era del jazz con sus muebles de líneas angulares y cuadradas, los espejos teñidos en color champán y el sentimiento de opulencia y decadencia. O quizás el estilo *American shaker* se adapte mejor a tus gustos (reservado y sano, con especial énfasis en la artesanía y en la utilidad).

Las influencias orientales en el estilo de los interiores suelen ser cíclicas (los muebles lacados en rojo y en negro y la simplicidad de formas del estilo zen están actualmente en plena vigencia, aunque a principios del siglo XX lo que se llevaba era el estilo oriental más ornamental. Se llevaban los *chinoiserie* y las sedas con ricos bordados, los muebles taraceados y con pinturas ornamentales, los grandes jarrones y los cuencos pintados. De modo que, aunque la inspiración tiene el mismo origen, Oriente, esta influencia se interpretaba de distintas formas.

Cómo recrear un estilo

Los gustos en la forma de vivir un estilo y una época también varían mucho. Algunas personas deciden ignorar por completo el estilo del edificio o del apartamento en el que viven y tapar los detalles de las cornisas y los paneles de las puertas para quedarse con un lienzo en blanco sobre el que recrear su propio estilo individual. Otros gastan gran cantidad de tiempo y dinero tratando de restaurar los elementos de la decoración original, buscando en mercados y en almacenes especializados para encontrar la chimenea del período adecuado y recurren a artesanos para reproducir los antiguos adornos de yeso.

Además de la decisión que tomes, es importante atender a todos los detalles. Si quieres devolver su estilo original a un lugar, tienes que investigar cuáles eran los colores y los tejidos disponibles en esa época. Por ejemplo, no tiene sentido utilizar tejidos claramente sintéticos, como cortinas de nailon brillante en una habitación inspirada en la decoración de principios de siglo, ya que esta tela no se inventó hasta la década de 1930. Las grandes telas pintadas en las que se representan grullas y urnas chinas se verán igualmente extrañas en un piso inspirado en los años 60.

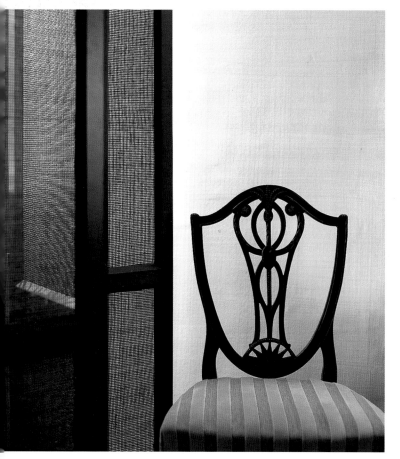

Abajo: *esta silla con el respaldo trabajado pertenece a un período clásico, aunque también quedaría bien en un conjunto moderno.*

Todos los elementos decorativos, desde las cortinas hasta los muebles, deberían ser armoniosos (no es necesario que sean del mismo año, pero sí que tengan una temática común).

A la hora de recrear un estilo determinado, empieza con los básicos, como la pintura. Actualmente hay muchas empresas que se dedican a reproducir colores de pinturas y acabados de períodos históricos con exactitud, por lo que te resultará sencillo encontrar un color concreto.

Con el resurgir del papel pintado resulta mucho más sencillo encontrar los estampados geométricos de las décadas de 1950 y 1960, muchos de los cuales han sufrido una adaptación a los colores del siglo XXI. Algunos diseñadores, como Todhunter Earle, han utilizado formas inspiradas en el estilo de los 60 en sus colecciones de papeles pintados, pero con colores más sutiles que los tonos chillones utilizados en esa época. Cath Kidston ha creado unos divertidos estampados basados en los dibujos animados con una maravillosa gama de adornos florales y dibujos de vaqueros.

Una mezcla ecléctica

Para aquellas personas que opten por un estilo más sencillo y ecléctico será suficiente mezclar elementos antiguos y modernos. No es necesario seguir al pie de la letra una regla de decoración para crear un interior bonito, de modo que siente total libertad para experimentar con lo que ya tengas.

Mucha gente hereda muebles de sus familiares y amigos y, con el paso del tiempo, se hacen con una colección procedente de distintas casas. No es necesario que todas las piezas correspondan al mismo estilo o a la misma época, de modo que, si estás en posesión de una colección ecléctica, lo único que tienes que hacer es encontrar un vínculo de unión entre las piezas por otros medios. En este caso, los elementos de fondo desempeñan un papel sumamente importante a la hora de aunar todos los elementos. Por ejemplo, las paredes, los suelos, las alfombras y las cortinas deben pertenecer a una paleta similar o que contraste pero resulte compatible.

Las piezas más grandes del mobiliario, como los sofás o los sillones, se pueden vincular utilizando el mismo tejido en las tapicerías. Otra opción es tapizar algunas piezas con telas estampadas y seleccionar colores lisos del dibujo para tapizar las sillas y las fundas de otros muebles. Los cojines esparcidos también pueden servir para crear cierta armonía entre los diversos estilos y formas del mobiliario.

Hay muchas piezas que son eternas y que se adecuan prácticamente a cualquier esquema y diseño de una habitación (se trata de elementos independientes, como piezas artísticas o esculturas). Por ejemplo, la silla de palisandro labrado con cojines de cuero y reposapiés a juego, modelo 670 de Earnes, se fabricó por primera vez en 1956 y actualmente se sigue fabricando. Se puede encontrar esta silla en muchos hogares contemporáneos, en entornos que van desde el minimalismo en blanco y el estilo retro de la década de 1950 hasta la mezcla ecléctica presente en cualquier casa.

Otras piezas clásicas son el reclinatorio de Corbusier, el reposapiés *Butterfly* de Sori Yanagi, las sillas de madera curvada de Thonet y las originales sillas de Lloyd Loom, las cuales se adaptarían a la perfección en cualquier casa siempre que se opte por un estilo de decoración clásico o neutro.

Arriba: las piezas eternas, como esta mesa de madera cromada, se adaptan a cualquier esquema.

Estaciones y estilos

Cada estación y cada ciclo de tiempo traen consigo una serie de requisitos y necesidades diferentes. Por ejemplo, en verano queremos estar frescos, mientras que en invierno buscamos el calor. Por ello, nuestro entorno debe ser convertible para poder adaptarlo y sentirnos cómodos en las dos situaciones extremas.

Después de los largos días oscuros del invierno, saludamos alegremente la primavera, que nos trae nuevos brotes, luz y un sentimiento de frescura y renovación. Es una buena época para abrir las ventanas de par en par y arrojar del telarañas del invierno. A medida que la primavera avanza y llega el verano, el tiempo se vuelve cada vez más cálido y los campos se llenan de flores y de frutas de temporada que aportan una nota de frescura y color a tus habitaciones.

El otoño es la época de la vendimia y de los colores cambiantes, en la que abundan los tonos rojizos, bronce y cobre. Al llegar el invierno, buscamos el refugio en una casa acogedora para esperar de nuevo la llegada de la primavera.

Tejidos de temporada

En los últimos años se ha puesto de moda cambiar los complementos de verano por los de invierno. Esto puede deberse a que la pasamanería es más barata y más fácil de comprar, por lo que hay una gran variedad donde elegir y mucha disponibilidad. Además, teniendo dos juegos de fundas, los materiales se desgastan menos y siempre tenemos una muda libre para repararla, limpiarla o lavarla.

Si quieres cambiar mucho el aspecto de una habitación, empieza con las ventanas. Quita las cortinas oscuras y pesadas cortinas del invierno y cámbialas por visillos o por cortinas de gasa blancas o de colores claros para la primavera y el verano. Después cambia las fundas de los cojines, pasando de los estampados ornamentales, los tonos rubí y las texturas elaboradas a los tejidos de algodón rizado, lino y seda en tonos pastel y con dibujos o cuadros ligeros. Por último, cambia las mantas de lana por algodón texturado o nido de abeja. Realmente no estás cambiando los muebles, sólo los complementos, pero notarás una gran diferencia en el interior de tu casa a medida que las estaciones van cambiando en el exterior.

Las fundas de tabardo para los cabezales y las sillas de comedor de respaldo alto son formas muy sencillas de atraer los cambios de estación. Compra fundas de colores cálidos para el invierno y el otoño y escoge colores más frescos para la primavera y el verano. El tabardo también ayuda a sujetar las fundas y es muy fácil de sacar para lavarlo si se mancha.

Los cambios estacionales también suponen un cambio estético para tu entorno, creando un cambio que refleja los ciclos de la naturaleza y del paisaje del exterior.

Abajo y derecha: *el amarillo es un color sumamente adaptable. Puede ser fuerte, cálido y alegre o pálido y refrescante.*

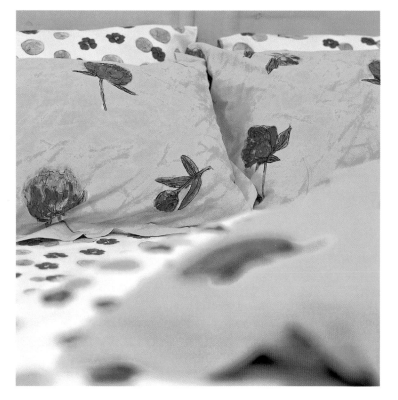

Características de las estaciones

Se pueden potenciar los colores colocando flores típicas de la estación, y qué mejor forma de resaltar los cambios de época que utilizando plantas y flores.

En invierno, cuando las flores escasean y son caras, podemos preparar arreglos florales con plantas de tiesto de llamativos tonos verdes, como el acebo y la hiedra. Otra opción es preparar perfumados cuencos con astillas de madera o piñas y naranjas decoradas con clavos. La primavera es la estación de los amarillos intensos, los verdes claros y de las flores frescas (se pueden comprar cortadas, aunque duran más con bulbos). El verano es una época en la que las flores abundan en los jardines y en las praderas. Puedes reproducir en tu hogar la sensación de sol y calor con un cactus pequeño o flores exóticas, como las orquídeas. El otoño es testigo de la caída de las hojas y de la suavidad de los tonos naranjas, rojos y color herrumbre. Recoge unas cuantas hojas, sécalas y colócalas en un cuenco, bajo un montoncito de avellanas.

Izquierda: *estas flores de color morado se potencian con un recipiente de plata o de cristal.*

Arriba: *las flores blancas y de color verde claro son perfectas para llevar un soplo de primavera al hogar.*

Abajo: *las rosas complementan cualquier ambiente interior, tanto en primavera como en verano.*

También puede ser beneficioso para tu salud y tu actitud. Por ejemplo, probablemente cambies el pesado edredón de plumas de invierno por una manta fina de algodón de nido de abeja, así que, ¿por qué no utilizar unas sábanas o una cubierta de lino en los meses cálidos?

Los tejidos reversibles son muy útiles para los cambios de estación. Por ejemplo, las cortinas con un lado de color oscuro y otro más claro se pueden poner con el tono pálido en verano y el más fuerte en invierno.

Cambios de estilo estacionales

Las fundas reversibles también te ofrecen la oportunidad de cambiar el estilo de tu hogar (por ejemplo, un juego de fundas y de pasamanería puede ser clásico o neutro y el otro moderno o claro, de modo que no será sólo un cambio estacional, sino también un cambio de estilo).

La variedad es la chispa de la vida, así que al cambiar los colores y/o estampados de tu casa, acabarás con el cansancio y el aburrimiento que pueda producirte tu entorno. No es necesario hacer cambios radicales para que surtan efecto.

Se pueden conseguir cambios sutiles pero impresionantes simplemente combinando colores y estampados. Por ejemplo, elige una habitación con las paredes pintadas de azul claro e intermedio. En el invierno, utiliza complementos del tono más oscuro y de la gama del azul marino y el azul oscuro. Introduce un toque cálido con tonos morados y borgoña, que tienen una base azulada pero también una nota rojiza que da un punto de calidez y alegra un color que, de otro modo, parecería muy frío. En la primavera y el verano, el azul se puede hacer más frío añadiendo complementos en tonos gris plateado, blancos y azul glacial, para potenciar la frialdad del color.

Una habitación neutra con paredes pintadas de colores blancos, crema o beige ofrece una gran gama de oportunidades a la hora de elegir los complementos acordes con el cambio de estación. Por ejemplo, la primavera y el verano son épocas de colores vivos y frescos como el naranja, el verde y el limón, pero en invierno puedes añadir los tonos suaves del visón, gris claro, el *toffee* y el café para crear un ambiente cómodo, relajante y acogedor.

Tejidos

Las telas se pueden hacer con fibras sintéticas o naturales y pueden ser lisas, estampadas o texturadas, en una gran variedad de espesores y acabados. A la hora de elegir los materiales para un esquema decorativo, trata de visualizar el efecto total. Por ejemplo, si la habitación es lisa, puedes permitirte introducir un estampado en la ventana o en el sofá y en los sillones pero si, por el contrario, la habitación tiene muchos estampados, escoge telas sencillas y lisas. Algunas telas son mejores para tapizar que otras, de modo que asegúrate de escoger una tela con un grosor específico. El precio será otro de los factores que influyan en tu decisión final. Si tienes unos ventanales muy grandes y quieres ponerles unas cortinas muy fruncidas que vayan desde el techo hasta el suelo, necesitarás una gran cantidad de tela. Este motivo puede hacer que te decantes por un tejido más económico. Si encuentras una tela cara que te deja fascinado, utilízala en zonas más pequeñas. Se puede sacar mucho partido a un trozo pequeño de tela si se utiliza bien. Por ejemplo, puedes utilizar la tela para forrar unos cojines estratégicamente colocados en un sofá.

DESDE ARRIBA A LA IZQUIERDA EN EL SENTIDO
DE LAS AGUJAS DEL RELOJ

Las telas de pelo son más adecuadas para cojines y
zonas pequeñas que para tapizar superficies grandes.

Los adornos y accesorios pueden alegrar y embellecer
un cojín o una cortina lisos (estos pequeños abalorios
de cristal le dan un toque de distinción al cojín).

Los tejidos que escojas tendrán un efecto duradero en
la sensación general de la habitación. Este terciopelo
devoré puro añadirá una nota de romanticismo en
cualquier lugar donde lo coloques.

La gasa es una buena elección como cortina, ya que
deja pasar mucha luz.

Una manta no tiene por qué ser monocromática (esta
manta tiene una vistosa combinación de colores
azules, marrones y crema).

Para las cortinas y las persianas escoge materiales
suaves y que tengan una buena caída. Las telas tiesas
y rígidas caerán torpemente formando bultos y arrugas
en vez de hacer delicados pliegues.

Procura utilizar chenillas y terciopelos de colores vivos
en los cojines y para dar un aire lujoso a una habitación.

Puedes decantarte por los colores alegres y los
estampados geométricos en las alfombras para crear
una zona con un efecto espectacular en el suelo.

Una chenilla gruesa, como en la fotografía, resulta
perfecta para tapizar cualquier superficie.

La piel se fabrica a menudo con fibras sintéticas y
debe llevar una etiqueta de combustión lenta para
garantizar que se puede utilizar con seguridad.

Las telas de puntos sueltos, como este punto abierto
en *mohair* son más decorativas que prácticas y se
pueden colocar sobre el respaldo de una silla o de un
sofá o bien colgadas en la pared.

Las tejidos de intrincados estampados y superficies
lisas son perfectos para las tapicerías y las cortinas.

Los materiales de colores suaves y estampados
veraniegos alegran una habitación sin luz.

Los estampados clásicos nunca pasan de moda.

Cómo diseñar tu hogar

Antes de empezar a trabajar en una casa nueva o de iniciar obras, tómate un tiempo para planificar tus objetivos. Pregúntate qué es lo que quieres y cuál es la mejor forma de conseguirlo. Resulta más sencillo y barato emplear más tiempo y esfuerzo en esto que hacer las cosas a toda prisa y cometer errores.

Enfrente: *planea las uniones entre las habitaciones y asegúrate de que las zonas adyacentes están decoradas con un estilo complementario.*

Abajo: *antes de decorar, dibuja un plano detallado con los objetos fijos, como chimeneas, huecos o sillas y mesas.*

Cómo diseñar tu plano

Lo primero que debes hacer al enfrentarte a un trabajo de decoración es estudiar la composición general de tu casa. Haz una lista con las tareas que se llevan a cabo en cada habitación. Si se trata de un estudio o de una casa-oficina con habitación deberás combinar varias funciones en un único espacio e idear un esquema apropiado para las diversas actividades. Si tienes una casa más grande habrá habitaciones que tengan una única finalidad y, por lo tanto, la decoración se puede basar en esa sola actividad.

Una vez que hayas realizado la lista con las funciones, piensa en la distribución del espacio. Incluso en las habitaciones con una sola finalidad es necesario definir distintas zonas para guardar cosas y para colocar los muebles más grandes. Dibuja un plano a escala de la habitación en papel cuadriculado con un lápiz y señala los accesorios y los objetos fijos, como ventanas, puertas o chimeneas.

Cuando estés satisfecho con tu pla-

no, repasa los contornos utilizando un bolígrafo o un rotulador indeleble.

Una vez que tengas el plano preparado, haz pequeños recortables a escala con los muebles móviles de mayor tamaño, como sofás y camas. Colócalos sobre el plano de la habitación y muévelos hasta que encuentres la colocación que más te guste (resulta mucho más sencillo mover piezas de papel que levantar y cambiar de situación los muebles in situ).

Planificar habitaciones

Existe un procedimiento lógico para la colocación de los muebles. Piensa cómo se utiliza la habitación, imagínate entrando en ella y realizando la actividad propia de ese espacio, como trabajar o asearse. Por ejemplo, en una zona de estudio, el escritorio tiene que estar cerca del teléfono y de los enchufes de luz, así como próximo a una ventana para aprovechar la luz natural.

En un dormitorio procura tener el menor número de electrodomésticos posible y evita colocar ordenadores y objetos de trabajo. Si tienes un apartamento pequeño, coloca un biombo o una pared corredera enfrente de la zona de trabajo, creando una especie de barrera entre la parte dedicada al trabajo y la zona de dormir.

Las cocinas y los cuartos de baño suelen estar situados en función de la disposición de los tubos de desagüe y de las tuberías del agua, que estarán conectados a la red de alcantarillado y sumideros. En algunas casas, estas habitaciones adquieren una doble finalidad por su tamaño. Por ejemplo, si tienes una cocina pequeña y un cuarto de baño grande, piensa en colocar la lavadora en el baño. Si el cuarto de baño es pequeño pero necesitas espacio para secar la ropa, coloca un tendedero plegable aquí.

Si tienes un cuarto de baño grande puede interesarte colocar una estera para hacer gimnasia o yoga y unas pesas pequeñas o una cinta para hacer ejercicios y tablas de gimnasia. Si es así, deberás indicar en tu plano un lugar donde guardar estos objetos.

La cocina se está convirtiendo en la zona de estar más importante de la casa, con espacios para comer y descansar integrados en la zona de cocinar. Cuando planees una zona de este tipo, ten en cuenta las restricciones. El fregadero o la parte principal de la encimera deben situarse junto a una ventana, para que la mayor parte de la luz natural se dirija a una de las principales zonas de trabajo.

Coloca algún tipo de barrera entre la cocina y la zona del comedor (esto es especialmente útil para las familias que tienen niños pequeños). Una barra para desayunar o cualquier divisor similar de altura media permitirá que las personas que se encuentren en la zona de cocinar puedan vigilar a los niños que estén jugando en las proximidades y servirá como barrera para mantener a los niños a una distancia segura del fuego y de los peligros de la cocina (véase *Que tu cocina sea segura*, página 214).

La decoración de las zonas utilitarias de la casa, como el cuarto de baño y la cocina, normalmente se centra en la necesidad de utilizar materiales duraderos y resistentes al agua.

Ambas habitaciones necesitan una buena ventilación, pero las superficies y los materiales utilizados tienen que ser también fáciles de limpiar. Durante mucho tiempo, los azulejos de cerámica fueron el material más utilizado para colocar detrás de los fregaderos y de los lavabos, pero actualmente se usa mucho el cristal reforzado, el acero inoxidable y el cemento.

En ocasiones, los cuartos de baño, las duchas y los aseos individuales no tienen ventanas y son habitaciones oscuras y encajonadas y, por lo tanto, a la hora de decorarlas debe contrarrestar este efecto para que la habitación parezca luminosa, espaciosa y llena de color.

Cómo sacar el máximo partido a la luz natural

Según las tradiciones orientales, deberíamos despertarnos mirando la salida del sol y acostarnos en dirección a la puesta del sol. Orientar tu casa con estas premisas tiene muchos elementos prácticos, ya que empiezas el día y pasas la mañana en habitaciones que aprovechan al máximo la luz natural pero, a medida que la luz del sol se apaga, tus actividades se trasladan a otras habitaciones que no disponen de tanta luz. Eliminando paredes internas y abriendo huecos en ellas, obtendrás un flujo de luz mejor y más abundante desde un lado del edificio hasta el otro.

Técnicas básicas

Pasos previos

Antes de empezar a decorar tu casa, tómate un tiempo para estudiar las distintas posibilidades. Averigua qué materiales hay para elegir el acabado para cada zona. A continuación, prepara todo minuciosamente (cuanto más tiempo dediques a la preparación de la decoración, mejores serán los resultados). Todo el trabajo de relleno, lijado y lavado valdrá la pena cuando veas el techo pintado o la pared empapelada, con un acabado liso y suave. Una vez que realices estas tareas, puedes empezar con la decoración. En este capítulo te mostraremos las técnicas básicas, desde la pintura hasta el papel pintado, desde cómo colocar azulejos hasta cómo entarimar y cómo sacar el máximo partido a las características arquitectónicas de tu hogar.

En este capítulo abordaremos de forma minuciosa los aspectos fundamentales de las técnicas básicas de decoración. Tras una breve introducción, el libro se centra en la gama de materiales disponibles y en las herramientas y aplicadores recomendados. Los prácticos apartados «paso a paso» te muestran cómo realizar los preparativos básicos (cómo tapar agujeros o quitar el papel de las paredes) y abordan, asimismo, técnicas más complejas (como colocar el suelo de madera machihembrado o hacer una chimenea).

Esta información servirá a los entusiastas del bricolaje para refrescarles la memoria y resultará útil e instructiva para los principiantes. Aunque no te vayas a hacer cargo personalmente de la decoración, esta guía te ayudará a planificar el tiempo y te permitirá comprobar la evolución del trabajo.

Cómo preparar una habitación

Para preparar una habitación para decorarla es importante vaciarla lo máximo posible. Saca todos los muebles, los cuadros, las telas y los accesorios que puedas. Recuerda proteger de los derrames y las salpicaduras todos los objetos que tengas que dejar en la habitación y que no vayas a decorar.

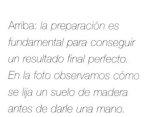

Arriba: la preparación es fundamental para conseguir un resultado final perfecto. En la foto observamos cómo se lija un suelo de madera antes de darle una mano.

Derecha: tapa las grietas y los agujeros de las paredes antes de pintarlas o empapelarlas.

Protege los suelos de madera colocando muchos periódicos viejos o con una lámina larga de plástico muy resistente (puedes comprar este tipo de plástico en la mayor parte de las tiendas especializadas en bricolaje).

Deberás colocar los muebles más grandes en el centro de la habitación y protegerlos con fundas para el polvo o con sábanas viejas. También puedes comprar bases de ruedas (abrazaderas de metal extensibles con ruedecillas a ambos lados), con lo que te resultará más sencillo manejar los armarios y las cómodas grandes.

Ten mucho cuidado al mover los muebles (no lo hagas tú solo, pide a un par de amigos que te ayuden).

Orden de trabajo

Seguro que en tu casa hay dispositivos poco decorativos que habrá que camuflar y ahora es el momento de planificar cómo y dónde hacerlo. Es mejor encajonar las tuberías del agua, los cables del teléfono y otro tipo de cableado doméstico o bien esconderlos detrás de un banco de ventana o de cualquier mueble empotrado. En algunos casos, los cables se pueden colocar debajo de las tablas del suelo o bordeando la moqueta.

Si vas a redecorar tu casa por completo, es un buen momento para colocar los cables en las paredes. Si has pensado en poner la calefacción por debajo del suelo, éste es el momento de instalarla, ya que la habitación estará sin muebles ni alfombras y podrás acceder fácilmente al recubrimiento o a las tablas del suelo desnudo. Intenta planificar tu obra de abajo arriba, para que todo el trabajo se realice siguiendo un orden lógico, antes de proceder a pintar o empapelar la habitación.

Antes de abrir ningún bote de pintura tienes que quitar bien el barniz o los acabados de pintura de los suelos de madera. El polvo tan fino que levanta una lijadora eléctrica e incluso el papel de lija manual tarda algún tiempo en posarse y sólo conseguirás eliminarlo por completo después de darle un par

de pasadas con un paño húmedo. El simple hecho de levantar una alfombra puede levantar polvo, de modo que es importante sacar todas las alfombras, tapetes y esteras del suelo antes de limpiar las paredes y la pintura.

No caigas en la tentación de empezar los trabajos en el orden equivocado. Por ejemplo, si lijas los marcos de las ventanas mientras se está secando la pintura de una pared de la misma habitación no es una buena idea, ya que el polvo de los marcos se pegaría en la pintura fresca y dañaría la superficie y el acabado final de la pared. Piensa siempre en el orden de los trabajos antes de empezarlos.

Cómo preparar las superficies

A no ser que te mudes a una casa que haya sido recientemente reformada por completo o a una casa de nueva construcción, deberás preparar los techos y las paredes antes de comenzar las labores de decoración. Incluso en las casas nuevas tendrás que reparar y tapar las grietas. El emplasto fresco se encoge a medida que se va secando y si se seca muy rápido en una habitación con la calefacción central encendida, aparecen grietas finas en los lu-

gares donde se utilizó el emplasto sobre las uniones en la tabla para tabicar o en las esquinas. También debemos tener en cuenta el «asentamiento» de los ladrillos y los tablones de madera en sus lugares correspondientes.

En un edificio o en una habitación más antiguos previamente decorados probablemente tendrás que sacar el papel de las paredes. Ésta es una tarea muy pesada, pero puedes alquilar vaporeras especiales industriales en tiendas de alquiler comercial, que te facilitarán mucho el trabajo.

Merece la pena perder un poco de tiempo en la preparación, rellenando incluso los pequeños agujeros donde estaban las puntas de los cuadros, ya que el esfuerzo que te suponga esta tarea te garantizará un buen resultado final. No tiene sentido colocar láminas de papel caro sobre una superficie mal preparada, ya que el papel no quedará bien adherido y, al secar, la superficie quedará arrugada y poco uniforme. También es importante preparar bien las superficies pintadas lisas porque, al no haber ningún estampado que distraiga la atención de la vista, cualquier mancha o marca se notará mucho.

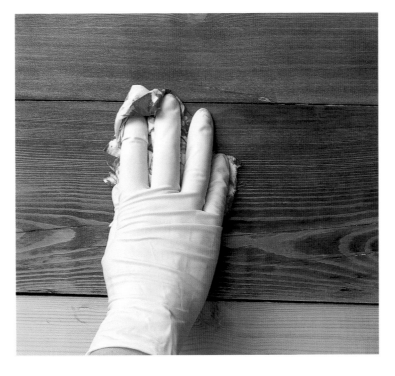

Izquierda: *antes de empezar a decorar tu casa, asegúrate de que tienes toda la ropa protectora necesaria, como estos guantes, que protegen las manos al aplicar tintes para madera.*

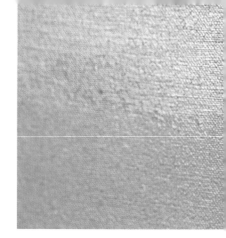

Cómo elegir la pintura

La pintura es uno de los acabados más sencillos y versátiles que se puede utilizar. La puedes encontrar lisa, suave o mate y también puedes pintar estampados sobre una capa base con la técnica del estarcido. También podemos utilizar las pinturas para crear un efecto visual similar al del mármol o la madera.

Primeras fuentes de pintura

En un principio, los pigmentos se hacían utilizando materias primas naturales, como la tierra (por ejemplo, el color siena debe su nombre a la rojiza tierra toscana con la que se preparaba). Plantas, hojas y musgos se utilizaban con frecuencia para obtener tonalidades verdes, y el rojo solía prepararse utilizando sangre de animales o insectos machacados. El azul se solía extraer del glasto, planta de la familia de las Crucíferas, y el índigo, más conocido como el color de los pantalones vaqueros, procede de la planta Indigofera, y entró en Europa procedente de Asia en el siglo XVI.

Derecha: *considera la posibilidad de pintar rayas de distintos colores en una misma pared para conseguir un aspecto llamativo.*

La historia de la pintura

La pintura es normalmente líquida y se hace con un pigmento disuelto en agua o en aceite. Hace muchos siglos, los pigmentos utilizados se preparaban usando fuentes naturales (véase el cuadro de la izquierda). Estas primeras pinturas eran muy caras debido a que su preparación llevaba mucho tiempo y resultaba muy laboriosa y, además, había que traer los ingredientes básicos desde muy lejos. Éste es el motivo por el que el uso de pinturas de pared se encontraba prácticamente restringido a las casas de los habitantes más ricos de las ciudades y los maestros artesanos las mezclaban in situ.

La revolución industrial tuvo su efecto en la pintura (el negro de humo o de carbón era un derivado de la combustión incompleta del gas natural). Algunos descubrimientos son relativamente recientes, como el primer tinte sintético morado, obtenido a finales del siglo XIX, mientras que los verdes intensos, como el bosque o el esmeralda, no se crearon hasta el año 1938.

Aunque los tintes y los pigmentos han avanzado mucho, hay mucha gente que echa la vista atrás, hacia tiempos pasados, para buscar la inspiración. Hay un interés cada vez mayor, no sólo por los colores tradicionales, sino también por las técnicas antiguas, como la lechada de cal y la témpera que, con alguna que otra modificación, puede ser un acabado más estable y duradero de lo que lo fue originalmente.

Cómo escoger un color

La mejor forma de hacerse una idea de la gama de colores existente es conseguir unas tarjetas de muestra. Estas tarjetas son tiras en las que aparecen todas las tonalidades de un mismo color y se pueden encontrar en la mayor parte de las tiendas de pintura y de bricolaje. Llévate unas cuantas tarjetas a casa y comprueba cómo quedan los diferentes tonos con los muebles y con los tejidos. Reserva uno o dos tonos que te gusten y compra unos botes de muestra. Estos botes son pequeñas cantidades de pintura de prueba que te per-

miten probar los colores in situ sin tener que comprar un bote entero.

Puedes probar el color directamente sobre un trozo de pared o bien utilizar un trozo de papel de revestir o de cartón y sujetarlo o pegarlo temporalmente en la pared.

El trozo de prueba te servirá para ver un volumen de color y para estudiarlo con luces diferentes. Observa el trozo de pared pintado de día, con luz natural, y vuelve a observarlo al anochecer, con luz artificial, ya que los colores pueden cambiar. Un color amarillo ocre y opaco a la luz del día, puede parecer apagado y triste con la luz eléctrica. Cuando pintes una pared partiendo de una base clara, el fabricante de pintura debería aconsejarte que escojas un recubrimiento base de color que complemente el

tono final de la pintura. Un recubrimiento base coloreado aportará profundidad al color. Por el contrario, si vas a aplicar un color más claro sobre una base oscura, pon primero una base de color blanco o beige para tapar los tonos fuertes lo máximo posible, antes de aplicar la capa superior.

Actualmente también hay en el mercado una gama de pinturas de «una sola capa» que se supone que cubren las paredes con una sola aplicación sobre una pared preparada sin imprimación. Ésta puede ser una buena solución en el caso de que vayas a aplicar un color con una tonalidad similar a la ya existente en la pared. De todos modos, si quieres utilizar un color más claro sobre una base más oscura, necesitarás aplicar igualmente dos capas.

Hay una amplia gama de efectos pictóricos disponible (véase páginas 38-9) y quedarán muy bien siempre que se utilicen con moderación y pericia. Estos efectos se pueden utilizar para hacer paneles en pasillos largos o para reproducir el efecto de maderas o papeles caros. Pero la moda de los efectos pictóricos también ha llegado a los papeles pintados y ya puedes adquirir papeles con distintos efectos que pueden suponer una alternativa más sencilla para ti.

La pintura final que escojas también afectará a la iluminación. Las superficies mates y oscuras absorben la luz, mientras que las pinturas brillantes la reflejan más. Las superficies texturadas también absorben más la luz que los acabados lisos.

Arriba: los colores oscuros y mates, como el esquema decorativo de la fotografía en intensos tonos azules, tienden a absorber la luz, por lo que resultan perfectos para las habitaciones que tienen mucha luz natural.

tipos de
pintura

La pintura es una de las formas más baratas y efectivas de terminar y sellar una superficie, ya que la protege del desgaste y, además, añade color y disimula las imperfecciones. Para conseguir un acabado duradero, es fundamental escoger la composición correcta para la superficie. Los fabricantes de pintura tratan de satisfacer las demandas de los consumidores de pinturas inodoras y fáciles de usar y de limpiar. Por lo tanto, la gama de pinturas disponible actualmente en el mercado es verdaderamente amplia.

Variedades de pintura

Hay muchos tipos de pintura entre los que elegir, cada uno de los cuales ofrece un acabado ligeramente diferente. El más común de todos es la pintura de emulsión (acrílica).

Pintura de emulsión (acrílica)

Esta pintura hecha a base de agua se utiliza en las paredes y techos de interior. La hay con diferentes acabados, como mate, seda o de vinilo. El acabado mate no tiene brillo, mientras que el sedoso y el cáscara de huevo (pintura semibrillante) tienen un ligero brillo y el de vinilo está hecho para soportar el calor y la humedad en baños y cocinas. El vinilo también se utiliza para pintar vestíbulos con mucha concurrencia de gente ya que, una vez seco, la superficie se puede limpiar con un paño, de forma que las marcas y las manchas se pueden eliminar bien.

Acabado mate. Este tipo de pintura tiene un acabado mate y liso, ideal para utilizarlo en la mayor parte de las zonas de la casa (deja marcadas las huellas, pero se puede limpiar utilizando una esponja mojada). Hay un gran surtido de variedades disponible en el mercado, con un acabado mate extra que lleva menos acrílico que las pinturas estándar. Este tipo de pinturas han sido creadas para atraer a los propietarios que quieran conseguir un acabado liso y no reflectante que recuerde al tradicional acabado de las témperas.

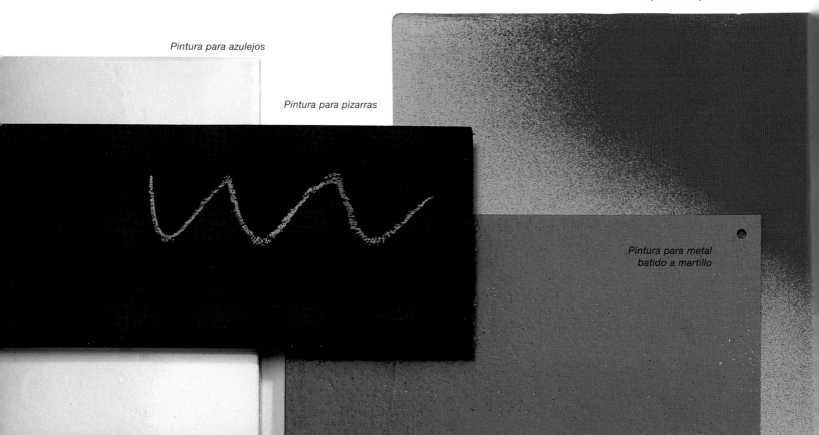

Imprimación para metales

Pintura para azulejos

Pintura para pizarras

Pintura para metal batido a martillo

Acabado cáscara de huevo (semibrillante). La cáscara de huevo es una pintura tradicional con un acabado resistente y semimate, disponible en composición a base de aceite y a base a agua. Se puede utilizar para pintar paredes y carpintería.

Acabado satinado. La gente se decanta más por los acabados satinados que por el cáscara de huevo para algunas superficies de madera, para darles un aspecto más suave.

Acabado brillo suave. Esta pintura tiene un acabado más robusto y un suave brillo, lo que la convierte en la solución para las zonas de mucho tránsito como los vestíbulos. Al tener un alto contenido de acrílico, es muy fácil de limpiar y también se utiliza mucho en cocinas y cuartos de baño.

Pintura para cocina y cuarto de baño. Esta pintura de emulsión (acrílica) ha sido ideada para zonas expuestas al vapor y a la condensación. Tiene fungicidas incorporados para evitar la formación de moho, que pueden suponer un problema en zonas con al-

tos niveles de humedad como baños o cocinas.

Pintura multisuperficie

Se trata de un avance relativamente reciente en la tecnología de la pintura (una composición de brillo medio que se puede utilizar en las paredes, en los techos, en la carpintería y en el metal). Aunque normalmente no es tan resistente como los brillos a base de aceites o la pintura de satín, conseguirás un acabado excelente. Es una pintura relativamente inodora y, por lo tanto, resulta perfecta para utilizarla en las habitaciones de los más pequeños. También es adecuada para las personas con alergias, como el asma, a los que podría afectarles negativamente la exhalación de pintura.

Pintura de esmalte

Esta pintura resistente, compuesta a base de aceite, es perfecta para las superficies de metal y de madera tanto de interior como de exterior. Se utiliza normalmente sobre superficies de madera, así como en estanterías empotradas, alféizares de ventanas y rodapiés. La pintura de brillo es muy du-

radera y fácil de limpiar y tiene un acabado muy brillante. En el mercado puedes encontrar la variedad de secado rápido y la de una sola capa, lo que la convierte en una pintura sumamente práctica.

Desde hace poco, esta pintura se utiliza también en las paredes, creando superficies con un aspecto lacado y resulta muy eficaz en tonos verde malaquita, rojo comedor, marrón chocolate e incluso negro de medianoche.

Satín

Esta pintura de brillo medio es una alternativa a la de brillo para las superficies de madera y de metal de interior y se está haciendo cada día más popular, ya que está disponible en composición acrílica y con base de aceite.

Pinturas de experto

La finalidad de este tipo de pinturas es solucionar problemas específicos.

Pintura de radiador

Esta pintura está indicada para pintar radiadores, que están sometidos a cambios de temperatura (las pinturas de brillo o satín tienden a ponerse

Mantenimiento de la pintura

En los últimos años se han creado muchos tipos de pinturas muy duraderas (existen pinturas muy resistentes hechas a base de acrílicos que se pueden utilizar para pintar superficies de madera y de metal interiores, así como pinturas hechas a base de aceite para pintar zonas exteriores que tienen que soportar cambios de temperatura y duras condiciones atmosféricas). De todos modos, es necesario realizar trabajos periódicos de mantenimiento en los acabados de pintura expuestos al desgaste. Simplemente lijando ligeramente la pintura interior y exterior y dándole una nueva capa cada dos años, evitaremos que la pintura se desconche y desgaste con el paso del tiempo.

Satín

Pintura de brillo

Pintura a base de aceite cáscara de huevo semibrillo

Pintura para suelos de madera

Cómo preparar superficies de pintura de esmalte

Deberás frotar las superficies esmaltadas, como puertas, alféizares y rodapiés, con una lija antes de aplicar una nueva capa de pintura. Hay que retirar el esmalte de la capa superior hasta que la superficie quede lisa y mate antes de echar una nueva capa para que se pueda asir o adherir a la superficie. Cuando utilices pinturas de esmalte, echa poca pintura en la brocha para obtener los mejores resultados. Si echas grandes cantidades de pintura, conseguirás un acabado lleno de goterones y poco uniforme.

amarillas al exponerlas a temperaturas altas). Está disponible en blanco y en una gama de colores diferentes.

Pintura para azulejos

Se trata de una pintura de esmalte muy resistente que se puede limpiar del mismo modo que los azulejos normales al aplicarla sobre superficies de cerámica.

Pintura para suelos

Existen varios tipos diferentes, dependiendo de las distintas variedades de suelo, incluidos los suelos de madera, de vinilo, de baldosa y de hormigón. Este tipo de pintura es muy resistente y, en la mayor parte de los casos, no necesita una mano de barniz adicional.

Pintura de melamina

Es una pintura especialmente pensada para que se adhiera a superficies de melamina brillantes no porosas, como armarios de cocina, muebles ajustados o encapsulados planos.

Pintura para metal

Esta pintura de esmalte impide la oxidación de las superficies de metal interiores y exteriores y se encuentra disponible en el mercado con acabado liso o martillado y muchos colores.

Preparación

Normalmente es necesario aplicar una pintura de imprimación antes de echar la capa de pintura. De este modo, preparamos la superficie y reducimos la absorción de la capa final. Es importante comprobar la compatibilidad entre la imprimación y el acabado que hemos elegido. Por ejemplo, los acabados hechos a base de aceite requieren imprimaciones de las mismas características, al igual que sucede con los acrílicos.

Imprimación multisuperficie

Este imprimador se puede utilizar en la mayor parte de las superficies que estén en buen estado, incluidos la madera, el metal y la melamina.

Imprimación con base de aceite

Especialmente diseñada para reducir el prolongado tiempo de preparación de los acabados de brillo sobre las carpinterías desnudas. La preparación se realiza en un solo paso en la madera semilabrada.

Imprimación acrílica

Esta clase de imprimación tiene una fórmula de secado rápido y debe aplicarse sobre la madera desnuda antes de echar la capa superior.

Imprimación para metales

Hay una gran variedad de imprimaciones para metales, tanto ferrosos como no ferrosos, y algunas están especialmente concebidas para evitar la oxidación. Todas las clases existentes ayudan a que la pintura se adhiera a la superficie.

Imprimación para azulejos

Esta imprimación ayuda a que la pintura se adhiera a cualquier clase de superficie de cerámica de brillo.

Imprimación para melamina

Esta imprimación ayuda a que la pintura se adhiera a este material brillante y no poroso.

Aplicadores de pintura

Existen varias formas de aplicar la pintura, incluidos las brochas, los rodillos y los tampones de pintura. El método elegido dependerá de las preferencias personales de cada uno.

Brochas

Hay una gran variedad de brochas, disponibles en diferentes tamaños. Las brochas «profesionales» son más caras pero mejores. Las cerdas se conservan flexibles, retienen una gran cantidad de pintura y no gotean. Las brochas más baratas pueden estropear el acabado final de la pintura, ya que las cerdas pueden desprenderse.

Utiliza brochas grandes para las zonas más amplias y pequeñas para «recortar» o pintar los bordes del techo y de la pared, así como para pintar piezas de carpintería. Las cerdas sintéticas son más adecuadas para aplicar pinturas de brillo, mientras que las naturales absorben mejor los acrílicos.

También puedes encontrar a la venta brochas para expertos, ideales para reproducir efectos de pintura específicos (estas brochas suelen ser bastante caras porque se hacen con pelo de animal pero, si las cuidas bien, pueden durarte toda la vida).

Brocha de albañil

Brochas para el cuidado de la madera con la aplicación de productos especiales

Caldero de pintura de metal

Brochas de diferentes tamaños para aplicar pintura de emulsión (acrílica) y de esmalte

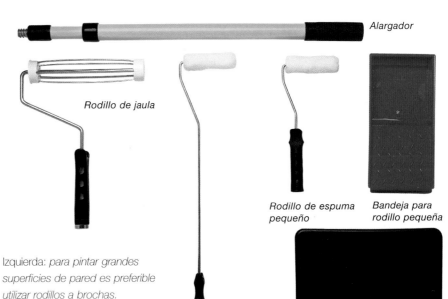

Alargador

Rodillo de jaula

Rodillo de espuma pequeño

Bandeja para rodillo pequeña

Izquierda: *para pintar grandes superficies de pared es preferible utilizar rodillos a brochas.*

Rodillo de radiador

Bandeja para rodillo

Manguito de pelo corto

Manguito de pelo largo

Raspador de pintura

Rodillos

En el mercado hay una gran variedad de manguitos de rodillo extraíbles para los diferentes tipos de pintura.

Los rodillos suelen ser la forma más rápida de aplicar la pintura y, además, se pueden colocar en alargadores, lo que nos permite pintar zonas de acceso más complicado como, por ejemplo, los techos.

Los rodillos de esponja deberían utilizarse para aplicar la pintura de esmalte y satinada en algunas zonas, como pueden ser las puertas, ya que proporcionan un acabado liso y uniforme sin marcas de brochazos. Los rodillos de lana son perfectos para las superficies texturadas, como enladrillados o papel de pared texturado, ya que los pelos largos del rodillo se adaptan a las grietas de la superficie. En el mercado también hay rodillos pequeños con mangos largos que son una solución ideal para pintar zonas especialmente complicadas, como detrás de los radiadores.

Cojinetes

Los cojinetes son un invento relativamente reciente. Se trata de un utensilio esponjoso y absorbente con un mango de plástico o de madera. Existe una gran variedad de formas y tamaños para adecuarse a diferentes áreas.

Mantenimiento de los utensilios de pintura

Brochas

Los decoradores y los pintores profesionales recomiendan dejar las brochas nuevas en remojo durante toda la noche (de este modo se soltarán todas las cerdas que, de lo contrario, se caerían al pintar).

Es importante limpiar las brochas después de usarlas. Las pinturas acrílicas o con base acuosa se eliminan con agua y un poco de lavavajillas si resulta necesario. Las de base de aceite se quitan con aguarrás o con una solución para limpiar brochas.

Concéntrate en la parte de la brocha donde las cerdas se unen con el mango, ya que la pintura se acumula en esa zona. Nunca dejes las brochas demasiado tiempo en remojo sin ningún tipo de sujeción, ya que las cerdas se pueden acabar doblando.

En el mercado hay algunas brochas que tienen un agujero en el mango. Esto permite sujetarlas con un alambre o con una ensambladura para colgarlas en un caldero con agua o aguarrás sin estropear las cerdas. Otra opción es comprar un caldero equipado con sujeciones de plástico en los bordes que permiten colgar las brochas en el líquido.

Rodillos

Los rodillos son la mejor forma de cubrir una superficie grande de pared rápidamente, pero presentan el inconveniente de que resultan complicados de limpiar debido a que son muy absorbentes. Para limpiar bien los rodillos, colócalos bajo un chorro de agua corriente y añade un poco de detergente hasta que el agua salga limpia. Una vez limpio, asegúrate de que no queden burbujas de aire ya que, de lo contrario, cuando vuelvas a utilizarlo la superficie quedará con un efecto moteado.

En el caso de que la pintura utilizada sea difícil de sacar, puedes comprar un dispositivo de sujeción para taladros eléctricos y colocar en él el rodillo. A continuación lo pones a dar vueltas en un cubo alto y la pintura se irá eliminando gradualmente gracias a la acción de la fuerza centrífuga.

Cojinetes

Los cojinetes se limpian introduciéndolos en un cubo o en un cuenco con agua caliente y un poco de detergente suave.

técnicas de pintado

Antes de empezar a pintar es fundamental preparar bien la superficie. Comprueba la calidad de las paredes y el tipo de acabado que presentan y busca cualquier tipo de problema antes de comenzar el trabajo. Es probable que tengas que rellenar agujeros o grietas en los enlucidos y alrededor de las canalizaciones, pero este esfuerzo se reflejará en el acabado final de la pintura.

¿Cuándo es necesario retirar el papel?

Si la habitación que vas a pintar está empapelada con un papel claro en buenas condiciones, se puede pintar directamente encima, ya que nos proporcionará una buena superficie lisa sobre la que aplicar el acabado de pintura.

Por el contrario, es necesario sacar el papel de colores fuertes, el papel de vinilo y el texturado, así como el que se encuentre en malas condiciones. Algunos papeles de vinilo ya están diseñados para poder eliminarlos fácilmente dejando un papel de refuerzo en la pared sobre el que se puede pintar del mismo modo que con el papel de forrar.

Si no tienes papel de refuerzo, tendrás que forrar las paredes antes de empezar a pintar. De este modo evitamos la acumulación de pintura sobre el yeso que es muy difícil de eliminar después de aplicar varias capas.

Métodos de preparación

Para lograr un acabado profesional no te quedará más remedio que preparar previamente las superficies. El proceso de preparación te puede llevar más tiempo que el propio trabajo de pintura, pero el esfuerzo merecerá la pena cuando veas el resultado final. Tómate tu tiempo, aunque resulte tentador apurar la fase de preparación para poder empezar a pintar cuanto antes, el acabado perderá calidad si no realizas un trabajo previo minucioso.

Cómo quitar el papel de las paredes

El papel de las paredes se elimina con una esponja y agua caliente o con un aparato de vapor. Para conseguir un acabado perfecto, forra las paredes.

Herramientas y materiales

Utensilio para eliminar el papel (o una gubia casera)

Aparato de vapor eléctrico

Cuchillo raspador de metal y cepillo de alambre

Esponja y agua caliente

Utiliza un cuchillo raspador para hacer cortes en el papel existente.

1 Usa el cuchillo raspador o el cepillo de alambre para cortar la superficie.

2 Llena de agua la máquina de vapor hasta el nivel indicado y enciéndela.

3 Sostén la plancha de la máquina con cuidado sobre una sección de la pared hasta que veas que empiezan a formarse ampollas y burbujas.

Una vez que esté caliente, sujeta la plancha de la máquina de vapor sobre el papel.

4 Desliza el cuchillo raspador por debajo del papel y retíralo con cuidado en tiras (debería salir con facilidad).

Retira el papel ampollado por el efecto del vapor con un raspador.

5 Por último, elimina cualquier residuo qua haya quedado en la pared mojando una esponja en el agua caliente y pasándola por la pared.

Cómo rellenar pequeños agujeros o grietas de las paredes

Herramientas y materiales

Raspador

Masilla polivalente o de albañilería

Espátula para masilla

Lija fina y bloque para lijar o bloque para lijar flexible

1 Retira el polvo y los escombros sueltos del agujero o de la grieta con un raspador y haz una grieta en forma de V para que la masilla tenga una superficie más firme donde agarrarse.

Primero, retire los restos de polvo o de escombro del agujero o de la grieta.

2 Aplica la masilla con una espátula especial dejando que sobresalga ligeramente del agujero. Esto es importante debido a que la masilla suele encoger ligeramente cuando empieza a secar.

Echa la masilla con una espátula, sin que sobresalga del agujero.

3 Una vez que haya secado la masilla (después de, aproximadamente, 20 minutos) lija toda la superficie con una lija de grosor medio colocada alrededor de un bloque para lijar.

Lija la superficie con un bloque para lijar hasta que la masilla quede nivelada.

4 Los agujeros profundos, como los que quedan al quitar enchufes, se pueden tapar utilizando papel de periódico arrugado antes de echar la masilla.

Cómo tapar agujeros grandes en los enlucidos o alrededor de las canalizaciones

Herramientas y materiales

Pistola de *spray* y agua

Masilla de espuma dilatable

Guantes de seguridad

Cuchillo afilado

Masilla

Lija fina y bloque para lijar o bloque para lijar flexible

1 Retira los restos de escombros y humedece la zona rociándola con agua utilizando la pistola de *spray*.

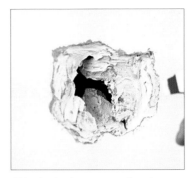

Echa bastante agua en el agujero con una pistola de spray.

2 Aplica la masilla dilatable colocándote unos guantes de seguridad. Sólo es necesario llenar la mitad del agujero, ya que este tipo de masilla se dilata al entrar en contacto con el agua.

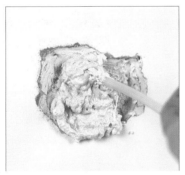

Llena la mitad del agujero con masilla de espuma dilatable.

3 Sigue rociando agua al trabajar. La masilla se dilatará hasta ocupar todo el agujero. Espera a que se seque.

4 Utiliza un cuchillo afilado para eliminar el exceso de masilla, hasta que quede nivelada con la superficie de la pared. Líjala con un bloque de lijar flexible hasta conseguir un acabado liso.

Retira el exceso de masilla con cuidado utilizando un cuchillo afilado.

Cómo tapar agujeros pequeños en las placas para tabicar

Herramientas y materiales

Cuchillo pequeño

Tijeras

Cinta autoadherente para reparación de enlucidos (fibra de vidrio)

Espátula para masilla

Masilla

Lija fina y bloque para lijar

1 Si vas a tapar un agujero pequeño, empieza cortando con un cuchillo los restos de escombro.

Utiliza un cuchillo pequeño para eliminar los restos de escombro.

2 Corta la cinta autoadherente con las tijeras en varios trozos pequeños y colócala en capas superpuestas hasta que tapen completamente el agujero.

3 Aplica la masilla sobre la cinta reparadora. Espera a que seque y lija la superficie hasta que quede lisa.

Aplica la masilla con una espátula, desde el centro hacia afuera.

Cómo tapar agujeros grandes en las placas para tabicar

Aunque la reparación de los agujeros grandes en las paredes huecas pueda parecer una tarea complicada, lo cierto es que este trabajo resulta relativamente sencillo.

Herramientas y materiales

Navaja

Recortes de cartón-yeso

Clavos y martillo para placas para tabicar

Cinta autoadherente reparadora

Yeso blanco

Paleta de enlucidor

1 Corta un trozo regular de cartón-yeso alrededor de la zona dañada con una navaja afilada hacia el saliente más próximo. Es importante aproximarse hacia un saliente para tener un punto de agarre para el parche.

Corta alrededor de la zona dañada con una navaja.

2 Recorta un parche de cartón-yeso nuevo, utilizando el trozo dañado como referencia.

Corta un nuevo trozo de cartón-yeso utilizando el dañado como referencia.

3 Clava el trozo nuevo a lo largo del saliente colocando tachas galvanizadas a intervalos regulares.

Clava la nueva pieza de cartón-yeso en su sitio.

4 Utiliza cinta autoadherente para tapar las uniones.

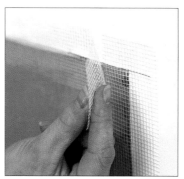

Coloca cinta reparadora autoadherente sobre las uniones.

5 Mezcla el yeso blanco y aplícalo con la paleta para cubrir los bordes. Cuando el yeso esté prácticamente seco, alisa la superficie con la paleta y echa otra capa si es necesario.

Aplica yeso sobre toda la zona reparada utilizando la paleta.

Cómo tapar agujeros alrededor de arquitrabes y rodapiés

Las zonas en las que hay madera y yeso suelen tener agujeros debido a la forma en la que los diferentes materiales se expanden y se contraen. Los agujeros grandes son antiestéticos y dejan salir el calor. Repáralos antes de empezar con la decoración.

Herramientas y materiales

Navaja

Ramplón de decorador

Pistola de masilla

Paño húmedo

1 Corta la boquilla de plástico de la parte superior del ramplón de decorador. Coloca un bote en la pistola de masilla y aplica el ramplón a lo largo de todo el rodapié o arquitrabe.

Aplica el ramplón encima del rodapié.

2 Coloca un paño húmedo alrededor del dedo y pásalo por encima del ramplón para forzarlo a introducirse en el agujero y taparlo.

Utiliza un paño húmedo para que el ramplón penetre en el agujero.

Cómo pintar los techos

Una vez que hayas finalizado la fase de preparación, podrás empezar a pintar.

Orden de trabajo

Las habitaciones tienen que pintarse desde arriba hacia abajo para no estropear las zonas que acabas de pintar. Empieza pintando el techo, seguido de las paredes, la carpintería (que tarda más en secar) y, por último, el suelo (si es que lo vas a pintar). Si vas a lijar el suelo, hazlo después de pintar las paredes, pero antes que los rodapiés para no rayarlos.

Para conseguir un acabado perfecto y profesional es necesario empapelar los techos de yeso antes de pintarlos. Si prefieres no empapelarlo, es necesario sellarlo con un tapaporos polivalente. El tapaporos se utiliza para sellar las superficies porosas y evitar que el yeso o el papel absorban demasiada pintura. En el mercado hay tapaporos especiales para zonas problemáticas, por ejemplo, para las superficies con manchas de humedad, nicotina o agua. También existe una pintura flexible para techos propensos a la formación de grietas finas provocadas por el movimiento de las habitaciones del piso de arriba (su composición acrílica se adapta a los movimientos del techo). También podemos comprar pinturas especiales que no gotean y que resultan más fáciles de utilizar que las emulsiones estándar (acrílicos).

La mayor parte de la gente prefiere pintar los techos con colores claros. Esto es una cuestión de preferencias personales, pero los techos pintados con tonos más claros que las paredes parecen más altos y, además, reflejan mucha luz en la habitación. Los techos pintados en colores oscuros pueden resultar más originales, pero también parecerán más bajos. Puedes elegir este tipo de tonalidades para pintar una habitación grande y con techos muy altos donde quieras crear un ambiente más acogedor.

Techos previamente pintados

Si el techo está previamente pintado, límpialo primero con una solución de jabón de azúcar utilizando una esponja o una fregona de mango largo. Cubre las manchas más resistentes con un tapaporos.

Herramientas y materiales

Fundas

Cinta adhesiva

Brochas y pinturas

Destornillador pequeño (opcional)

Rodillos

Bandejas para rodillo

Alargador para rodillo

Escalera/plataforma de trabajo (opcional)

1 Si es posible, quita todos los muebles y protege el suelo con una funda de tela o de politeno. Si resulta necesario, pega la funda a los rodapiés con cinta adhesiva para que no se mueva. Empieza utilizando una brocha pequeña. Si tienes dovelas no te preocupes si pintas los bordes porque normalmente se suele acabar con pintura de esmalte o satinada, de modo que habrá que pintarlas por encima de todos modos. En el caso de que en la habitación haya cornisas de yeso sin pintar, puedes protegerlas con cinta adhesiva.

2 Tapa las luminarias colgantes y pinta alrededor. Si tienes algún problema para pintar cerca del rosetón del techo, corta el suministro

Tapa las luminarias y pinta alrededor.

de corriente en la caja de fusibles y quita el rosetón de plástico con un destornillador pequeño, dejando al aire la placa posterior y los cables.

3 Una vez finalizado este proceso, completa el resto del techo con un rodillo o con una brocha grande. En el caso de que los techos de la habitación sean muy altos, coloca el rodillo en un alargador o utiliza una escalera de mano. Espera a que se seque la primera capa antes de aplicar la segunda.

Utiliza un rodillo en un alargador para pintar la mayor parte del techo.

Consejos de seguridad

Al pintar zonas complicadas, como huecos de escalera, podemos alquilar escaleras o plataformas profesionales que se pueden elevar dándonos una zona estable de trabajo sobre las escaleras. Nunca utilices escaleras tú solo y recuerda revisar minuciosamente las escaleras de mano viejas antes de utilizarlas. En las tiendas especializadas en el alquiler de este tipo de material te aconsejarán el tipo de escalera más adecuado para el trabajo que quieres realizar.

Abajo: *puedes pintar el techo con una tonalidad más oscura del color dominante en el resto de la habitación. Recuerda que los techos pintados en colores oscuros parecen más bajos.*

35

Pintar las paredes

Es muy importante preparar bien las paredes antes de empezar a pintarlas (véase página 32). Debemos tapar y lijar todos los defectos y emplastecer y empapelar las superficies de yeso desnudo. Si prefieres pintar directamente sobre el yeso nuevo, séllalo primero con un tapaporos polivalente para que no absorba mucha pintura. En el caso de las paredes previamente pintadas será necesario limpiarlas primero con una solución de jabón de azúcar para eliminar todos los restos de suciedad y tapar y lijar los remiendos y los agujeros. Las de colores fuertes y oscuros y los papeles con muchos estampados son muy difíciles de tapar con una de tonos más claros, por lo que es mejor pintar primero con una capa de tapaporos polivalente blanco antes de aplicar otro color. Está muy de moda pintar las habitaciones con combinaciones de colores. A muchas personas les gusta resaltar las zonas más características de la habitación, como el testero de la chimenea o una rotonda, utilizando colores diferentes. Las esquinas interiores donde se encuentran dos colores distintos pueden resultar bastante complicadas de pintar, especialmente si las paredes no son totalmente perpendiculares. Es preferible esperar a que se seque uno de los colores, taparlo con cinta adhesiva poco adherente y aplicar el segundo color.

Herramientas y materiales

Jabón de azúcar y esponja

Brochas y pintura

Caldero de pintura (opcional)

Cinta adhesiva

Rodillos

Bandejas para rodillo

1 Prepara las paredes pintadas limpiándolas con jabón de azúcar.

Recuerda limpiar antes las superficies pintadas con jabón de azúcar.

2 Moja una brocha pequeña (por ejemplo, de 5 cm/2 pulgadas) introduciendo las cerdas en la pintura hasta la mitad y elimina el exceso de pintura en el borde de la lata. Pinta los bordes de la habitación. Trata cada una de las paredes como si fuese un panel y aplica el color en las esquinas. Tapa la parte superior de los rodapiés para no mancharlos. Coloca cinta adhesiva alrededor de los obstáculos (como los interruptores de la luz) para protegerlos.

Pinta cada una de las paredes utilizando cinta adhesiva para proteger obstáculos como los rodapiés.

3 Utiliza un rodillo o una brocha grande para pintar una pared de una sola vez. Te resultará mucho más sencillo si empiezas en la esquina derecha de la parte superior y vas pintando hacia abajo. De esta forma evitarás rozar zonas que ya hayas pintado (invierte el orden si eres zurdo). De todos modos, no es obligatorio seguir este consejo. Espera a que se seque la pintura y aplica una segunda capa siguiendo el mismo método.

Utiliza un rodillo para pintar las paredes.

Derecha: los colores claros, como el amarillo escogido para pintar estas paredes, necesitan al menos dos capas de pintura.

Cómo pintar los rodapiés y la carpintería

Herramientas y materiales

Almohadilla para lijar flexible

Paño húmedo

Cinta y lámina de politeno

Trozo de cartón

Brochas y pintura de esmalte o satinada

1 Prepara los rodapiés pintados frotándolos con una almohadilla para lijar flexible (para enchavetar la superficie, dando a la pintura nueva algo a lo que adherirse). Elimina los restos de polvo con un paño húmedo antes de aplicar la nueva pintura.

Lija el rodapié antes de pintarlo.

2 Protege el suelo con una lámina de politeno pegada al suelo justo por debajo del rodapié (si la habitación está enmoquetada, desliza un trozo de cartón duro entre la moqueta y el rodapié). Sujeta un trozo de cartón contra la pared mientras pintas el rodapié con una brocha pequeña.

Sujeta un trozo de cartón contra la pared mientras pintas el rodapié.

Cómo pintar los radiadores

Los radiadores son muy difíciles de pintar y, además, dificultan el pintado de la pared situada detrás de ellos.

Cómo pintar detrás de los radiadores

La mejor forma de pintar detrás de los radiadores es utilizando un mini rodillo colocado en un alargador especial (de este modo te resultará más sencillo acceder a la parte trasera).

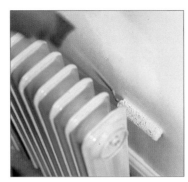

Usa un rodillo largo para acceder a las zonas difíciles detrás del radiador.

Cómo pintar un radiador con pintura de *spray*

Los radiadores deben pintarse con una pintura de esmalte especial resistente al calor, ya que si utilizamos un esmalte normal, el calor desprendido por el radiador acabará amarilleando la pintura con el tiempo.

Herramientas y materiales

Cinta y lámina de politeno

Solución de jabón de azúcar

Bloque para lijar flexible

Pintura de *spray* especial para radiadores o esmalte para radiadores

1 Recuerda apagar el radiador y dejarlo enfriar por completo antes de pintarlo. Tapa la parte de atrás del radiador pegando una lámina de politeno en la pared. Limpia bien el radiador con una solución de jabón de azúcar para eliminar cualquier resto de grasa y suciedad y lija ligeramente la superficie.

2 Agita bien el bote y aplica la pintu-

ra en chorros uniformes desde una distancia aproximada de 32 cm/12 pulgadas. Espera a que se seque la primera capa antes de aplicar la segunda siguiendo el mismo método.

Sujeta el spray verticalmente y aplica la pintura en chorros uniformes.

Cómo pintar un radiador con brocha

Otra opción es utilizar una brocha especial con la cabeza en ángulo para acceder a las zonas más complicadas. Si el radiador que vas a pintar es un modelo antiguo, empieza a pintarlo desde el interior hacia fuera. Un radiador de panel estándar se puede pintar con un cepillo circular o con un rodillo de espuma.

Abajo: los rodapiés se deben pintar en colores que complementen el suelo y las paredes.

diferentes efectos
de la pintura

Existe una gran variedad de efectos de pintura que te permitirán crear todo tipo de acabados en tu casa. En algunos casos es necesario aplicar una capa de barniz y con otras pinturas conseguimos una superficie texturada. Actualmente, el mercado nos ofrece el tipo de pintura adecuado para cada persona. Si vas a probar un efecto de pintura por primera vez, te aconsejamos que pruebes primero en un tablero. Así verás cómo quedan los materiales y podrás experimentar con los colores antes de aplicarla a las paredes.

Efectos de la pintura

A continuación encontrarás información detallada acerca de los distintos tipos de efectos de pintura.

Acabados de colores rotos

Estas técnicas se suelen utilizar en superficies grandes y lisas y son perfectas para las paredes. Además, con ellas conseguimos un efecto similar al del barnizado. Se trata de un velo de color translúcido aplicado sobre una base opaca expuesta en distintos lugares.

Dentro de esta categoría se incluyen efectos como los aguados de color, el arrastre, el trapeado enrollado, el esponjado o el estarcido. Muchos efectos de pintura tienen su origen en siglos pasados y se ponen de moda con la misma rapidez con la que se vuelven obsoletos. Son una solución rápida y perfecta para disimular los defectos o para distraer la atención de las superficies texturadas que nos costaría mucho dinero eliminar. La mayor parte de estos efectos pueden dar a las paredes un aspecto nuevo y fresco siempre que los interpretemos sutilmente y utilicemos colores modernos y novedosos.

Acabados falsos

Este tipo de acabados se suelen emplear para reproducir el efecto de

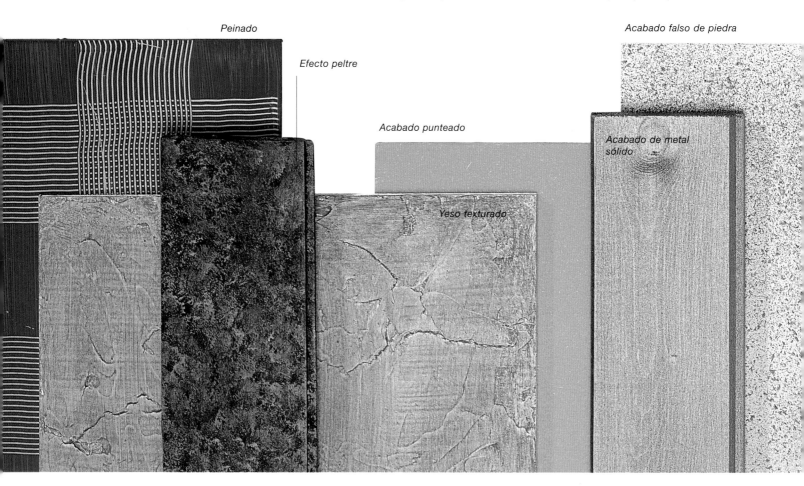

Peinado

Efecto peltre

Acabado punteado

Yeso texturado

Acabado falso de piedra

Acabado de metal sólido

materiales caros, como el mármol, la piedra, maderas exóticas y piedras semipreciosas, que aportan un toque de magnificencia al interior de una habitación. Algunos de estos acabados se pueden utilizar en superficies más pequeñas, como en muebles o accesorios, aunque también se pueden emplear en puertas y paredes interiores.

Acabados texturados

Estos acabados aportan color y una textura tridimensional a las paredes interiores. Se pueden hacer de muchas formas diferentes, o bien añadiendo partículas como arenilla o serrín a la pintura o aplicando una sustancia texturada a las paredes antes de pintarlas.

Metálicos y perlados

Esta clase de acabados aportan un toque de *glamour* a los interiores. En ocasiones se consiguen siguiendo el método tradicional de aplicar láminas de metal muy finas directamente sobre la pared, aunque también se pueden hacer con pinturas y barnices especiales que contienen partículas metálicas, irisadas o perladas. Estos efectos pueden ser muy sutiles, de manera que sólo sean visibles cuando la luz los ilumine de una cierta forma.

Herramientas y materiales

Para lograr los efectos descritos, tendrás que invertir en unas herramientas y materiales de especialista.

Barnices

Los puedes encontrar con base acuosa (acrílicos) o con base de aceite y son la base de los efectos de colores rotos. Son incoloros, pero se pueden teñir con pinturas artísticas, emulsiones o pigmentos en polvo, aunque también puedes comprar colores ya mezclados. Al aplicar el barniz sobre una base lisa éste añadirá un velo transparente de color, que se puede aumentar o disminuir en capas. Muchos efectos de pintura dependen de cómo se manipule el barniz y del tiempo de «apertura», es decir, del tiempo durante el cual podemos manipular el barniz antes de que se seque. Los

Brocha suavizante

Brochas de estarcido

Brocha de arrastre

Brocha de punteado

barnices con base acuosa tienen un tiempo de manipulación más corto que los de base de aceite, pero muchas personas los prefieren debido a que desprenden un olor menos fuerte.

Bases

Se trata de la primera capa de pintura sobre la que se aplicará el barniz.

Trucos y consejos

Antes de empezar a pintar asegúrate de que has mezclado el suficiente barniz para finalizar el trabajo, ya que es prácticamente imposible conseguir el mismo color dos veces. Es aconsejable guardar un poco de barniz en un tarro con tapa de tornillo por si tienes que retocar alguna zona más adelante.

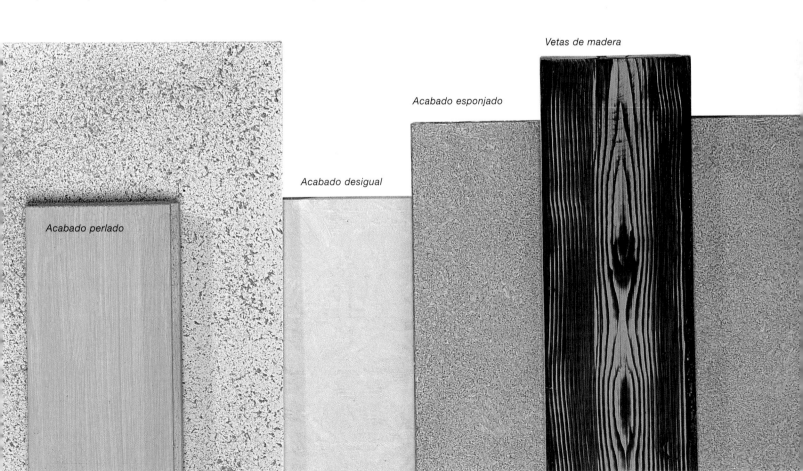

Acabado perlado

Acabado desigual

Acabado esponjado

Vetas de madera

Segmento oscilante
para veteado

Peine para veteado

Cojinetes

Esponja natural

Trapo de piel de
gamuza

Normalmente se opta por utilizar seda vinílica o una emulsión de brillo suave (acrílico) debido a que su superficie brillante cubre bien la extensión de trabajo y, al ser resbaladiza, el barniz se desliza fácilmente. La seda vinílica blanca se puede teñir añadiendo pinturas artísticas o colorantes, aunque también puedes comprar un color ya mezclado. La base suele ser de un color neutro o complementario del tono del brillo. Además, se podrá ver a través del barniz en algunas zonas y afectará significativamente al resultado final.

Brochas de especialista

Se trata de brochas de gran calidad diseñadas para crear determinados efectos en el barniz húmedo. Suelen ser bastante caras, ya que la gran mayoría están hechas a mano con cerdas naturales, pero merece la pena comprarlas si piensas utilizarlas mucho. Si no es así, prueba con brochas estándar de diferentes tamaños, recortando las cerdas si resulta necesario.

Brochas suavizantes. Entre las brochas suavizantes más utilizadas están las brochas suavizantes de pelo de tejón, las de cerdas de lirio y las de desempolvar. Se utilizan para eliminar las marcas de la brocha que quedan al aplicar barnices con base de aceite o de agua pasando suavemente las cerdas sobre la superficie. La más cara es la de pelo de tejón que, aunque

normalmente se hacía con tejón, hoy en día se suele hacer pelo de cerdo. Si no quieres comprar una brocha suavizante, puedes sustituirla por una de cerdas de lirio o por una brocha de desempolvar.

Brochas de arrastre. Sus cerdas son rectas y más largas de lo habitual y se utilizan para arrastrar el barniz para crear trazos largos y regulares.

Brochas de veteado. Tienen una parte oscilante de caucho que se pasa sobre el barniz con un movimiento basculante para conseguir un efecto veteado similar al de la madera de pino. Por otro lado, los peines de caucho tienen unos dientes especiales separados con distancias diferentes. Se pasan sobre el barniz para conseguir un acabado veteado o tornasolado.

Brochas para líneas. Están especialmente diseñadas para dibujar líneas decorativas sobre el mobiliario. Sus cerdas largas y delgadas se pueden empapar con gran cantidad de pintura para conseguir líneas continuas.

Brochas de estarcido. Las brochas de estarcido tienen un aspecto romo y achatado y se utilizan para puntear la pintura en los estarcidos. Debe utilizarse verticalmente.

Brochas de punteado. Estas brochas anchas contienen grupos de cerdas para formar diminutos puntos sobre el barniz húmedo.

Esponjas

Se utilizan en las técnicas de colores rotos, especialmente en el esponjado. Con las esponjas naturales se consigue un acabado más suave, mientras que las sintéticas (aunque son más baratas) se utilizan únicamente para conseguir un acabado más natural e irregular. Las esponjas son especialmente útiles para conseguir acabados de ladrillo o piedra compacta.

Cinta adhesiva

Se trata de una cinta adhesiva de papel plisado utilizada para tapar las zonas que no quieras que se manchen de pintura. En el mercado hay una cinta de este tipo flexible, ideal para tapar las superficies con forma circular o curvada. Otra variedad es la cinta poco adherente, que se utiliza para colocarla sobre superficies previamente pintadas.

CUADRO DE HERRAMIENTAS Y MATERIALES

Efecto de la pintura	Herramientas de especialista	Materiales de especialista
Aguado de color	Brocha grande, brocha suavizante	Barniz, base
Arrastre	Brocha de arrastre	Barniz, base
Punteado	Brocha de punteado	Barniz, base
Trapeado	Paño, trapos limpios	Barniz, base
Trapeado enrrollado	Paño, trapos limpios	Barniz, base
Esponjado	Esponja natural	Barniz, base
Marmolado	Pincel trazador, de plumas	Barniz, base, óleo de artista o colores acrílicos
Veteado	Segmento oscilante o peine	Barniz, base
Agrietado	Brochas estándar	Barniz, base, capa superior
Peinado	Peine flexible	Barniz, base
Deformación	Lana de alambre	Base cerosa, capa superior
Acabado metálico	Brochas estándar	Polvo, pintura metálica

técnicas de efectos de la pintura

Una pintura con efectos puede cambiar radicalmente el aspecto de una habitación pero, desafortunadamente, una técnica mal aplicada o un color mal elegido pueden restar eficacia a dicha técnica y hacer que la habitación tenga un aspecto peor que el que tenía en un principio.

Acabados de colores rotos

Todos estos acabados se aplican sobre una base. El efecto final se consigue manipulando el barniz con distintas herramientas, dejando la base ligeramente al descubierto.

Aguado de color

Éste es uno de los efectos de pintura más populares. Se utiliza mucho debido a que da a las paredes un aire rústico mediterráneo y es perfecto para conseguir un aspecto desaliñado en las paredes con imperfecciones.

Herramientas y materiales

Calderos de pintura

Emulsión estándar (acrílica), brochas, rodillo y bandeja

Brocha grande para emulsión (acrílica)

Emulsión de seda vinílica (acrílica), emulsión mate (acrílica) y barniz

Brocha suavizante de pelo de tejón o brocha de emulsión (acrílica) de cerdas blandas

1 Aplica la base de emulsión (acrílica) de seda vinílica sobre las paredes previamente tratadas y espera a que se seque.

Utiliza una brocha de emulsión estándar para aplicar la base.

2 Mezcla la emulsión mate con el barniz acrílico y un poco de agua hasta que consigas un líquido con una textura similar a la de la nata líquida. Aplica el glacis con trazos firmes, aleatorios y entrecruzados utilizando una brocha grande sobre una superficie que te resulte manejable como, por ejemplo, de aproximadamente 1 m^2/1 yarda^2 de cada vez.

Aplica el barniz con una brocha grande.

3 Pasa una brocha suavizante o de cerdas blandas sobre la superficie barnizada sin cargar demasiado, borrando ligeramente los brochazos. Limpia la brocha con un paño para evitar que se acumule el barniz.

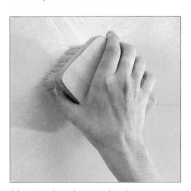

Usa una brocha suavizante para borrar los brochazos.

Arrastre

Esta técnica se suele utilizar para reproducir las vetas de la madera o los tejidos planos y aporta textura a las superficies lisas. La clave está en mantener las líneas de la brocha rectas, por lo que es recomendable dividir el trabajo en zonas limitadas en lugar de pintar de una sola vez toda la pared.

Herramientas y materiales

Brocha, rodillo y bandeja para rodillo

Caldero de pintura

Emulsión (acrílica) y barniz

Brocha de arrastre o brocha de cerdas largas

Trapos para limpiar las brochas

Barniz para madera (opcional)

1 Aplica la base con la brocha o con el rodillo y espera a que se seque. Mezcla el barniz y la pintura en la pared.

Mezcla el barniz y échalo sobre la base.

2 Utiliza la brocha de arrastre y sujeta las cerdas contra el barniz. A continuación vete deslizándolo con cuidado hacia abajo por el barniz, manteniéndolo recto hasta llegar al rodapié.

Después de cada trazo limpia la brocha con un trapo para eliminar el barniz y evitar que se acumule. Vuelve a colocar la brocha en la parte superior para hacer un nuevo trazo. Repite la operación hasta cubrir toda la superficie y barniza la pared si resulta necesario.

Desliza la brocha de arrastre suavemente por el barniz.

Punteado

Se trata de un efecto sutil y muy útil sobre superficies lisas, dándoles un aspecto envejecido. También se puede utilizar esta misma técnica para reproducir el aspecto de la piedra, consiguiendo un efecto algo moteado.

Herramientas y materiales

Pincel, rodillo y bandeja

Emulsión de seda vinílica (acrílica)

Barniz acrílico y colores de artista acrílicos

Brocha de punteado o brocha grande y plana

Barniz para madera (opcional)

1 Aplica la base y espera a que se seque. Aplica el barniz para darle un revestimiento uniforme.

Aplica el barniz sobre la base y espera a que se seque.

2 Haz marcas en el barniz con la brocha de punteado, realizando movimientos incisivos para que el acabado moteado quede sin marca de brochazos. Espera a que se seque la superficie y dale una capa de barniz si quieres un acabado resistente.

Haz pequeñas marcas haciendo incisiones con la brocha de punteado.

Acabados texturados

Podemos conseguir un acabado sutil añadiendo granitos finos de arena o de serrín a la emulsión (acrílica) empelada como base o un resultado más impactante utilizando yeso texturado con pigmentos aplicado a la pared con una paleta de yesero. Es mejor aplicar los acabados texturados sobre paredes forradas con un papel pesado, ya que son muy difíciles de sacar. De este modo, te resultará mucho más fácil sacarlos si te apetece cambiar la decoración de las paredes. Este tipo de acabados también se pueden aplicar sobre los estarcidos para darles un efecto tridimensional.

Acabado texturado sutil

Herramientas y materiales

Emulsión mate vinílica (acrílica) y arena

Calderos de pintura

Brochas, rodillos y bandejas

Pigmentos colorantes

Barniz acrílico

1 Mezcla bien la emulsión mate vinílica (acrílica) con la arena en un caldero de pintura y aplica la mezcla a la pared con un pincel. Espera a que se seque la superficie.

Aplica la emulsión (acrílica) y la mezcla en las paredes con un pincel.

2 Mezcla un barniz acrílico coloreado y aplícalo aleatoriamente sobre la superficie texturada para resaltar las irregularidades de la pared.

Aplica aleatoriamente el barniz acrílico sobre la superficie texturada.

Acabado de enlucido basto

Herramientas y materiales

Caldero de pintura

Acabado texturado tipo artex

Emulsión coloreada (acrílica)

Paleta de yesero

Barniz para madera (opcional)

1 Mezcla el acabado texturado en un cubo de pintura hasta que adquiera una consistencia espesa y suave y aplícalo sobre las paredes utilizando el borde liso de una paleta de yesero. Vuelve a trabajar la superficie añadiendo más irregularidades si resulta necesario. Otra opción es alisar las zonas ásperas hasta conseguir el acabado que más te satisfaga. Deja secar la superficie durante toda la noche.

Utiliza una brocha grande para añadir más irregularidades a la superficie si resulta necesario.

2 Pinta la superficie con la base y espera a que se seque. A continuación bruñe en seco el barniz coloreado con un pincel grande de albañil sobre el acabado texturado, resaltando las irregularidades de la superficie.

Bruñe en seco el barniz coloreado sobre la pared texturada.

Acabados perlados y metálicos

Los barnices perlados y metálicos se aplican sobre bases complementarias para producir efectos metálicos bastante realistas. También se puede añadir un brillo al barniz para conseguir un acabado con reflejos, especialmente apropiado para las habitaciones infantiles.

Utilización de los acabados perlados

Herramientas y materiales

Base complementaria

Pincel o rodillo

Capa superior perlada

Barniz acrílico

1 Empieza aplicando la base con un pincel o con un rodillo y espera a que se seque bien (durante aproximadamente una hora) antes de aplicar la capa superior.

Aplica la base y espera a que se seque bien.

2 Aplica con cuidado la capa superior perlada, asegurándote de que trabajas en una sola dirección para evitar que queden las marcas de los brochazos.

Aplica la capa superior con trazos uniformes en la misma dirección.

3 Espera a que se seque esta capa y luego, barniza aplicando un par de capas de barniz acrílico mate.

Aplica un par de capas de barniz acrílico para terminar.

Utilización de acabados metálicos

Herramientas y materiales

Base

Pinceles

Capa superior metálica

1 Empieza aplicando la base que hayas elegido con un pincel.

Aplica una capa de pintura base uniformemente por toda la pared.

2 Cuando la base esté completamente seca, aplica una capa de pintura metálica, procurando no dejar las marcas de los trazos de la brocha.

Aplica la pintura metálica sin dejar las marcas de los trazos de la brocha.

Pintar formas abstractas

Los efectos decorativos que antes ocupaban habitaciones enteras se utilizan cada vez menos y, actualmente, se sustituyen por bandas de colores o formas colocadas en algunas paredes, con las que se consigue dar un efecto de obras de arte abstractas. Las diferentes formas se pueden combinar con cualquiera de los efectos descritos anteriormente.

Bandas horizontales

Las bandas horizontales colocadas alrededor de una habitación harán que parezca más ancha, especialmente si está pintada con tonos claros. Si dividimos una habitación grande horizontalmente, conseguiremos que parezca más interesante. Las habitaciones solían tener zócalos y baquetillas de friso dividiéndolas, lo que permitía la utilización de bandas de color. Si quieres que tenga un aspecto moderno, divídela con bandas de anchos diferentes.

Herramientas y materiales

Regla metálica y nivel de burbuja de aire

Lápiz

Cinta adhesiva poco adherente

Emulsión (acrílica)

Pinceles o rodillos

1 Si medimos desde el rodapié hacia arriba o desde el techo hacia abajo obtendremos una línea torcida, ya que los techos y los suelos no siempre están bien nivelados. Para conseguir una línea horizontal utiliza un juego de nivel de burbuja de aire colocado sobre una regla de metal larga para mantener el nivel de la línea. Marca la línea alrededor de toda la habitación con un lápiz sin cargar demasiado y tápala con cinta adhesiva poco adherente.

2 Pinta con un pincel o con un rodillo las bandas coloreadas, retirando la cinta adhesiva antes de que se seque la pintura. Una vez que ésta se haya secado, coloca la cinta adhesiva en la zona pintada y repite la operación.

Líneas verticales

Las líneas horizontales colocadas alrededor de una habitación harán que los techos parezcan más altos. Pueden resultar un poco cargantes en espacios reducidos, pero quedan muy bien colocadas espaciadas en una pared. Si quieres darle un aire más moderno, varía el ancho de las líneas y procura utilizar tonos armoniosos o distintas tonalidades del color base.

Herramientas y materiales

Cordel entizado

Cinta adhesiva poco adherente

Paño suave

Pinturas de emulsión (acrílicas)

Pinceles o rodillos

1 Utiliza un cordel entizado para marcar una línea vertical fácil y rápidamente. Necesitarás dos pares de manos: una persona sujetando el cordel en la parte superior de la pared y otra en la parte de abajo tensándolo. Rompe el cordón bruscamente para dejar una línea vertical marcada con tiza en la pared. A continuación, tapa la zona con cinta adhesiva y borra la marca con un paño.

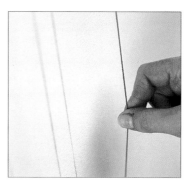

Utiliza un cordón entizado para dejar una marca vertical de tiza en la pared.

2 Pinta la superficie con un pincel o con un rodillo (acuérdate de sacar la cinta adhesiva antes de que la pintura se seque del todo). Espera a que la pintura haya secado para invertir el proceso y colocar la cinta adhesiva sobre la zona terminada para pintar la línea adyacente.

Pinta la zona rodeada con cinta adhesiva.

Cómo pintar adornos circulares

Los círculos pintados son una buena forma de introducir colores vivos y detalles decorativos en una habitación.

Herramientas y materiales

Martillo

Clavos de mampostería

Cuerda

Lápiz

Pintura y pincel

Cinta adhesiva flexible

1 Clava con cuidado un clavo de mampostería grande en el lugar donde vayas a situar el centro del círculo. Ata uno de los extremos de un trozo de cuerda en el clavo y coloca un lápiz en el otro. Mantén la cuerda tirante y mueve el lápiz alrededor formando un círculo en la pared. Saca el calvo y tapa el agujero con masilla de secado rápido.

Estira la cuerda y mueve el lápiz alrededor dibujando un círculo.

2 Pinta el círculo empezando por el contorno. Si quieres, puedes tapar la línea primero con cinta adhesiva flexible.

A continuación pinta el círculo empezando por el contorno.

Letras y números

Las letras son un motivo decorativo muy popular y se pueden hacer de muchas formas diferentes. En los cuartos de baño quedan muy bien los versos y las citas, mientras que en la cocina podemos decantarnos por las recetas y por los números en los despachos. Prueba distintos tamaños y tipos de letra para conseguir estilos diferentes.

Uso de letras de plástico

Herramientas y materiales

Nivel de burbuja de aire

Lápiz

Letras de plástico

Emulsión (acrílica) y pincel pequeño

1 Dibuja una tenue línea horizontal a lápiz con un nivel de burbuja de aire donde quieras poner la letra. Utiliza letras de plástico grandes como plantilla.

Sujeta las letras que hayas elegido contra la pared y dibuja su contorno.

2 Rellena el dibujo con pintura. Si lo necesitas, haz un apoyo al pincel con un palo forrado de algodón.

Usa un pequeño pincel para pintar el interior de las letras del muro.

Utilización de un proyector

Alquila o pide prestado un retroproyector. Escribe a mano o fotocopia el texto que hayas elegido sobre acetato y proyecta su imagen sobre la pared en la que quieras pintar las letras. Dibuja el contorno de las letras con un lápiz de punta blanda y rellénalas con pintura (véase *Efectos de pintura de escritura a mano* en las páginas 220-1).

Utilización de estarcidos

Herramientas y materiales

Nivel de burbuja de aire

Lápiz

Estarcido

Cinta adhesiva

Pintura y brocha de estarcido grande

Barniz (opcional)

1 Utiliza estarcidos de letras para formar las palabras que hayas elegido sobre una línea recta dibujada a lápiz en la pared. Aplica un poco de pintura a través de los estarcidos utilizando una brocha especial grande y recta.

Echa una capa fina de pintura sobre el estarcido para colorear las palabras elegidas.

2 Retira el estarcido con cuidado despegándolo y barniza toda la superficie para finalizar si resulta necesario.

Una vez que se haya secado la pintura, retira el estarcido de la pared.

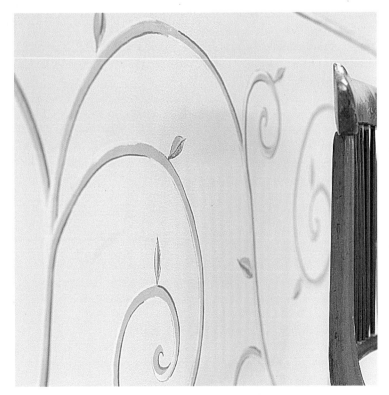

Izquierda: *si no quieres utilizar letras, prueba otro tipo de formas como, por ejemplo, este diseño de hoja de parra natural.*

Cómo elegir el papel
de las paredes

El papel aporta un toque de suavidad a una pared y puede ayudar a reducir los ecos y el vacío en una habitación grande. Los papeles pueden ser muy ornamentados, tener como único adorno unas sencillas rayas o imitar los efectos de la pintura, por lo que es posible conseguir el mismo efecto sin mojar la brocha.

La historia de los papeles pintados

El papel surgió como una alternativa más económica para la clase media y alta a la tapicería y a los paneles de paño y de madera, materiales muy utilizados hasta el siglo XVII . Pero a pesar de ser una opción más barata, seguía siendo un artículo de lujo pintado con dibujos hechos a mano y rodillos con complejos grabados y colores separados. Actualmente sigue habiendo unos pocos fabricantes que hacen papeles y paneles de lujo con murales a menudo pintados a mano que se aproximan a la calidad y a la artesanía original de las primeras variedades.

El gran *boom* del papel tuvo lugar en el siglo XIX, cuando se empezaron a fabricar cilindros grabados mecánicamente y rollos de papel continuos. Durante la época de las artes y los oficios el papel conquistó cuotas de popularidad todavía más altas coincidiendo con los coloridos diseños fabricados por el artista William Morris que todavía se siguen produciendo en nuestros días.

Con la restauración de casas de época se han vuelto a poner de moda estilos de papel pintado antiguos, como el *anaglypta* y el *lincrusta*. Estos papeles se empezaron a utilizar en la época victoriana y se caracterizan por tener estampados en relieve. Se suelen utilizar en los techos y en las molduras de los zócalos, por ejemplo, entre el zócalo y el travesaño. Actualmente los papeles se pintan en ocasiones con

pinturas de esmalte para darles una mayor luminosidad, para conseguir un acabado que se pueda limpiar fácilmente o, incluso, acabados mates que les aporten un aspecto gredoso.

Durante las décadas de 1950 y 1960 se produjeron nuevos avances en los papeles pintados. Los recubri-

mientos, como una capa fina de plástico, dieron lugar a la creación de los papeles de vinilo que resultan perfectos para soportar los cambios de temperatura y la humedad de los cuartos de baño. A esta misma época pertenecen los papeles metálicos, de fondos plateados y acabados irisados.

Derecha: los estampados con motivos florales son perfectos para un dormitorio con una decoración tradicional. Si vas a utilizar un papel con unos dibujos muy elaborados, te aconsejamos que empapeles sólo la mitad de la pared, justo por encima del zócalo.

Izquierda: *un sencillo motivo decorativo puede resultar muy elegante y efectivo en el papel.*

En el mercado podemos encontrar otros tipos de papel pintado como, por ejemplo, los papeles texturados con madera (muy populares en las décadas de 1950 y 1960 pero que últimamente están en declive). Sin embargo, esta clase de papel presenta algunas ventajas ya que, al tratarse de un papel grueso y texturado, conseguimos tapar y disimular las irregularidades de la pared.

En las décadas de 1980 y 1990, la pintura se convirtió en la opción preferida para cubrir las paredes en detrimento de los papeles pintados pero, a finales de los 90, los papeles experimentaron un nuevo auge.

Cómo elegir el papel

A la hora de elegir el papel debemos tener en cuenta la forma, el tamaño y la función de la habitación que estamos decorando. Si las paredes no son uniformes, nos decantaremos por un papel más grueso; mientras que en una habitación donde vayamos a colocar muchos cuadros, la mejor opción será un papel con un diseño sencillo.

El siguiente paso es examinar todos los catálogos que podamos. Algunos muestrarios incluyen fotografías que pueden resultarnos muy útiles en las que se muestran los distintos diseños utilizados en un mismo lugar.

La tendencia actual es utilizar el papel a modo de panel o en una sola pared en lugar de colocarlo en toda la habitación. En este tipo de decoraciones, el papel se combina con superficies pintadas y se convierte en un espacio característico o decorativo de la habitación en lugar de ser un revestimiento completo para las paredes.

Durante unos años estuvieron de moda los papeles para forrar paredes empleados sin ninguna capa de pintura por encima, dando a la habitación un aire ligeramente oscuro pero interesante. Este papel, que en el momento de colocarlo es de un color blanco mate, se va envejeciendo con la luz del sol hasta adquirir un tono amarillento, parecido al del pergamino. Los papeles marrones lisos también se han utilizado con éxito, especialmente para decorar habitaciones pequeñas y guardarropas. Los papeles marrones de buena calidad tienen una línea muy delgada, por lo que es importante colocarlos con cuidado, asegurándonos de que todas las líneas vayan en la misma dirección. El papel se puede comprar en grandes cantidades comerciales.

A los papeles se han aplicado telas de yute, sedas y espartos, materiales que siguen siendo muy populares en algunas partes del norte de Europa y de Francia.

tipos de

papel

Antes de elegir el papel debemos decidir qué tipo queremos utilizar. Hay una gran variedad de papeles en el mercado. Se fabrican de formas diferentes y producen efectos distintos. Por lo tanto, es importante que a la hora de escoger el papel, tengamos en cuenta el estilo decorativo que queremos conseguir. Por ejemplo, un papel con motivos en relieve quedará muy bien en una habitación decorada con un estilo clásico, pero tendrá un efecto extraño combinado con un diseño contemporáneo y minimalista.

Papel pintado

Papel estándar

Los rollos estándar tienen un ancho de 52 cm/20³/₄ pulgadas. Existe una gran variedad de colores y diseños, normalmente con un acabado mate.

Papel grabado/estampado a mano

Este tipo presenta unas dimensiones estándar, pero está grabado a mano, lo que lo hace más caro que las variedades estándar.

Papel de vinilo

Consiste en un soporte de papel con una capa de vinilo grabado por encima. Es muy fácil de colocar y de quitar, además de duradero y resistente. La superficie puede ser brillante.

Papeles texturados/ estampados en relieve

Es perfecto para paredes poco uniformes, ya que su superficie gruesa y en relieve ayuda a disimular las imperfecciones. Se coloca de la misma forma que los papeles estándar, pero necesita estar más empapado. Hay que seguir las instrucciones del fabricante.

Anaglypta y lincrusta

Es un papel estampado en relieve usado por primera vez en la época victoriana y confeccionado con una combinación de algodón y pasta de papel. Se pasa a través de unos rodillos para estampar cuando todavía está húmedo, de forma que el diseño queda grabado en su superficie. Se utiliza mucho en zonas de mucho uso, como en los vestíbulos, ya que es resistente a los golpes. Este papel no tiene ningún tipo de tintura, por lo que podemos pintarlo del color que mejor combine con la habitación (también se puede utilizar para crear efectos de pintura de colores rotos, ya que el brillo se queda acumulado en los huecos resaltando los diseños). El papel *lincrusta* es muy similar al *anaglypta* y también presenta motivos en relieve, pero se elabora con una mezcla de linóleo y es muy duradero.

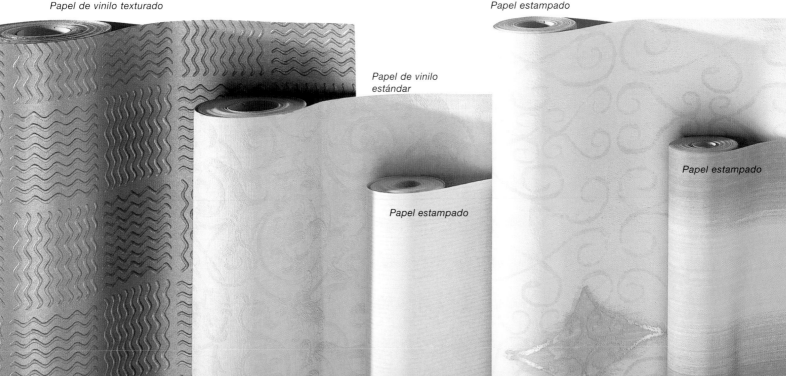

Papel de vinilo texturado

Papel de vinilo estándar

Papel estampado

Papel estampado

Papel estampado

Papel con madera

Este tipo de papel se utiliza mucho en restauración, ya que sus partículas de madera pueden esconder gran cantidad de imperfecciones y le dan a las paredes una textura granulada. Hay que tener mucho cuidado al retirar este tipo de papel, ya que puede àrrastrar el yeso de la pared (si sucede esto, la pared puede quedar al aire y tendremos que llamar a un profesional para que la enluzca de nuevo).

Papel de vinilo poroso

Se trata de un papel de vinilo con motivos en relieve elaborado con un procedimiento especial: con el calor, la zona impresa se expande y toma un efecto tridimensional. Los diseños solían estar un poco obsoletos, pero hoy encontramos nuevas variedades con dibujos de mosaicos de azulejos, metálicos y de fibras naturales.

Herramientas

Mesa de empastar

Estas mesas ligeras y plegables son muy baratas y facilitan mucho el proceso de empapelado por su ancho, algo superior al de un rollo de papel, y son tan largas como para poder extender la pasta sin arrugar el papel.

Cepillo de empapelador

Se trata de un cepillo ancho y delgado utilizado para alisar las superficies una vez colocado el papel.

Brocha de empastar

Esta brocha grande con cerdas sintéticas se utiliza para extender la pasta sobre el papel. Es mejor comprar un modelo con gancho de plástico para evitar que se caiga en la pasta y se complique el trabajo.

Hilos de plomada

El modelo más sencillo consta de un peso que cuelga de una cuerda, lo que te permite marcar una línea vertical perfecta. Hay algunas versiones en el mercado que traen una tiza con la que se mancha el cordel de modo que al romperlo contra una superficie queda una línea de tiza marcada.

Rodillo para juntas

Este pequeño utensilio tiene un rodillo giratorio que se utilizar para alisar las juntas del papel y los bordes.

Desempapeladora a vapor

Se trata de máquinas eléctricas que se pueden comprar o alquilar por un solo día y son muy útiles para desempapelar superficies grandes. Funcionan rellenándolas con agua y llevando ésta a ebullición. El vapor generado discurre a través de un tubo de plástico o de goma hasta una plancha. El vapor penetra debajo del papel y suelta el adhesivo.

Tijeras de decorador

Estas tijeras tienen unas hojas

Brocha de empastar

Mesa de empastar

largas con las que se puede cortar el papel en una línea recta. También tienen extremos desafilados muy útiles para doblar el papel como guía para cortar.

Adhesivo

Entre los adhesivos incluimos todas las variedades de pasta para papel pintado y se puede comprar ya mezclado o en polvo. También hay un adhesivo para bordes que viene en un tubo a presión y se utiliza para pegar los bordes del papel.

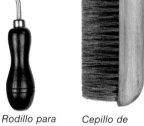

Rodillo para juntas

Cepillo de empapelador

Tijeras de decorador

Papel estampado

Papel estampado

Papel de vinilo estándar

Anaglypta

Papel de vinilo estándar

técnicas de empapelado

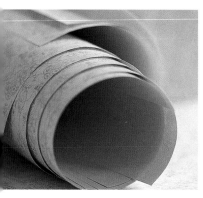

Muchas personas se muestran recelosas a colocar papel pintado debido a la creencia generalizada (entre los que no lo han intentado nunca) de que es muy difícil ponerlo. De hecho, el empapelado no sólo es una tarea sencilla si elegimos el método adecuado, sino que también puede ser amena y satisfactoria. En las siguientes páginas te indicaremos las técnicas básicas del empapelado y te ayudaremos con las partes complicadas, como con la colocación del papel alrededor de las esquinas y de los obstáculos de la superficie.

Preparación

Elimina el papel anterior de las paredes y tapa todos los agujeros (véase páginas 32-4). Antes de pintar o empapelar las paredes es importante emplastecerlas con una pasta especial diluida, que le proporcionará una «buena caída» y nos permitirá mover el papel. Esta pasta puede tener diferentes pesos: la más pesada es la que nos dará una mejor cobertura y una superficie más lisa sobre la que trabajar. Si vas a pintar las paredes, coloca verticalmente el papel para revestir: en primer lugar debes tapar y lijar cualquier agujero que haya entre las uniones y seguir las instrucciones para empapelado normal (véase la página siguiente).

Cómo forrar las paredes horizontalmente con papel de revestir

Si vas a empapelar, primero es necesario forrar las paredes horizontalmente. El motivo es que debemos evitar que las uniones del papel de revestir y del papel pintado coincidan. Si no estás muy seguro de poder colocar bien el papel horizontalmente, puedes colocarlo en posición vertical, pero asegurándote de que al colocar el papel pintado por encima las juntas no coincidan.

Herramientas y materiales

Cinta métrica

Nivel de burbuja de aire

Lápiz de punta blanda

Tijeras

Pasta para papel

Brocha vieja

Papel de revestir

Brocha de empastar

Cepillo de decorador

Espátula para masilla

Navaja

1 Mide el ancho del papel de revestir con la cinta métrica y marca esta medida a intervalos empezando en la parte superior de la pared. Dibuja líneas horizontales con un lápiz a lo largo de toda la habitación utilizando un nivel de burbuja de aire. Mide el largo de cada pared y calcula el número de trozos de papel de revestir que necesitas cortar (deja unos centímetros o pulgadas de más en cada extremo).

Dobla el papel como una concertina, preparado para colocarlo en la pared.

3 Empieza colgando el papel en la esquina superior derecha de la habitación, alisándolo en la esquina con el cepillo de decorador. Al llegar al otro extremo, recorta el papel para adaptarlo al tamaño de la pared.

Dibuja una línea horizontal alrededor de toda la habitación utilizando un nivel de burbuja de aire y un lápiz.

2 Mide y corta los trozos de papel. Empasta el primer trozo asegurándote de cubrir los bordes. Una vez empastado, dobla el papel en forma de concertina (es decir, pasta contra pasta) y déjalo que se empape bien durante el tiempo recomendado. Mientras tanto, empasta un segundo trozo.

Coloca la concertina de papel, alisándola gradualmente en la pared.

4 Coloca el segundo trozo casándolo con el primero. Repite el mismo proceso en el resto de la habitación, empapelando una pared de cada vez. Al llegar a los rodapiés introduce el papel en el ángulo que se forma entre el rodapié y la pared utilizando una espátula. Sujétalo con fuerza y recórtalo con una navaja.

Puntos de inicio

Normalmente se recomienda empezar a empapelar partiendo de un punto focal como, por ejemplo, una chimenea. Este consejo cobra especial sentido si el papel elegido tiene un estampado claro ya que, de este modo, el diseño quedará compensado. De todas formas, si vas a empapelar por primera vez, puedes empezar por la pared más larga, que estará libre de cualquier obstáculo. Esto te ayudará a ganar confianza para enfrentarte a otros obstáculos a medida que vayas realizando tu trabajo en el sentido de las agujas del reloj.

En primer lugar, casa el borde superior del segundo trozo de papel con el borde inferior del primero.

Colocación del papel

Herramientas y materiales

Cinta métrica

Nivel de burbuja de aire

Papel pintado

Tijeras o navaja

Mesa de empastar

Pasta para papel

Hilo de plomada

Regla de trazar metálica

Cepillo de decorador

1 Mide la distancia entre el techo y el rodapié y añade un par de centímetros (aproximadamente una pulgada) en la parte superior e inferior. Si estás trabajando con un papel estampado debes tener en cuenta la repetición de los dibujos. Corta los primeros trozos de papel y colócalos sobre la mesa de empastar. Empástalos con cuidado, desde el centro hacia fuera, con los bordes recubriendo ligeramente la mesa para evitar que caiga pasta sobre la superficie del papel.

Aplica la pasta desde el centro hacia los bordes.

2 Es fundamental asegurarse de colgar recto el primer trozo de papel y, teniendo en cuenta que la mayor parte de las paredes no son totalmente cuadradas, tendremos que utilizar un hilo de plomada. Escoge un punto en la habitación cercano a la esquina más oscura y mide justo por debajo del ancho del papel partiendo de dicha esquina. Sujeta la cuerda en la parte superior de la pared, deja caer el plomo hasta el rodapié y espera a que se pare por completo. Marca intervalos con un lápiz a lo largo de la cuerda y traza una línea con la regla de trazar metálica.

Utiliza un hilo de plomada para asegurarte de que colocas el papel perfectamente recto.

3 Alisa el papel empezando desde arriba, dejando un margen de un par de centímetros (aproximadamente una pulgada). Vete descendiendo alisando la superficie empapelada con ayuda de un cepillo de decorador desde el centro hacia el exterior, eliminando las burbujas de aire. Debemos colocar bien el papel en las esquinas y recubrir aproximadamente 1 cm/$1^1/_2$ pulgada de la pared contigua.

Utiliza un cepillo de decorador para eliminar las burbujas de aire.

4 Dobla el papel con cuidado en el punto donde se une con el techo utilizando la punta redondeada de las tijeras de decorador. Retira despacio el papel de la pared en la parte superior y recorta con las tijeras la cantidad sobrante. A continuación alisa el papel con el cepillo de decorador. Repite el proceso en el punto donde la pared se junta con el rodapié.

Haz un doblez en el papel en la unión entre la pared y el rodapié.

5 Coloca el segundo trozo de papel alineándolo con el borde del primero de modo que no quede ningún tipo de agujero entre ellos. Si el papel que estás utilizando es estampado, deslízalo por la pared hasta colocar las dos mitades del dibujo en la posición correcta.

6 Recorta la parte superior e inferior del papel como se indica en el paso 4 y repite el proceso en toda la habitación. Asegúrate de que el último trozo de papel sobrepase la esquina aproximadamente en 1 cm/$1^1/_2$ pulgada y esté bien sujeto utilizando el cepillo de decorador. Por último, limpia los restos de pasta de papel que puedan haber quedado en el techo o en la cornisa y en el rodapié con una esponja húmeda.

Cómo comprar el papel

Cuando vayas a comprar el papel, lleva una nota con las medidas de la habitación y la altura de los techos (en la tienda te pueden aconsejar sobre el número de rollos que necesitas). Es recomendable comprar un par de rollos más de los necesarios para guardarlos por si tienes que hacer alguna reparación en un futuro. Comprueba que todos los rollos pertenezcan al mismo lote o tintada (debe estar marcado con un número de lote en uno de los lados del envoltorio). Si te quedas sin papel y tienes que comprar más asegúrate de que sean del mismo lote, ya que los colores de tintadas diferentes varían ligeramente debido a los procesos de impresión.

Cómo colocar el papel alrededor de las esquinas

Una vez que sepas empapelar las superficies planas, no deberías tener ningún problema con las esquinas. La clave está en dejar un trozo de papel de aproximadamente 1-2 cm/$^1/_2$ -1 pulgada superpuesto en la otra esquina.

Esquinas interiores

Herramientas y materiales

Las mismas que las indicadas en el apartado *Colocación del papel* (véase página anterior).

1 Cuando hayas puesto el último trozo y antes de alcanzar la esquina, para un momento y mide la anchura de la siguiente tira. No des por hecho que la pared tiene unas medidas exactas (mide el hueco de la parte superior, inferior y central y añade un par de centímetros, aproximadamente una pulgada a la medida más grande).

Mide el ancho de la tira que necesitas para alcanzar la esquina.

2 Estira el papel en el suelo o sobre una mesa de empastar, márcalo con una regla de trazar y córtalo con unas tijeras. Asegúrate de que el borde cortado es el más cercano a la esquina que vas a empapelar. Echa la pasta y espera a que se impregne bien. Guarda el trozo restante si es grande.

3 Coloca el papel en la pared y asegúrate de que esté bien alineado con la esquina utilizando un cepillo de decorador. Si el papel se dobla justo en el punto donde dobla la esquina, haz unos pequeños cortes a lo largo del borde con unas tijeras y alísalo bien.

Si el papel se dobla en la esquina, haz pequeños cortes en el borde.

4 Si el recorte sobrante reservado es de un buen tamaño, aprovéchalo para seguir (de lo contrario, empieza con un trozo nuevo). Mide su ancho y cuelga un hilo de plomada a esa distancia desde la esquina sobre la nueva pared. Extiende la pasta, espera a que se impregne bien y colócalo en su lugar, sobre el borde sobrepuesto en la esquina. Alinéalo con la esquina, con el lado cortado más cerca de ésta. Sigue este procedimiento en toda la habitación.

Coloca la siguiente tira para que el lado cortado quede en la esquina.

Esquinas exteriores

Las esquinas exteriores se suelen encontrar en habitaciones con chimeneas. Si has empezado empapelando en la parte central de una chimenea, corta la tira de papel anterior a la esquina, dejándole un ancho suficiente para recubrir la esquina, más un par de centímetros (aproximadamente una pulgada) extra para dejarlos como solape. Si, por el contrario, vas a empapelar la esquina externa partiendo de una rotonda, sigue los pasos que te indicamos a continuación para colocar el papel.

Herramientas y materiales

Las mismas que las indicadas en el apartado *Colocación del papel* (véase página anterior).

1 Mide la profundidad del testero en tres puntos y corta una tira del mismo ancho, añadiendo 2,5 cm/1 pulgada más, que se colocará alrededor de la esquina. Extiende la pasta, deja que el papel se impregne y ponlo según el procedimiento descrito antes con un cepillo para alisar el borde.

Alisa el papel de la esquina utilizando un cepillo de decorador.

2 Mide el recorte y marca una línea con el hilo de plomada sobre la pared. Extiende la masa, deja que se impregne bien y colócalo, tapando el trozo de solapa. Recorta la parte superior e inferior.

Coloca el recorte en su lugar sobre la nueva pared, tapando la solapa.

Empapelar alrededor de los obstáculos

Para empapelar así seguiremos el mismo procedimiento. La clave está en doblar bien el papel alrededor del objeto en cuestión, los que nos indicará por donde debemos cortar.

Empapelado alrededor de una chimenea

Herramientas y materiales

Las mismas que las indicadas en el apartado *Colocación del papel* (véase página 51).

1 Alisa la tira de papel hacia la parte superior de la chimenea, dejándola a unos 30 cm/1 pie de la parte superior de la misma. Utiliza el cepillo para alisar bien en la esquina donde el borde de la chimenea se junta con la pared.

Alisa el papel en la zona de la esquina utilizando un cepillo de decorador.

2 Haz un corte horizontal con una navaja afilada o con unas tijeras a lo largo de la parte central de la repisa de la chimenea partiendo del punto de unión entre la chimenea y la pared.

Haz una serie de cortes en el papel con unas tijeras.

3 Alisa el papel colocado sobre la repisa y recórtalo según lo descrito anteriormente. Presiona el papel suavemente con las yemas de los dedos alrededor de las molduras que pueda haber debajo de la repisa y recórtalo utilizando una navaja afilada.

Alisa el papel, recortándolo alrededor de los moldes de la chimenea.

Empapelado alrededor de una ventana abatible

Herramientas y materiales

Las mismas que las indicadas en el apartado *Colocación del papel* (véase página 51).

1 Asegúrate de que la tira final tenga un ancho para cubrir toda la profundidad del hueco al cortarlo. Alisa el papel colocado en la parte superior de la ventana y haz pequeños cortes horizontales en la parte superior e inferior de la ventana hacia las esquinas del hueco. Dobla la solapa resultante y recórtala, pero no alises el papel.

2 Corta un trozo pequeño de papel que tenga una profundidad y una anchura 2,5 cm/1 pulgada mayor que la zona que hemos dejado sin empapelar encima del hueco y colócalo en el lugar correspondiente bajo la tira larga. Corta un pequeño triángulo de la esquina del papel para doblarlo sobre el borde del hueco. Alisa la tira larga sobre el trozo de menor tamaño.

Alrededor de una puerta o de una ventana no abatible

1 Corta una tira de papel para colocarla encima de la puerta y aplica la pasta evitando la zona que vamos a cortar posteriormente. Colócala sobre la puerta sin apretar demasiado y corta el trozo colocado en la parte inmediatamente superior a la puerta dejando una solapa de 5 cm/2 pulgadas. Utiliza la brocha de empapelar para colocar el papel en el hueco que queda entre el marco de la puerta y la pared.

Haz un pequeño corte diagonal hacia la esquina del marco de la puerta.

2 Alisa la superficie del papel situado alrededor del marco con la brocha y recórtalo utilizando una navaja.

Alrededor de interruptores y puntos de energía

Herramientas y materiales

Las mismas que las indicadas en el apartado *Colocación del papel* (véase página 51).

1 Coloca el papel sin apretar mucho sobre el interruptor y utiliza la brocha para localizar la posición del mismo. Haz dos cortes diagonales de una esquina a otra con una navaja.

Localiza la situación del interruptor y haz cortes diagonales en el papel.

2 Dobla los triángulos hacia atrás y alisa el papel con la brocha. Recorta con una navaja hasta que queden lo más cerca posible del interruptor.

Dobla los triángulos hacia atrás y córtalos cerca del borde del interruptor.

Método alternativo

Existe un método alternativo para empapelar las zonas que rodean los interruptores de la luz y los puntos de suministro de energía. Quita la corriente en la caja de fusibles y desatornilla la placa delantera del interruptor hasta que quede un hueco suficiente para colocar debajo el papel sobrante.

La elección de los azulejos

Los azulejos son el recubrimiento estándar para las paredes de baños y aseos, así como para salpicaderos y otras superficies de la cocina. Las grandes ventajas que presentan es que son resistentes al agua, muy duraderos, fáciles de limpiar y secar y hay una gran variedad de colores en el mercado.

Aunque actualmente los azulejos se elaboran mecánicamente utilizando una gran variedad de materiales diferentes, originalmente se hacían todos de forma artesanal con arcilla y se cocían en el fuego o, más adelante, en hornos. Los azulejos de cerámica se hacen prácticamente en todos los lugares del mundo y esta tradición se remonta miles de años atrás en el tiempo. Uno de los materiales más utilizados en la elaboración de azulejos es la terracota, que es un tipo de arcilla poco cocida. Las variedades más básicas tienen únicamente una capa de barniz o de cera para tapar la su-

perficie porosa, pero también podemos encontrar modelos más sofisticados sumamente ornamentados. Los griegos y los romanos utilizaron este tipo de azulejo ornamentado para decorar el interior de sus hogares y en todo el mundo podemos encontrar ejemplos de sus mosaicos, elaborados con una combinación de diminutos azulejos de colores.

Existe otro tipo de azulejos hechos con loza de barro. En el siglo XVI, los artesanos de la ciudad de Delft, en el sur de Holanda, utilizaban mucho esta clase de azulejos, pintándolos con un fondo blanco y dibujos en distintas to-

nalidades de azul. Esta combinación de blancos y azules fue muy popular durante más de 400 años y aún en nuestros días se siguen fabricando azulejos siguiendo el mismo esquema.

Tu propio estilo

Existe una gran variedad de azulejos entre los que elegir y, a la hora de comprarlos, debes escoger los que mejor se adecuen al tamaño de la habitación que estás decorando y los que mejor complementen el restante esquema decorativo.

En los cuartos de baño grandes, las paredes decoradas con mosaicos de azulejos pequeños pueden parecer fuera de contexto y, por el contrario, los grandes paneles de cerámica colocados en un cuarto de baño poco espacioso harán que la habitación parezca todavía más pequeña.

Por lo tanto, es importante elegir el tamaño de azulejo adecuado, que sea

Derecha: *los mosaicos de azulejos pequeños están actualmente muy de moda en los cuartos de baño. Mezcla y combina diferentes colores para crear tu propio diseño.*

Extremo derecho: *estos azulejos mate están elaborados en colores sutiles y neutros que transmiten sensación de calma.*

proporcional al espacio donde vas a colocarlo. En la mayor parte de los cuartos de baño se suelen colocar azulejos encima de la bañera y del lavabo para proteger la pared de las salpicaduras y de la humedad. Las paredes, e incluso el techo y el suelo de las duchas también se suelen recubrir con azulejos por el mismo motivo.

Podemos decantarnos por unos azulejos lisos y sencillos que sirvan únicamente como fondo o elegir un modelo que resalte un determinado diseño. Por ejemplo, en un cuarto de baño árabe, los azulejos son un elemento fundamental. Estos azulejos, además de la decoración típica del país que se puede utilizar para recrear este estilo, también pueden ser muy coloridos e introducir dibujos llamativos y geométricos.

Podemos utilizar los pequeños azulejos de mosaico para formar distintos diseños o crear dibujos. Entre los diseños más populares están el efecto de gradación de color o sombreado, que consiste en una graduación de un mismo tono que comienza colocando azulejos de color más oscuro en la zona cercana al suelo que gradualmente van dando paso a colores más claros a medida que la pared se aproxima al techo. Si utilizas tonos azules puedes crear un entorno que recordará un paisaje submarino, de forma que cuando estés en la bañera tendrás la sensación de estar en el fondo de una laguna contemplando el cielo.

Los azulejos tradicionales de mayor tamaño (10 x 10 cm/4 x 4 pulgadas) se pueden colocar en líneas regulares paralelas a la superficie o al suelo, o bien formando un diseño diagonal. También se pueden mezclar dos o tres tonalidades de un mismo color o contrastar colores como el negro y el blanco o el azul y el naranja para formar un diseño parecido al de un tablero de ajedrez.

Otra forma de dividir una extensión grande de azulejos es creando un friso o un borde. Podemos hacerlo introduciendo una cenefa estrecha de azulejos más pequeños tipo mosaico y una

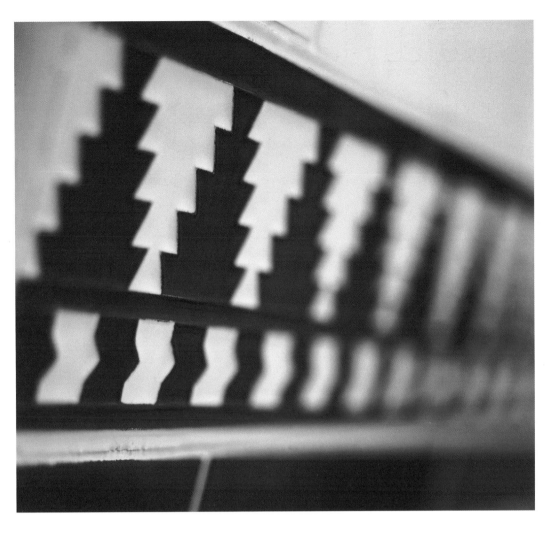

línea de contraste de azulejos estrechos y lineales o azulejos en relieve para formar una división entre el nivel superior y el inferior de la pared. Se puede decorar el nivel inferior con azulejos de un determinado color o tamaño, mientras que en la parte superior se aplicará un color más intenso, un dibujo diferente o incluso pintura o papel pintado.

La mayor parte de los azulejos de cerámica se hacen mecánicamente, por lo que todos son exactamente del mismo tamaño, grosor y color y, por lo tanto, son muy fáciles de colocar y proporcionan un acabado uniforme. Pero si buscas un estilo más rústico o bohemio, puedes comprar azulejos hechos a mano o fabricados con un aspecto artesanal. La superficie de este tipo de azulejos es irregular y ligeramente ondulada y las tonalidades también varían ligeramente.

Hoy en día se utilizan mucho los azulejos con acabados mates. Estos azulejos datan de la época victoriana, cuando se fabricaban como azulejos encáusticos. Algunos arquitectos utilizaron mucho este tipo de azulejos en sus obras. Por ejemplo, Pugin los utilizó en la construcción de grandes edificios públicos, como el palacio de Westminster, en Londres.

El dibujo de estos azulejos victorianos originales (ahora reproducciones) se consigue colocando arcilla de colores que contrasten sobre el azulejo. El azulejo se cuece y los colores se fusionan y se fijan en la superficie. Algunos azulejos de acabados mate tienen un aspecto similar al de la piedra arenisca y se pueden utilizar junto con otros azulejos de materiales naturales, como la piedra, la pizarra e incluso el hormigón en estilos decorativos más modernos y contemporáneos.

Arriba: en esta fotografía observamos un ejemplo de diseño de azulejos impactante y colorido en un cuarto de baño árabe. ¿Por qué no colocas un diseño similar en tu propio cuarto de baño convirtiéndolo en el detalle más característico de la habitación?

55

tipos de
azulejos

Los azulejos son el material más utilizado para recubrir las paredes de las cocinas, cuartos de baño y de otras zonas donde se utiliza agua. Cuando los azulejos se colocan bien sobre una superficie, proporcionan una barrera resistente al agua que resulta muy fácil de limpiar y de mantener. Hoy en día podemos encontrar azulejos de diferentes tamaños y materiales. Además, la colocación de azulejos sobre una pared pequeña es una tarea relativamente sencilla, aunque es necesario dejar secar bien los azulejos antes de enlechar.

Tipos de azulejos

Azulejos hechos a mano

Estos azulejos de cerámica se hacen a mano utilizando bloques de arcilla, que les conceden su aspecto característico e individual. En este tipo se pueden percibir ligeras diferencias en el grosor y en el tamaño y, teniendo en cuenta que se barnizan y cuecen en tandas pequeñas, los colores varían de un lote a otro. Son más caros que los azulejos equivalentes fabricados en serie debido a que su elaboración resulta muy laboriosa.

Hechos a máquina

Estos azulejos se fabrican en grandes lotes, vertiendo arcilla líquida en un molde para garantizar la consistencia correcta. Muchos reproducen la textura de materiales más caros, como el mármol y la piedra.

Hay una gran cantidad de formas y tamaños, desde los azulejos tradicionales cuadrados hasta grandes bloques rectangulares. Algunos de estos azulejos tienen motivos decorativos en relieve que se aplican antes de cocerlos, mientras que otros presentan una superficie ondulada y bordes irregulares que tratan de reproducir el aspecto de los azulejos hechos a mano.

Azulejos de mosaico

Los azulejos de mosaico o *tesserae* pueden ser de materiales muy diversos, incluyendo el cristal, la cerámica y la piedra. Los más caros son los que se hacen con una fina capa de pan de oro colocada entre dos trozos de cristal. Aunque normalmente se utilizan en las piscinas, su gran versatilidad los ha convertido en un material muy utilizado en las casas particulares en los últimos años. Aunque actualmente los mosaicos se suelen utilizar en interiores ultra contemporáneos, lo cierto es que los romanos ya los utilizaban para elaborar diseños de suelos. Los *tesserae* son más pequeños que los azulejos convencionales y suelen venir con una lámina de fibra. Los azulejos de mosaico también se pueden comprar sueltos.

Mosaicos cocidos en malla

Azulejos de cerámica hechos a máquina

Mosaicos de papel reciclado

Nuevos materiales

Los diseñadores están continuamente probando nuevos materiales con los que fabricar azulejos. Los azulejos de metal o con una capa de barniz metálico se han convertido en una opción muy popular para complementar al acero inoxidable y en las cocinas de estilo industrial. Los de resina combinan muy bien con los interiores contemporáneos y presentan una amplia variedad de colores. Por otro lado, los artistas del vidrio han creado una gama de azulejos en los que fusionan cristal transparente con otros materiales decorativos. También se puede colocar una fotografía en los azulejos.

Utensilios y herramientas
Para cortar azulejos

Para cortar azulejos se pueden utilizar distintos métodos. La más sencilla y económica es una herramienta manual que raya la capa de barniz del azulejo, que posteriormente se rompe a lo largo de la línea al aplicar presión. Existe otra versión de esta misma herramienta un poco más sofisticada que incorpora una regla de medir para que el corte sea más preciso y tiene un mecanismo de corte accionado con una palanca que sujeta el azulejo. Para cortar los azulejos más gruesos es mejor comprar o alquilar una máquina eléctrica, que incorpora un de-

Regla de perfiles

Tenazas para azulejos

Utensilio para cortar azulejos

pósito de agua que facilita el corte. También se puede utilizar una recortadora o una sierra especial para cortar formas irregulares, pero estos dos métodos requieren mucha práctica.

Separadores de azulejos

Estas cruces de plástico actúan como separadores y son útiles para asegurarnos de que todos los azulejos están a la misma distancia. Estas cruces pueden ser de diferentes tamaños para adecuarse a los azulejos de suelo y pared. Se colocan en el adhesivo, bajo la superficie del azulejo.

Lechada y adhesivo

El adhesivo se aplica sobre la superficie de la pared con una espátula de muescas que normalmente viene con el adhesivo. Los azulejos se colocan presionando sobre el adhesivo y, una vez que esté seco, se aplica la lechada. Ésta se echa encima de los azulejos utilizando una herramienta de bordes lisos. Es muy importante elegir la lechada y el adhesivo adecuados. Por ejemplo, en las zonas que vayan a estar muy expuestas a la humedad, como las duchas, es necesario utilizar lechada y adhesivo resistentes al agua, que evitarán que el agua se filtre a través de las juntas de los azulejos hasta la pared. Otras zonas, como los salpicaderos de la cocina, que a veces están expuestos a salpicaduras de agua, no necesitan lechada y adhesivo resistentes al agua. La lechada está disponible en diferentes colores (también puedes comprar rotuladores correctores para retocar la lechada cuando ésta esté muy usada o parezca sucia).

Sierra para azulejos

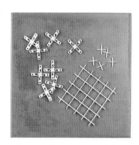

Separadores de azulejos

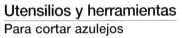

Azulejo metálico

Azulejos rústicos hechos a mano

Azulejo de estilo rústico hecho a máquina

Azulejo rústico hecho a mano

técnicas de colocación de azulejos

Para conseguir una superficie con un acabado perfecto es fundamental planificar bien la distribución de los azulejos para evitar cortes complicados e innecesarios. Asegúrate de comprar siempre un diez por ciento más de los que necesites por si se producen roturas o por posibles reparaciones futuras, pero recuerda guardarlos en un lugar seguro y perfectamente etiquetados. Otro consejo fundamental es utilizar una hoja de papel milimetrado para dibujar los diseños más complejos antes de empezar.

Cómo cortar los azulejos

Para cortarlos con formas regulares, raya y corta con una cortadora especial. Para formas irregulares, mira las siguientes instrucciones.

Herramientas y materiales

Cortadora de azulejos

Recortadora de azulejos

1 Raya la superficie del azulejo con una serie de líneas diagonales.

Raya la superficie con la herramienta para cortar azulejos.

2 «Pica» los trozos de azulejo que no necesites utilizando una recortadora especial.

Utiliza una recortadora especial para romper los trozos que no se usen.

La colocación de azulejos en zonas complicadas

Si estás colocando los azulejos en una zona de difícil acceso como, por ejemplo, la pared superior de una bañera, fregadero o de la encimera de la cocina, es muy importante comprobar el nivel con un nivel de burbuja de aire antes de empezar a trabajar. Otro factor importante es planificar bien la situación de los azulejos antes de comenzar, para evitar realizar cortes complicados en los azulejos.

Cómo colocar los azulejos en una pared

Herramientas y materiales

Nivel de burbuja de aire

Listón de madera (opcional)

Clavos

Martillo

Paleta o espátula de muescas

Azulejos y separadores

Adhesivo

Lechada

Espátula flexible

Paño

1 Si vas a colocarlos en una pared vacía es necesario marcar un nivel clavando un listón de madera en la pared, que te dará un punto de partida.

Coloca un listón en la pared en línea recta para tener un punto de partida.

2 Aplica una capa uniforme de adhesivo para azulejos sobre la pared con una espátula. Es preferible trabajar en una superficie de 1 m²/1 yarda² de cada vez. Si intentamos abarcar una zona más amplia, lo más probable es que el adhesivo se seque antes de colocar todos los azulejos.

Aplica el adhesivo sobre la pared utilizando una espátula con muescas.

3 Coloca la primera fila de azulejos justo encima del listón de madera. A continuación retira una punta de cada separador para que tenga forma de T y colócalos en el lugar correspondiente. Si tienes que utilizar algún azulejo partido por la mitad, asegúrate de colocarlo en la esquina más oscura de la habitación, donde se vea menos. Antes de formar la segunda fila de azulejos coloca los separadores (esta vez enteros) en su lugar correspondiente para asegurarte de que están situados a la misma distancia. Deja secar bien el adhesivo durante toda la noche antes de aplicar la lechada.

Corta los separadores en forma de T y colócalos entre cada azulejo.

4 Aplica la lechada con una espátula flexible, procurando que penetre bien entre las juntas. Retira el exceso con un paño húmedo y déjala secar. Limpia la superficie para eliminar cualquier película que pueda haber quedado.

Aplica la lechada entre los azulejos utilizando una espátula con muescas.

Cómo colocar azulejos en una encimera

Si vas a colocar los azulejos sobre una superficie con una forma compleja, como una encimera de cocina, comprueba en primer lugar que la parte superior esté nivelada utilizando un nivel de burbuja de aire. Si dicha superficie no es completamente plana, puedes colocar un trozo de tablero contrachapado por encima antes de empezar a colocar los azulejos.

Herramientas y materiales

Solución de cola vinílica

Pincel

Azulejos

Paleta o espátula con muescas

Adhesivo

Separadores

Lechada

Cortadora de azulejos

Paño

1 Para obtener un resultado perfecto es aconsejable colocar los azulejos secos sin ningún tipo de adhesivo. Esto nos permite planificar el diseño y decidir cuáles son los lugares más adecuados para utilizar los azulejos cortados. Empezaremos colocando los azulejos enteros a lo largo de la superficie delantera, para situar los corta-

dos en el lado pegado a la pared. Si la superficie de trabajo tiene alguna esquina es mejor empezar colocando los azulejos enteros en ella y realizar el resto del diseño desde ese punto.

2 Para que la colocación resulte más sencilla, aplica una capa de solución de cola vinílica (1 parte de cola vinílica por 5 de agua) sobre el tablero. Esto ayudará a sellar la madera y será más fácil extender el adhesivo. Espera a que se seque el tablero antes de empezar a colocar azulejos.

3 Extiende el adhesivo sobre la madera con una paleta, sin abarcar una superficie superior a 1 m^2/1 yarda^2. Gracias a las muescas de la paleta la capa de adhesivo tendrá un grosor consistente, por lo que la superficie final estará bien nivelada.

Extiende el adhesivo sobre la superficie con una espátula con muescas.

4 Coloca los azulejos presionándolos hacia abajo sobre el adhesivo con un movimiento serpenteante. Al trabajar sobre una superficie horizontal resulta poco probable que los azulejos resbalen y se caigan al suelo. Debemos colocar las filas de azulejos con cuidado ya que el resultado final se puede ver afectado y puede hacerse necesario cortar. Tómate tu tiempo para colocar cada azulejo bien y utiliza los separadores para lograr uniones consistentes. También se usan los separadores (aunque temporalmente) a lo largo de la unión entre el borde de los azulejos y el listón de madera, con el fin de que las líneas de azulejos mantengan su consistencia.

Utiliza divisores para asegurarte de que la separación es uniforme.

5 Una vez que el adhesivo se haya secado por completo, aplica una lechada epóxida sobre toda la superficie. Este tipo de lechada es más resistente que el convencional y, además, resulta más higiénico para las superficies sobre las que se van a manipular alimentos con total seguridad. Es preferible que nos concentremos en una única zona de cada vez, ya que la lechada epóxida puede ser difícil de manejar y, además, se seca muy rápidamente. Asegúrate de introducir bien la lechada en las juntas de los azulejos, retirando el exceso de este material lo más rápidamente posible con una esponja mojada, antes de que se seque.

Extiende la lechada, asegurándote de introducirla bien en las juntas

6 Deja que la lechada se seque por completo y vuelve a limpiar la superficie antes de darle un último repaso con un paño de algodón. De esta forma eliminaremos los restos de lechada y obtendremos una superficie limpia y brillante.

Trucos y consejos

• **Preparación.** Es necesario preparar primero las paredes para que estén en perfecto estado antes de aplicar el adhesivo. Por lo tanto, retira el papel y tapa los agujeros (véase páginas 32-4).

• **Limpieza.** Debes tener en todo momento a mano un cubo con agua caliente y una esponja. Mantener las manos y las herramientas lo más limpias posible, te facilitará enormemente el trabajo.

• **Cortar.** Si tienes que cortar muchos azulejos es preferible alquilar una cortadora eléctrica con una rueda de diamante. Estas máquinas funcionan con agua para la lubricación y cortan los azulejos de una forma rápida y sencilla.

Revestimientos para el suelo

Los suelos pueden tener acabados muy diferentes, desde la piedra y la madera natural hasta las fibras elaboradas con cáscara de coco y tallos de yute. Pueden ser lisos u ornamentados, ásperos o suaves, pero siempre debes elegir un tipo de suelo que tenga la resistencia necesaria para la habitación donde estará.

Su historia

Antiguamente, los suelos de las casas se hacían con barro batido y se cubrían con juncos o con hierba. A medida que fueron pasando los años, este tipo de recubrimiento se sustituyó por losetas de piedra y esteras hechas con juncos. En el antiguo Egipto se utilizaban baldosas de barro cocido y los romanos crearon el hormigón para aplicarlo en sus suelos de mosaico.

La madera también ha sido un revestimiento muy utilizado en los suelos durante muchos años, desde los sencillos tablones de madera hasta los ornamentados cortes de pluma. El parqué y los entarimados datan de la época de los Tudor y los Estuardo y, en el siglo XVIII, las alfombras eran muy populares en las grandes mansiones. En esa misma época, en Estados Unidos y en Gran Bretaña se utilizaban mucho las esteras de loneta, que resultaban mucho más económicas.

A lo largo de los siglos también se han utilizado las pieles de animales para recubrir los suelos y, al igual que las esteras y las alfombras de lana, se pueden utilizar para aportar un toque de calidez y suavidad a una superficie recubierta con piedra o con azulejos. Aunque las alfombras de pelo empezaron a hacerse en la India antes del siglo XII, la mayor parte de los revestimientos utilizados en Oriente hasta el siglo XIX eran de tejidos lisos.

En la década de 1840, la aplicación de un motor de vapor a los telares fue un acontecimiento revolucionario que permitió acercar la suntuosidad de las esteras y las alfombras a un público mucho más amplio. En la década de 1950, se inventó la máquina de tejer de alta velocidad y, gracias a este descubrimiento, la industria de las alfombras llegó al mercado de masas. A partir de este momento, empezaron a usarse nuevos tejidos sintéticos más económicos, como el nailon y el acrílico, que abarataron todavía más los precios.

Elegir tu propio estilo

A la hora de elegir el revestimiento del suelo, comprueba que éste se adecue al esquema decorativo del resto de la habitación. Como regla general, es preferible combinar en una misma habitación complementos lisos y estampados. Por ejemplo, las paredes lisas se complementan a la perfección con los suelos decorados, al igual que una pared estampada con suelos lisos. No utilices los estampados en todas las superficies, ya que el resultado final puede ser ligeramente cargante. También es importante tener en cuenta el

Cómo elegir el suelo adecuado para cada habitación

Cada zona de la casa necesita un tipo de suelo diferente que se adecue a las exigencias de la habitación. Por ejemplo, los suelos de la cocina y de los cuartos de baño tienen que ser fáciles de limpiar y ser resistentes al agua y a la humedad. Por el contrario, el suelo de un dormitorio debe resultar cálido y acogedor al contacto de los pies. Los vestíbulos pueden estar enmoquetados, pero si quieres proteger la parte más transitada, puedes colocar una alfombra encima.

Derecha: *los revestimientos de fibras naturales y colores neutros combinan con cualquier tonalidad.*

estilo de la casa y los muebles que vas a colocar en la habitación.

Los revestimientos de fibras naturales se utilizan cada vez más y entre ellos se incluyen la madera, el corcho, la fibra de coco, diferentes tipos de piedras y terracota y las baldosas de ladrillo. La madera suele ser de tonalidades muy cálidas, es una superficie muy agradable sobre la que caminar y, al limpiarla, refleja la luz en la habitación. En las zonas grandes suaviza los sonidos y produce menos eco que otras superficies más duras, como la piedra. Mejora con los años debido a que los colores se suavizan y se vuelven menos intenso. Los rasguños y las marcas aportan carácter a las superficies de madera y, de hecho, algunos proveedores de madera «estropean» los suelos nuevos para darles un aspecto envejecido. La madera también es un buen lienzo que se puede desmontar, lijar y tintar. Puedes pintar los bordes a modo de decoración o bien optar por un estampado en toda la superficie.

Otro tipo de revestimiento natural son las esteras naturales hechas con henequén y yute. Algunos tienen diseños tejidos o grabados en los bordes, creando un efecto parecido al de una alfombra convencional o ribetes de colores hechos con cuero o lana que combinen con la habitación.

El mármol, el granito, la piedra caliza y la pizarra tienen vetas y estrías naturales de distintos colores. Los suelos de piedra suelen ser bastante caros pero son resistentes y fáciles de limpiar. Para suavizarlos un poco y reducir los ecos puedes colocar esteras o alfombrillas dividiendo las áreas.

El intenso color rojizo de los ladrillos y la terracota aporta un toque de calidez a cualquier habitación. Los ladrillos pueden ser de distintas tonalidades, desde los amarillos hasta los colores rojos y marrones, y esta diversidad de tonalidades se utiliza para crear distintos diseños. Otra opción es utilizar ladrillos de un solo color para formar vistosos diseños de corte de pluma. Son perfectos para vestíbulos, cocinas, aseos e invernaderos.

Arriba: los suelos de piedra caliza son muy vistosos y, además, son muy fáciles de conservar.

Izquierda: la superficie de estos azulejos de gran tamaño está dividida intercalando azulejos negros más pequeños.

tipos de
suelo

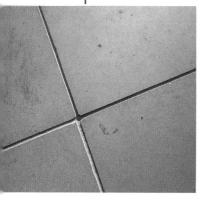

A la hora de elegir los tipos de suelo, es fundamental tener en cuenta el uso de cada zona y escoger el suelo en consecuencia. Podemos agrupar las clases de suelos en categorías, desde los revestimientos blandos, donde se incluyen las alfombras y las esteras, hasta los revestimientos duros, grupo al que pertenecen la madera, la piedra y los azulejos. También podemos distinguir una categoría intermedia en la que se incluyen materiales como el vinilo, el linóleo y el corcho.

Revestimientos blandos
Alfombras

Las alfombras son probablemente uno de los revestimientos más acogedores y lujosos para colocar sobre los suelos. Las de mejor calidad tienen un alto contenido en lana (la fibra de lana natural repele el polvo de forma natural, es suave al contacto con los pies y es muy duradera). Las fibras sintéticas absorben muy bien los colores y se pueden tratar para que sean resistentes a las manchas. Este tipo de fibra se suele combinar con lana para que las alfombras sean más duraderas en las zonas de mucho uso. Algunos de los tejidos más utilizados para la confección de alfombras son el terciopelo y el hilo. El hilo es más denso y más adecuado para las zonas de mucho uso, mientras que el terciopelo tiene un pelo más largo y suave, lo que lo convierte en la elección perfecta para los dormitorios.

Coco, henequén y yute

En los últimos años se están utilizando cada vez más los tejidos naturales para la confección de alfombras. Los revestimientos naturales hechos con fibra de coco, henequén y yute se pueden utilizar como alfombras o para enmoquetar vestíbulos y escaleras, aunque también se pueden colocar como panel central sobre un suelo de piedra o de madera. La mayor parte de los revestimientos de fibra natural tienen un refuerzo de corcho de látex y es necesario que los coloque un profesional. Algunos combinan la dureza de las fibras naturales con la suavidad de la lana sobre un refuerzo de arpillera. Hay un tipo de revestimiento bastante insólito, confeccionado a base de papel avitelado. Este tipo de alfombras son

Baldosa de terracota

Baldosa de mármol

Chapa de madera y baldosa cuadriculada

Baldosa de pizarra

Baldosa de cerámica

fuertes y duraderas y, además, se hacen con materiales reciclados. Como se trata de materiales secos, no es recomendable utilizar fibras naturales enfrente de una chimenea, ya que pueden saltar chispas, o delante de los fregaderos, debido a que se pueden estropear al contacto con el agua.

Revestimientos duros

Madera

En el suelo se pueden utilizar varias clases de madera diferentes. Las más caras son las maderas duras, como el roble, el fresno, el nogal, el iroko, el olmo y el arce. Las maderas más económicas y de menor consistencia se suelen pintar o decorar debido a que no tienen los intensos colores de las maderas duras. La madera, cuando se deja en su estado natural, se suele colocar siguiendo un modelo de corte de pluma, un diseño estilo parqué o con distintas configuraciones dejando que sea la madera la que forme el dibujo.

La madera es una materia «viva», de modo que es necesario tratarla y secarla antes de colocarla. Las tablas de madera se pueden secar y encoger con la calefacción central, mientras que un vertido de agua, como una fuga regular de una tubería, las hinchará.

Antes de colocar un suelo nuevo de madera es necesario dejarlo al menos 48 horas en la habitación para que se aclimate a ella.

Teniendo en cuenta que la madera es una superficie de uso diario, es muy fácil de limpiar. Dependiendo del acabado, puede resultar necesario encerarla una vez al mes o, si está barnizada, quitarle la capa de barniz y aplicarle una nueva aproximadamente cada diez años, según el lugar donde esté colocada y el uso que le demos.

Una alternativa más económica a la madera es el suelo laminado. En el proceso de laminación se saca una fotografía de las vetas de la madera y se imprime en un papel que se coloca entre dos láminas de aglomerado con una superficie plastificada.

Piedra

Una de las principales ventajas de la piedra es que es prácticamente indestructible, lo que la convierte en la elección perfecta para el suelo de la cocina. El lado negativo es que cualquier objeto que se caiga se romperá sin remedio. Además, la piedra resulta muy fría al contacto con los pies, aunque esto se puede remediar fácilmente utilizando sistemas de calefacción

subterráneos, con lo que podemos conseguir una sensación sumamente agradable al caminar con los pies descalzos. Es mejor que la colocación de la piedra la haga un profesional, ya que se trata de un material costoso.

Azulejos

Existe una gran variedad de azulejos diferentes, muchos de los cuales reproducen el aspecto de la piedra o del mármol. Cualquier persona aficionada al bricolaje puede colocar unos azulejos de cerámica en el suelo y, además, salen más económicos que otras clases de revestimientos duros. Debemos comprar azulejos específicos para suelos, ya que los de pared (véase páginas 56-7) no son tan gruesos ni fuertes y con el tiempo se acabarán rompiendo. La superficie brillante de los azulejos hace que sean muy fáciles de limpiar, pero se pueden romper y agrietar muy fácilmente si se dejan caer objetos pesados encima o si se colocan sobre una superficie que no sea totalmente plana.

Suelos de tipo industrial

Los revestimientos de tipo industrial empiezan a ocupar los suelos de las casas y entre ellos se incluyen materia-

Suelos alternativos

Las nuevas tecnologías están aportando grandes avances en los revestimientos para suelos y, por ejemplo, en el mercado podemos encontrar azulejos de corcho que combinan materiales naturales con imágenes fotográficas de piedras, hierba y hojas. Los azulejos de vinilo que reproducen materiales como maderas exóticas y metales tienen un aspecto muy similar al de las materias a las que imitan pero no resultan tan duros. Otro producto pionero son los revestimientos hechos en su mayoría con plástico reciclado.

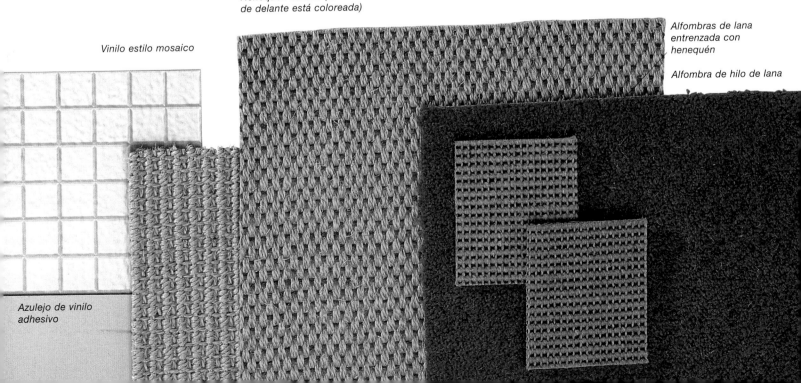

Henequén natural (la muestra de delante está coloreada)

Vinilo estilo mosaico

Alfombras de lana entrenzada con henequén

Alfombra de hilo de lana

Azulejo de vinilo adhesivo

les como el hormigón, la piedra, el metal y el corcho. El hormigón se puede colorear y barnizar hasta lograr una superficie brillante y decorativa.

Los azulejos metálicos cada día se utilizan más en las cocinas ya que combinan a la perfección con los accesorios de acero inoxidable y le dan un aspecto más profesional a la cocina. El suelo de corcho, que solía asociarse a los colegios y los hospitales, actualmente se usa mucho para las casas debido a que es muy cálido y no resbala, lo que lo convierte en la elección perfecta para el cuarto de baño.

Semiduros
Revestimientos artificiales

En este apartado se incluyen los azulejos de vinilo, linóleo y corcho. Se pueden colocar de muchas formas diferentes, aunque la más común es haciendo un dibujo de tablero de ajedrez con baldosas blancas y negras. Los revestimientos de linóleo, vinilo, y vinilo acolchado también pueden venir en rollos y se cortan y ajustan al igual que una alfombra. La mayoría son

bastante resistentes y precisan poco mantenimiento, pero su superficie se puede dañar con un objeto afilado o caliente. El linóleo se desarrolló a finales del siglo XIX, pero dejó de estar de moda hasta hace unos años. Se trata de un revestimiento básicamente utilitario, por lo que se utiliza en cocinas, cuartos de baño y vestíbulos.

Corcho

El corcho, que también volvió a ponerse de moda en los últimos años, suele tratarse con un refuerzo de caucho y un líquido obturador para superficies (especialmente cuando está en forma de baldosas) para evitar que se estropee con el agua y la humedad.

El corcho se extrae de la corteza exterior del alcornoque, que vuelve a reproducirse. Además, el corcho tiene una superficie muy agradable sobre la que caminar y es un buen aislante.

Herramientas básicas

Al colocar una alfombra, además de un cuchillo para cortar el tejido, es necesario utilizar un nivelador para estirar

la alfombra y un cincel y un mazo para sujetarla sobre las barras de sujeción.

Entre los utensilios utilizados para instalar este tipo de revestimientos se incluyen los separadores de plástico, las tiras de corcho y un aparato de metal empleado para ribetear que se usa con un martillo para fijar la tabla más cercana a la pared. También necesitarás una sierra de mano para cortar las tablas del final del tamaño adecuado.

Utiliza una espátula grande y con muescas para aplicar la cantidad necesaria de adhesivo cuando recubras el suelo con azulejos. Cuando trabajes con azulejos de mayor grosor es aconsejable alquilar una cortadora de azulejos o una esmeriladora profesional.

Puedes aplicar pintura, tinte o barniz sobre las superficies utilizando brochas o rodillos pequeños. Si vas a utilizar un acabado de color claro como, por ejemplo, un barniz, te merecerá la pena comprar una brocha de buena calidad que no dañe la madera. Si vas a pintar un dibujo, utiliza una brocha más pequeña (el veso es el pincel más adecuado para pintar líneas pequeñas).

Sierra de mano

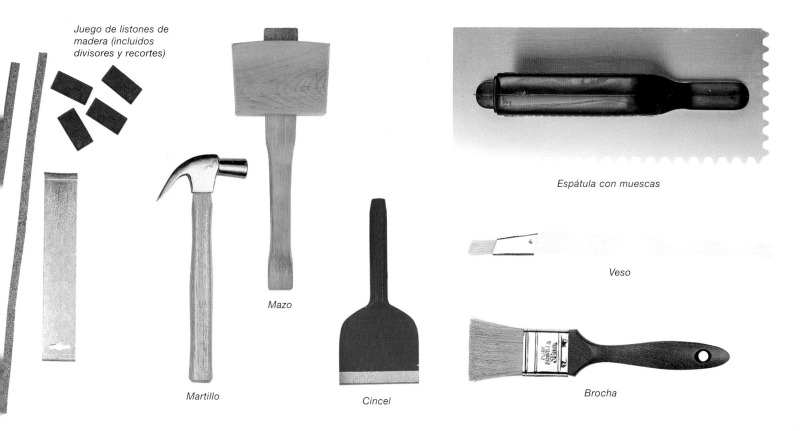

Juego de listones de madera (incluidos divisores y recortes)

Mazo

Martillo

Cincel

Espátula con muescas

Veso

Brocha

técnicas de colocación del suelo

Antes de colocar un suelo nuevo o de restaurar uno antiguo es necesario pensar en el período de tiempo en el que la habitación estará fuera de uso, ya que esto influirá en la técnica elegida. También debes retirar todos los muebles y las instalaciones de la habitación y asegurarte de que la habitación esté totalmente despejada antes de comenzar el trabajo. Puedes dibujar un plano del suelo en papel milimetrado para poder calcular con precisión las cantidades que vas a necesitar.

Tablas de madera

Los suelos de madera son una solución muy práctica para cualquier habitación. La mayor parte de las casas antiguas tienen todos los suelos de madera y, si tienes suerte, estarán en un estado suficientemente bueno para poder repararlos. Existen muchas formas de reparar los suelos de madera con acabados antiguos. Lijar la superficie hasta dejar la madera al aire es una tarea muy laboriosa, pero te permitirá aplicar un tinte o un acabado natural con un barniz transparente en diferentes tonalidades. Si no te apetece lijar todo el suelo, existe una gran variedad de pinturas especiales para suelo en diferentes colores que se pueden aplicar directamente sobre las superficies sin lijar. Esta solución es muy rápida, pero obtendrás un acabado opaco y no se verán las vetas naturales de la madera. La ventaja es que te permite añadir dibujos o motivos decorativos al suelo.

Preparación y reparación de los suelos de madera

Herramientas y materiales

Martillo

Cincel y alicates

Sacaclavos

Tachas

1 Si la habitación está enmoquetada, enrosca la moqueta y retírala. Las alfombras con refuerzo de arpillera suelen estar sujetas con tachuelas especiales u otros dispositivos de agarre (recorre los bordes de la habitación con un martillo, un cincel y unos alicates retirando los dispositivos que mantienen la alfombra sujeta).

2 Elimina los clavos que queden en la superficie con un martillo y un sacaclavos (esto es muy importante si vas a utilizar una lijadora eléctrica ya que los clavos pueden romper la correa de la lijadora y estropear la máquina).

Elimina las puntas que queden en la superficie.

3 Comprueba si hay tablones sueltos y sujétalos con tachas.

Cómo aplicar un acabado de pintura sobre la madera antigua

Herramientas y materiales

Limpiador de suelos

Bloque para lijar y papel de lija grueso

Masilla para madera flexible y cuchillo

Cinta adhesiva

Brocha o rodillo, alargador y pintura

1 Aspira la superficie para eliminar los restos de polvo y limpia el suelo minuciosamente con un limpiador adecuado que quite los restos de cera. Espera a que se seque. Elimina las marcas que queden en la superficie utilizando un bloque para lijar y un papel de lija grueso ya que, de lo contrario, se verán a través de la pintura. Tapa los agujeros con masilla flexible para madera para que el acabado sea perfecto.

2 Tapa los rodapiés con cinta adhesiva y empieza aplicando la pintura desde la esquina de la habitación más alejada de la puerta. Para esto puedes utilizar una brocha grande o, si lo prefieres, un rodillo sujeto a un alargador. Trabaja rápidamente, siguiendo la dirección de las vetas de la madera. Espera a que se seque la pintura y aplica otra capa si resulta necesario.

Pinta la madera con un rodillo siguiendo la dirección de las vetas.

Lijadoras eléctricas

Cuando alquiles una lijadora asegúrate de hacerlo en una casa de confianza que te explique los controles y las instrucciones de seguridad antes de utilizarla. La mayor parte de las empresas alquilan la lijadora para suelos junto con la lijadora de bordes y se pagan por día o por fin de semana (tendrás que pagar un extra por las correas y los discos de lijar). Debemos colocarnos tapones en los oídos, una máscara antipolvo y gafas mientras utilicemos la máquina. Pega un guardapolvo en la puerta de la habitación en la que estás trabajando para evitar que el serrín se esparza por otras habitaciones.

Decapado y acabado de los suelos

Las lijadoras eléctricas pueden parecer difíciles de manejar pero, por el contrario, facilitan mucho el proceso de lijado (véase el cuadro de la izquierda).

Herramientas y materiales

Lijadora eléctrica para suelos
Papel de lija (de grueso a fino)
Lana de alambre, paño y aguarrás
Acabado para suelos
Brocha

1 Coloca papel de lija grueso en la lijadora. Ponla en una esquina de la habitación para poder recorrerla diagonalmente. Inclina la máquina hacia atrás sin soltarla, de forma que la correa no toque el suelo. Enciende la máquina y bájala hasta que la correa entre en contacto con el suelo. Empieza empujando la lijadora hacia delante inmediatamente, ya que si la dejas parada en un sitio formará un agujero en el suelo. Cuando llegues al final de la habitación, inclina la máquina hacia atrás y prepárala para hacer la siguiente diagonal. Cambia el papel por uno de grado medio y regresa a la primera dirección a través de la habitación formando ángulos rectos.

Utiliza la lijadora en dirección diagonal a través de la habitación.

2 Utiliza la lijadora de bordes en los bordes de la habitación, cambiando el grosor de los papeles de lija. Termina las esquinas internas más complicadas a mano utilizando lana de alambre y aguarrás o el extremo afilado de una lijadora eléctrica afilada. Realiza esta tarea antes de terminar de lijar el suelo para no tener que pasar por encima de la madera preparada.

Lija los bordes de la habitación con una lijadora especial para bordes.

3 Por último coloca un papel de lija fino en la lijadora de suelo y recorre las tablas de madera hacia delante y hacia atrás en el sentido de las vetas para conseguir un acabado perfecto. Espera a que se asiente el polvo, aspira bien la habitación y limpia los restos con un paño mojado con aguarrás.

Termina el lijado colocando un papel de lija fino en la máquina.

4 Sella la superficie con el acabado para suelos que hayas elegido. En el mercado hay una amplia gama: los más resistentes son los elaborados con una base de aceite y un acabado brillante, los acrílicos se secan mucho más rápido y hacen factible terminar el trabajo en un solo fin de semana. Algunos acabados son completamente transparentes, mientras que otros están coloreados o teñidos, por lo que cambiarán ligeramente el color final de la madera. Aplica el acabado con una brocha grande y de buena calidad, empezando desde la esquina de la habitación hacia la puerta. Espera a que la capa se seque por completo y aplica una nueva si resulta necesario.

Aplica el acabado que hayas elegido con una brocha de buena calidad.

Suelos laminados y de madera machihembrada

Hay muchas variedades de madera machihembrada. La más cara es la madera sólida, que queda muy bonita y es muy resistente y además se puede lijar y volver a barnizar si resulta necesario. La mayor parte de los fabricantes recomiendan este tipo de madera para todas las habitaciones excepto para el cuarto de baño, ya que el contacto con el agua podría combar la madera. Las chapas de madera son más económicas y su superficie es de madera colocada sobre una base mixta. Los precios de los diseños laminados pueden variar mucho (los de mejor calidad apenas se distinguen de la verdadera madera y son prácticamente indestructibles).

Algunos sistemas requieren que las uniones del machihembrado se peguen al colocar las láminas, siendo necesario dejarlas secar durante toda la noche. Los últimos modelos del mercado simplemente se enganchan y se puede caminar sobre ellas inmediatamente.

Herramientas y materiales

Laminado y capa base

Sierra de mano o sierra de vaivén

Divisores y herramienta de plástico

Herramienta de metal en forma de S

Moldura convexa

Sierra para cortar ingletes

Puntas para tabla

1 Desembala el revestimiento y déjalo en la habitación donde vas a colocarlo aproximadamente 24 horas (de este modo la madera se aclimatará a la temperatura del cuarto). Si puedes, retira los rodapiés para poder colocar las láminas de madera por debajo. Si no es posible retirar los rodapiés, necesitarás una moldura convexa para esconder la junta. Coloca la capa base recomendada por el fabricante (normalmente consiste en una capa de politeno resistente a la humedad seguida de una capa acolchada de espuma).

Coloca la capa de espuma antes de empezar.

2 Corta el primer tablón con una sierra de mano o de vaivén, siguiendo las instrucciones del embalaje. Coloca el lado cortado en la esquina de la habitación con el extremo cortado contra la pared. Usa el pegamento para madera y aplica una capa fina en las hendiduras de la madera.

3 Continúa añadiendo placas de suelo siguiendo el esquema indicado en las instrucciones. Utiliza divisores de plástico alrededor del borde exterior del suelo, entre las tablas de madera y la pared (o el rodapié, si no has podido retirarlo). Esto se convertirá en una junta de dilatación. Emplea la herramienta de plástico proporcionada para unir las tablas dando suaves golpes con un martillo.

Une los tablones con golpecitos sobre la herramienta de plástico.

4 Al llegar al final de una fila, engancha la herramienta de metal en forma de S sobre el extremo del último tablón y da suaves golpes contra el otro extremo de la herramienta para fijar el tablón en el lugar adecuado.

Para colocar el último trozo de madera utiliza la herramienta en forma de S.

5 Repite todo el proceso con la siguiente hilera de tablones y continúa hasta que todo el suelo esté colocado siguiendo el mismo método. A continuación, retira los divisores de plástico y coloca el corcho para juntas de dilatación entre el último tablón y la pared (o el rodapié).

Coloca el corcho para juntas entre el último tablón y la pared.

6 Vuelve a colocar el rodapié o coloca la moldura convexa contra éste con puntas para tabla para cubrir la junta de dilatación. Corta la moldura con una sierra para cortar ingletes para ajustarla a las esquinas interiores y exteriores.

Fija la moldura convexa entre el borde del suelo y el rodapié.

Colocación del suelo laminado

No intentes colocar tú solo un suelo de madera machihembrada caro, ya que podrías anular la garantía del fabricante si cometes algún fallo. Las variedades laminadas y más económicas son bastante fáciles de colocar si te planificas bien (ver las instrucciones de esta misma página).

Debajo: los suelos laminados dan un aspecto pulcro y actual.

Suelos de hormigón

El hormigón se utiliza cada vez más como material para suelos, especialmente en zonas con aire industrial, como las cocinas estilo *catering*. Tiene el inconveniente de que es bastante frío y, además, cualquier cosa que caiga encima se romperá con total seguridad. Además se mancha con facilidad.

Los suelos de hormigón pueden quedar muy bonitos si se les aplica una capa de brillo y siempre que esté en buenas condiciones. Podemos utilizar una maestra autonivelante para suelos para alisar las zonas que presenten irregularidades. Si la superficie a cubrir es muy grande, es recomendable contratar profesionales. Además, te podrán dar acabados hechos de hormigón mucho más vistosos como el terrazo, que es una combinación de hormigón y mármol que se pule y tiene mucho brillo. Los suelos de hormigón son una buena base sobre la que podemos aplicar distintos diseños pictóricos. De hecho, algunas pinturas para suelos están diseñadas así expresamente, aunque los colores suelen tender al estilo industrial.

Utilización de componentes autonivelantes para el suelo

Este sencillo producto resulta de gran utilidad para realizar trabajos de bricolaje sobre suelos de hormigón deteriorados. Mézclalo siguiendo las instrucciones del fabricante y, a continuación, aplícalo sobre el suelo. Podemos conseguir diversos diseños decorativos (por ejemplo, reproduciendo el aspecto de un suelo enlosado) haciendo dibujos con un palo sobre el producto cuando éste se esté empezando a fijar.

Herramientas y materiales

Brocha y cola vinílica

Autonivelante

Cubo o recipiente para mezclar

Palo para remover o accesorio de taladro

Esparavel

Palo para efecto de enlosado (opcional)

Pintura, brocha o rodillo y bandeja (opcional)

1 Limpia bien el suelo, retirando los trozos de cemento sueltos o desconchados. Aplica una solución de cola vinílica y agua sobre la superficie.

Haz una solución con cola vinílica y agua y aplica esta mezcla en el suelo.

2 Mezcla el componente para suelos y viértelo con cuidado sobre la superficie, trabajando desde la esquina más alejada hasta la puerta. Alisa esta capa de componente con un esparavel en todas las esquinas y espera a que se fije.

Haz una solución con cola vinílica y agua y aplica esta mezcla en el suelo.

3 Para conseguir el efecto de enlosado (opcional) puedes utilizar un palo para marcar las líneas entre las piedras.

Dibuja las «líneas» con un palo para lograr un efecto similar al de las losas.

4 Si, por el contrario, prefieres pintar el suelo, espera a que se seque del todo el componente. En primer lugar, sella la superficie con cola vinílica diluida o con una imprimación polivalente y déjala secar. Pinta el suelo con pintura especial para suelos de hormigón utilizando una brocha ancha o un rodillo. Empieza en la esquina más alejada de la habitación y pinta hacia afuera.

Usa pintura para suelos de cemento y aplícala con rodillo o brocha.

Suelos de azulejos

Antes de colocar los azulejos sobre el suelo, mira que tengan una superficie completamente plana y en buen estado sobre la que adherirse. La preparación del suelo dependerá en gran medida del acabado original del mismo.

Preparación del suelo para la colocación de baldosas

Las tablas de madera se expanden y se contraen con los cambios de temperatura y se flexionan bajo los pies. Así que antes de colocar baldosas de cerámica, piedra o loseta debemos fijar una superficie más rígida de láminas de madera contrachapada.

Herramientas y materiales

Papel milimetrado y lápiz

Láminas de madera contrachapada

Sierra de vaivén

Taladro/destornillador sin cordón

Tornillos, martillos y clavos

1 Dibuja la extensión del suelo en papel milimetrado para calcular la cantidad de contrachapado que vas a necesitar. El contrachapado viene en láminas estándar de 2,5 x 1,5 cm/8 x 4 pies, aunque en las tiendes las suelen cortar a medida. Coloca las láminas sobre el suelo, recortándolas con una sierra de vaivén cuando sea necesario.

2 Empieza en una esquina y, partiendo de ese punto, atornilla las tablas cada 15 cm/6 pulgadas hasta que todo el suelo esté cubierto. Sella la superficie con una solución de cola vinílica antes de colocar las baldosas.

Atornilla las tablas a intervalos de 15cm/ 6 pulgadas) utilizando un destornillador.

Colocar baldosas de cerámica

Se trata de unas baldosas finas y barnizadas que suelen reproducir el aspecto de materiales más caros. Al ser finas, son mucho más fáciles de cortar y colocar, así que puedes hacerlo tú mismo sin ayuda profesional.

Herramientas y materiales

Baldosas

Listones de madera y regla metálica

Adhesivo y espátula de muescas

Divisores de plástico

Nivel de burbuja de aire

Cortadora de baldosas

Lechada

Paño o esponja

1 Busca el punto central (véase el cuadro de la derecha) y coloca una fila de prueba dejando un espacio de unos 3 mm/$^1/_8$ de pulgada para las líneas de lechada. Así podrás determinar el tamaño de las baldosas alrededor de los bordes de la habitación.

Calcula la situación de las baldosas en el suelo.

2 Clava en el suelo dos listones de madera rectos en el punto donde termina la última fila de baldosas enteras. Mira que el ángulo que se forme entre los dos listones sea exactamente de 90° antes de empezar a colocar las baldosas (así nos aseguraremos de que la línea vaya totalmente recta).

Clava los listones de madera en el lugar donde termina la última fila.

3 Trabaja en superficies pequeñas de aproximadamente 1 m²/1 yarda² y extiende el adhesivo de baldosas uniformemente sobre el suelo utilizando una espátula con muescas para obtener una buena cobertura.

Extiende el adhesivo para baldosas sobre toda la superficie del suelo.

4 Coloca la primera baldosa en el punto donde se juntan los dos listones y apriétala con fuerza. Utiliza divisores de plástico entre las baldosas para que la distancia entre ellas sea uniforme y coloca el resto de los azulejos siguiendo el mismo procedimiento. Mira el nivel con un nivel de burbuja de aire.

Coloca la primera donde se juntan los dos listones y presiona hacia abajo.

5 Calcula el tamaño de las baldosas que tienes que cortar colocándolas sobre la última fila, y poniendo otra

Arriba: antes de empezar a colocar las baldosas, comprueba que el suelo sea completamente plano para conseguir un acabado nivelado.

Cómo encontrar el punto central de una habitación

Dibuja dos líneas diagonales de intersección partiendo de cada una de las esquinas de la habitación. El lugar en el que se crucen ambas líneas será el punto central. Otra opción es utilizar una regla de acero: para encontrar el punto medio traza una línea vertical y otra horizontal. El punto en el que se encuentren las dos líneas será el centro del suelo.

contra el rodapié, utilizándola como guía de corte. Deja un espacio extra de 3 mm/$^1/_8$ de pulgada para la lechada. Corta las baldosas con la máquina cortadora y utiliza la hoja de corte para rayar el barniz.

Raya la superficie de la baldosa con la hoja de corte.

6 Rompe la baldosa en dos partes limpiamente, colocándola en el lugar correspondiente de la herramienta.

Corta las baldosas limpiamente en la boca de la herramienta.

7 Si el hueco para las baldosas es pequeño, úntalas con adhesivo. Déjalas secar durante toda la noche.

Unta con adhesivo las baldosas cortadas si el espacio es pequeño.

8 A continuación aplica la lechada a las baldosas utilizando el borde liso de la paleta muescada.

Aplica la lechada en las baldosas con una paleta muescada.

9 Una vez que la lechada esté dura, limpia los restos con un paño, espera a que se seque y pule la superficie.

Elimina los restos de lechada con un paño y pule la superficie.

Cómo recortar los obstáculos redondos

Cortar las baldosas en formas regulares resulta bastante sencillo (una vez que se raya el esmalte, se rompe limpiamente a lo largo de la línea). Pero cortar las baldosas en formas irregulares resulta mucho más complicado. Es importante planificar bien el método de trabajo para evitar realizar cortes extraños. Las líneas rectas se pueden cortar con una cortadora eléctrica para baldosas, que funciona con una hoja lubricada con agua. Las formas irregulares, como las curvaturas alrededor de las tuberías, se pueden cortar con una sierra para baldosas. Otra opción es rayar la baldosa con una rueda para cortar este tipo de superficies y a continuación utilizar unas tijeras de chapa.

Uso de una regla de perfiles

Esta herramienta tiene una serie de barras de plástico que permiten traspasar la forma del obstáculo a la baldosa para garantizar un corte exacto.

1 Alinea la regla con la baldosa que vayas a cortar y luego colócala contra el obstáculo. Así, las barras de plástico formarán una especie de plantilla del obstáculo sobre la baldosa. Dibuja cuidadosamente con un lápiz el contorno indicado por la regla.

Mide alrededor de los obstáculos complejos con una regla de perfiles.

2 Coloca la baldosa con cuidado en un torno de banco (forrado con un paño viejo) y corta el sobrante utilizando una sierra de vaivén.

Colocación de baldosas de piedra y de pizarra

La pizarra y la piedra son materiales muy duros, perfectos para conseguir revestimientos resistentes. Aunque se colocan siguiendo casi el mismo procedimiento que con las baldosas de cerámica, deben encajarse en un adhesivo grueso hecho a base de cemento. Su grosor irregular y elevado precio hacen de su colocación una tarea delicada que, preferiblemente, dejaremos a los expertos. Si decides colocarlos tú mismo, pide consejo a un especialista. Trabaja despacio y sobre superficies pequeñas, comprobando el nivel de cada bloque a medida que trabajas. Los bloques pueden tener grosores diferentes, lo que significa que tendrás que ir variando el grosor de la capa de cemento. La piedra y la pizarra también requieren el uso de herramientas de corte profesionales, como la esmeriladora de ángulo, que corta bloques de materiales muy duros. Es necesario sellar estos materiales una vez colocados para evitar que la superficie se manche.

Colocación de los suelos de mosaico

Antes de colocar un suelo de mosaico es necesario preparar la superficie siguiendo el mismo procedimiento utilizado para los suelos de baldosas estándar (véase páginas 68-9). Las baldosas de mosaico pueden ser de materiales diferentes, incluidos la cerámica, el vidrio y la piedra. Los azulejos individuales se denominan teselas y se venden sueltas o pegadas en una tira de papel o de malla. Si queremos cubrir una superficie amplia, es mejor utilizar las que vienen en una tira. Algunas de estas tiras traen teselas de diferentes colores mezclados aleatoriamente.

Si quieres formar algún tipo de dibujo con las teselas, planifica bien el diseño en un trozo de papel milimetrado antes de empezar a trabajar. Existen dos formas de colocar las teselas: el método directo (los azulejos se colocan directamente sobre el adhesivo) y el indirecto (los azulejos se pegan sobre un papel de estraza encolado y, a continuación, se colocan sobre el adhesivo). Si quieres un diseño sencillo, utiliza láminas de teselas de un solo color y sustituye algunas piezas por otros colores para formar un dibujo.

Colocación de mosaicos con dibujos

Herramientas y materiales

Regla de acero

Adhesivo de baldosas para suelo

Espátula de muescas

Azulejos de mosaico

Periódico y cinta adhesiva

Tijeras o navaja

Tenazas para azulejos

Esponja y estropajo

Espátula y lechada

Paños suaves

1 Si utilizas el método directo, planifica el diseño del mosaico antes de empezar a colocar las teselas.

Planifica tu diseño mientras las teselas estén todavía sobre la tira de papel.

2 Prepara el suelo siguiendo las instrucciones detalladas anteriormente. Encuentra el punto central de la habitación (véase página 69) y extiende el adhesivo partiendo de ese punto hacia afuera hasta cubrir una extensión aproximada de 1 m^2/1 yardas. Una vez que hayas extendido el adhesivo, utiliza la parte muescada de la espátula para darle una superficie estriada, de forma que los azulejos se adhieran mejor. Coloca las láminas de mosaico una a una asegurándote de presionarlas bien sobre el adhesivo.

Coloca las láminas de azulejos una a una, presionando con fuerza sobre el adhesivo.

3 Trabaja la superficie de los bordes exteriores del suelo siguiendo el mismo método hasta que sólo te queden zonas en las que sea preciso colocar láminas recortadas. Tapa los rodapiés con papel de periódico y cinta adhesiva y recorre los bordes del

suelo aplicando el adhesivo del modo descrito anteriormente. Corta las láminas que necesiten algún tipo de recorte con unas tijeras afiladas o con una navaja afilada y colócalas tal y como ya te hemos indicado con anteriodidad.

4 Los azulejos que necesiten algún recorte se colocarán al final. Córtalos con unas tenazas especiales. Si trabajas en la dirección de las estrías (si utilizas teselas de cristal), los azulejos se partirán limpiamente. Para moldear los azulejos con formas irregulares con las tenazas necesitarás tener un poco de práctica para realizar esta labor. Utilízalas para hacer pequeños recortes. Deja secar el adhesivo durante toda la noche.

Corta las piezas individuales que necesiten algún tipo de recorte con unas tenazas para azulejos.

5 Empapa la tira de papel con agua caliente y una esponja. Espera a que el papel esté bien mojado y retíralo suavemente. Si quedan restos de papel puedes quitarlos con un estropajo.

Empapa la tira de papel con una esponja y retírala con cuidado.

6 Mezcla la lechada siguiendo las instrucciones del fabricante y aplícala con una espátula especial asegurándote de que penetre bien en las juntas de las teselas. Déjalo secar aproximadamente 20 minutos y limpia los restos de lechada con un paño suave antes de que se seque del todo. Por último, pule las teselas con un paño limpio.

Extiende la lechada sobre las teselas con una espátula especial.

Revestimientos de vinilo

El vinilo es un revestimiento perfecto para las cocinas y los cuartos de baño debido a que se trata de un material resistente y fácil de limpiar y podemos encontrar una amplia gama de diseños diferentes en el mercado. Este tipo de suelos se puede comprar en lámina o en baldosa. Las láminas de vinilo tienen un grosos estándar, aunque también se pueden acolchar añadiendo una capa de espuma colocada entre láminas de PVC. Comprueba que el suelo esté correctamente preparado (véase página 65) antes de colocar el vinilo siguiendo el procedimiento indicado anteriormente. Es necesario dejar el vinilo enroscado (pero sin apretarlo demasiado) durante 48 horas en la habitación antes de colocarlo ya que, de este modo, aumentará su flexibilidad y quedará totalmente plano.

Poner láminas de vinilo

Herramientas y materiales

Cinta métrica, papel y bolígrafo

Revestimiento de vinilo

Navaja afilada

Adhesivo para revestimientos de vinilo y espátula o cinta adhesiva para suelos resistente y de doble cara

Tijeras

Regla de perfiles (si la habitación presenta algún obstáculo)

Regla de trazar metálica

1 Mide la habitación y dibuja un plano aproximado sobre un trozo de papel. Esto te permitirá planificar cómo colocar las uniones si resultase necesario. Corta un trozo de vinilo del tamaño preciso dejando unos 30 cm/1 pie de más alrededor. Recorta cuadrados de vinilo en cada una de las esquinas y realiza una serie de cortes que te permitan colocar el vinilo en los rodapiés. Retira el material sobrante con una navaja afilada.

Recorta el vinilo sobrante en cada una de las esquinas.

2 Para adaptar el vinilo a una pared irregular utiliza un recorte de madera y apoya el lápiz contra él a medida que lo deslizas a lo largo de la pared. La línea dibujada con el lápiz seguirá el contorno de la pared (utilízala como guía y recorta el vinilo con una navaja o con unas tijeras).

Utiliza un recorte de madera y un lápiz para marcar una pared irregular.

3 Cuando encuentres algún obstáculo como, por ejemplo, una puerta, haz cortes a los lados del marco o, si se trata de formas más complejas, utiliza una regla de perfiles, que se coloca en la moldura y sirve de plantilla para cortar el material. Con los objetos sencillos y de mayor tamaño, como los accesorios del cuarto de baño, realiza una serie de cortes alrededor del objeto y recorta para que el material se ajuste lo máximo posible.

Al encontrar un obstáculo realiza una serie de cortes en el vinilo y recórtalo hasta que se adapte a la superficie.

4 Para que la unión entre los trozos de vinilo quede perfecta, superponlas asegurándote de que, en el caso de que el vinilo tenga algún dibujo, las dos partes se correspondan. Corta los dos trozos de vinilo al mismo tiempo con una navaja y una regla de trazar metálica.

Corta los trozos de vinilo superpuestos con una navaja afilada.

5 Dobla hacia atrás los extremos de las tiras y pégalas con cinta de doble cara. Otra opción es extender adhesivo especial para vinilo con una espátula de muescas.

Colocación de baldosas de vinilo, caucho y corcho

Las baldosas de vinilo y de corcho se colocan siguiendo el procedimiento anterior. Algunas tienen una cinta autoadhesiva en la parte de atrás cubierta con un papel que simplemente hay que retirar cuando vayamos a colocarlas en el suelo. Otras baldosas se pegan utilizando el adhesivo o la cinta de doble cara para suelos recomendados por el fabricante. No te olvides de comprobar que la superficie sobre la que vas a trabajar está limpia y nivelada, aunque los revestimientos blandos toleran mejor las pequeñas irregularidades del suelo que los de consistencia dura.

Herramientas y materiales

Cinta métrica de acero y lápiz

Baldosas de vinilo

Adhesivo y espátula (opcional)

Tijeras o navaja afilada

Papel (en el caso de que haya obstáculos)

1 Localiza el punto medio de la habitación (véase *Cómo encontrar el punto central de una habitación* página 69). Coloca las baldosas en seco desde el punto central hacia afuera. Si al final tienes que colocar recortes de baldosa en los bordes ajusta la línea de inicio separándola de la pared.

Usa una cinta métrica de acero para hallar el punto central de la habitación.

2 Si utilizas adhesivo trabaja en superficies de 1 m^2/1 yarda^2 de cada vez para poder disponer del tiempo suficiente para colocar bien las baldosas. En el caso de que emplees baldosas autoadhesivas, retira el papel de la parte de atrás y colócalas a lo largo de la línea central, asegurándote de que cada baldosa se adapta a la siguiente. Presiona con las manos hacia abajo para que se adhiera bien toda la superficie de la baldosa. Sigue el mismo procedimiento hasta que termines de colocar todas las baldosas enteras.

Coloca la primera baldosa con cuidado a lo largo de la línea central.

3 Puedes lograr un corte preciso con una baldosa entera encima de la última que hayas colocado y añadiendo otra también entera colocada contra el rodapié. Así, parte de la baldosa de abajo quedará al aire. Dibuja esta línea y córtala con unas tijeras o con una navaja para que encaje a la perfección. Si vas a colocar una baldosa alrededor de una esquina externa, desplaza la baldosa hasta la posición adecuada sobre la última baldosa entera en la otra parte de la esquina y repite el proceso.

Usa una baldosa contra el rodapié como guía al cortar baldosas.

4 Cuando cortes una baldosa para encajarla alrededor de un obstáculo grande como un lavabo o un sanitario, recorta una hoja de papel del tamaño de una baldosa y haz una serie de cortes paralelos hasta el hueco del obstáculo. Coloca el papel delante del obstáculo y dobla hacia atrás las tiras en los puntos en los que el obstáculo toque el suelo. Utiliza esta hoja como plantilla para cortar la baldosa. En el caso de que la superficie tenga obstáculos redondeados, mide su posición con una cinta métrica y utiliza una moneda con un diámetro similar para cortar un círculo perfecto. Corta desde el borde de la baldosa hasta el círculo y encájalo en la posición adecuada.

Haz una plantilla de papel para medir el tamaño de un obstáculo grande.

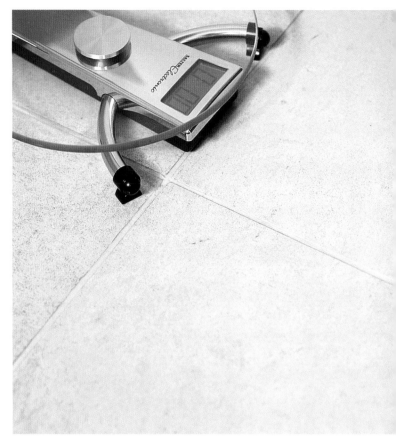

Arriba: *las baldosas de piedra son perfectas para las cocinas.*

Moqueta

Existe una gran variedad de moquetas de diferentes diseños, pero todas tienen un refuerzo de tela de yute (o espuma). Las moquetas con refuerzos de tela de yute son normalmente más caras y de mejor calidad. Necesitan una base que añade una capa acolchada, por lo que resulta muy agradable caminar por encima. La utilización de una capa base es importante por muchas otras razones: evita que el polvo y la suciedad del suelo salgan a la superficie, frena la formación de marcas en las uniones de la madera y añade una capa de insonorización.

Las moquetas con revestimiento de espuma se hacen con una capa base de espuma de goma, que actúa como una base incorporada. Antes de colocar una moqueta de este estilo es aconsejable poner una lámina de papel o de fibra en el suelo para que la espuma de goma no se pegue al suelo y resulte más fácil sacarla cuando queramos cambiar el suelo.

Colocación de la moqueta y la capa base

Herramientas y materiales

Moqueta

Capa base

Alicates

Barras de sujeción

Martillo

Clavos

Navaja

Pistola de grapas

Mazo y apoyo

Nivelador

Tijeras

Sierra para metales

Tira de umbral

Tornillos y destornillador

Regla de trazar

1 Barre y aspira bien la habitación y retira con unos alicates los restos de la moqueta antigua. Si en la moqueta anterior se utilizaron barras de sujeción y éstas están en buen estado, podemos aprovecharlas. No es posible reutilizar la capa base, ya que dejará ver las marcas de las zonas de uso de la moqueta anterior. Clava las barras de sujeción en el suelo aproximadamente a 0,5 cm/$\frac{1}{5}$ de pulgada de distancia del rodapié alrededor de toda la habitación.

Clava las barras de sujeción alrededor de la habitación.

2 Estira las tiras de capa base y córtalas con una navaja afilada para ajustarlas en las barras de sujeción. Une las diferentes tiras de capa base con una pistola de grapas para que no se escurran.

Coloca la capa base con una pistola de grapas.

3 Estira la moqueta y colócala en su lugar correspondiente. Fija el borde rematado a máquina contra una pared presionando bajo los dientes de la barra de sujeción. Alisa la moqueta hasta llegar a la otra pared e introduce el otro borde en la barra de sujeción utilizando el nivelador (no fijes la moqueta del todo hasta que la hayas estirado uniformemente).

Introduce el borde de la moqueta en las barras se sujeción utilizando el nivelador profesional.

4 A continuación recorta unos triángulos en cada esquina y continúa estirando la moqueta alrededor de las esquinas de toda la habitación hasta que esté perfectamente tensada. Introduce la moqueta en el ángulo que forman el suelo y el rodapié utilizando un apoyo y un mazo, con cuidado de no hacerte daño en los dedos. Recorta los trozos sobrantes con una navaja si resulta necesario.

Sujeta la moqueta utilizando un mazo y un utensilio de apoyo.

5 Para rematar las puertas utiliza una tira de umbral que se adecue al tipo de suelo al que vas a unir la moqueta (por ejemplo, desde un suelo enmoquetado a un revestimiento duro). Córtala para ajustarla a la puerta utilizando una sierra para metales y atorníllala en el suelo. Recorta la moqueta para adaptarla al marco de la puerta y, utilizando una regla de trazar, haz un único corte a través de la puerta y pliega el borde de la moqueta bajo la tira del umbral.

Coloca la moqueta bajo la tira del umbral utilizando un cincel.

Cómo enmoquetar una escalera recta

Es recomendable dejar el enmoquetado de las escaleras de pared a pared a los profesionales, ya que es una tarea muy complicada y puede resultar peligroso para los usuarios de las escaleras si la moqueta no queda bien colocada. Si tienes unas escaleras rectas puedes colocar una moqueta que no ocupe toda la superficie y decorarla con unas barras de sujeción decorativas. Este método queda muy bien en las casas de época, ya que deja al descubierto un trozo del suelo a cada lado. Hay una gran variedad de barras de sujeción para escaleras con diferentes acabados (incluyendo madera, chapas de latón y metal cromado), entre las que puedes elegir la que mejor se adapte a la decoración de tu casa.

Herramientas y materiales

Cuerda o cinta métrica de tela

Moqueta

Capa base

Navaja afilada

Tachuelas para alfombra

Martillo

Taladro

Destornillador

Tornillos

Abrazaderas para barras de sujeción de escaleras

Barras de sujeción de escaleras con el acabado que hayas elegido

1 Mide la cantidad de moqueta necesaria con un trozo de cuerda o una cinta métrica de tela, dejando un margen de 30 cm/1 pie para los dobladillos.

Podemos utilizar un trozo de cuerda para medir el largo que necesitamos.

2 Corta los trozos de capa base ligeramente más estrechos que la moqueta y sujétalos al suelo de la escalera con unas tachuelas.

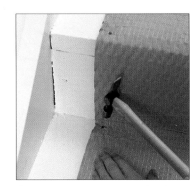

Sujeta la capa base con tachuelas.

3 Empieza a colocar la moqueta clavándola en la parte de atrás de la segunda huella (la moqueta del pasillo suele cubrir el primer escalón). Alisa la moqueta sobre la parte de la huella que sobresale de la contrahuella y fíjala colocando la barra de sujeción. Sigue el mismo procedimiento con el resto de los escalones. Al llegar abajo dobla la tela sobrante y sujétala. Para

Clava la primera sección de la moqueta en la segunda huella.

retrasar el deterioro de la moqueta puedes ajustarla moviéndola un escalón arriba y abajo cada cierto tiempo.

4 Utiliza un taladro y un destornillador para sujetar las abrazaderas de la barra justo en los bordes de la moqueta.

Fija la moqueta atornillando una barra sujeta con unas abrazaderas.

Cómo ajustar las puertas

En ocasiones, al añadir nuevas capas al suelo, las puertas no se adaptan bien a la superficie. Si tienes este problema, saca las puertas de las bisagras y lima la base unos pocos centímetros o pulgadas. De lo contrario, las puertas rozarán con el suelo y la fricción constante dejará marcas y pueden terminar rompiendo el tejido.

Debajo: la moqueta que va de pared a pared es mejor que la realice un profesional.

Ventanas y cortinas

Se dice que las ventanas son los ojos de una habitación y, de hecho, permiten ver el exterior y dejan pasar la luz. Antiguamente eran muy pequeñas ya que el cristal era muy caro y sólo podían hacerse cristales pequeños. Ahora se hacen paneles mucho mayores que permiten sustituir paredes enteras por una lámina de cristal reforzado.

Valoración de las ventanas

Antes de embarcarte en la decoración de las ventanas es importante que valores el estilo, la forma y el número de ventanas que hay en la habitación y piensa, asimismo, en la cantidad de luz natural que entra. Si la habitación en cuestión sólo tiene una o dos ventanas pequeñas, deberás centrarte en decorarlas de forma que el escaso flujo de luz natural no quede oculto entre los ornamentos. Si, por el contrario, tu habitación tiene amplios y altos ventanales y está orientada de forma que recibe gran cantidad de luz natural, puedes permitirte cortinas y galerías más elaboradas que inhibirán, hasta cierto punto, la entrada de luz.

Formas y estilos de ventanas

Algunas ventanas tienen una forma o un estilo tan vistoso y particular que se convierten en el eje de la habitación. Para sacar el máximo partido a este tipo de ventanas es recomendable utilizar adornos lo más minimalistas posible. Utiliza cortinas o estores sencillos para potenciar la forma de la ventana. No merece la pena destacar las modernas ventanas de guillotina o giratorias, que no tienen baquetilla para cristales, ni los novedosos marcos de PVC, así que podemos camuflar los bordes de este tipo de marcos con telas.

Derecha: los diseños actuales suelen ser bastante sencillos. En la fotografía observamos una ventana con cortinas no rematadas colgadas en una barra cromada.

Un ejemplo de ventanas decorativas son las vidrieras que dan acceso a un balcón o al jardín. Debemos poner especial atención a la hora de decorar este tipo de ventanales para no esconder el acceso. Vale la pena colocar unas cortinas que resalten su hechura en las ventanas de guillotina con seis, ocho o doce paneles que datan del siglo XVIII, e incluso en las guillotinas de un solo cristal (que se hicieron populares a mediados del siglo XIX).

Si las ventanas de tu casa tienen una forma inusual como, por ejemplo, redondeada, oval o arqueada, es mejor dejarlas sin ningún tipo de cortina. Otra opción es colocar un arreglo floral, una escultura o un adorno colocado sobre el alféizar

que unos cortinones lisos de color blanco o crema colocados en una habitación con tonos vivos y estampados harán que las ventanas parezcan desnudas. Intenta alcanzar un equilibrio entre el color, el estampado, el tejido y el grosor de las telas utilizadas en toda la habitación.

Las vistas son otro aspecto importante a tener en cuenta. Si el paisaje que se contempla desde la ventana no resulta especialmente agradable puedes elegir unas cortinas que escondan o camuflen las vistas pero dejen entrar la luz natural.

Una solución muy útil es colocar capas de cortinas. Para esconder un paisaje y tener más intimidad utiliza estores o cortinas ligeras, que filtrarán un poco de luz natural. A continuación, añade otro juego de cortinas exteriores que sirvan como decoración y nexo de unión con los colores y el estilo utilizados en el resto de la habitación.

Estores y gasas

Los estores convencionales se encajan en el hueco de la ventana y, cuando se estiran, cubren todo el panel de cristal. Existe una amplia gama de estores, algunos de ellos con diseños muy elaborados. Los estores de estilo romano con pliegues amplios y horizontales se

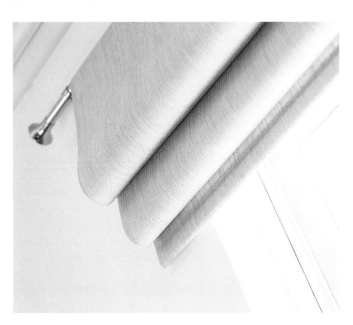

para llenar el espacio de la ventana, convirtiéndola prácticamente en un cuadro sin marco.

Los miradores son otro tipo de ventana que solemos encontrar en los cuartos de estar o en los dormitorios. Este estilo de ventanal se suele hacer con tres o más marcos individuales fijados en un arco que se curva hacia fuera dando al ventanal una elegante forma semicircular. Es muy complicado encontrar unas cortinas apropiadas para este tipo de estructuras. La solución tradicional es colocar una guía adaptada con una galería de cortina corredera para colgar tres cortinones grandes o un par de cortinas para cada ventana.

Los tragaluces y las ventanas de los áticos pueden suponernos un problema a la hora de decorarlas pero podemos sujetar las cortinas en el techo inclinado o en la pared con barras finas o cornisas fijadas en la pared. En el caso de las ventanas grandes tipo velux, podemos fijar un estor en la parte superior del marco y colocar un par de sujeciones en la parte de abajo. Otra opción es hacer

un panel fijado a la parte interior del marco con sujeciones que vayan desde el marco sobre el panel.

Hay otros muchos tipos de ventanas en los que debemos pensar si merece la pena colgar unas cortinas. Por ejemplo, los revestimientos de una ventana situada encima del fregadero de la cocina o de un lavabo puede estar empotrado o incorporado en la ventana. En estos casos es preferible decantarse por un estor que por unas cortinas plisadas que cuelguen sobre el borde del alféizar de la ventana y se puedan mojar o manchar al utilizar el lavabo o el fregadero. También se puede colocar un revestimiento de cristal de acetato para no tener que colocar ningún tipo de ornamento.

Revestimientos

A la hora de escoger las cortinas debemos tener en cuenta el estilo de la habitación y el resto de la decoración. Las cortinas muy ornamentadas quedarán fuera de lugar en una habitación con una decoración sobria y minimalista, del mismo modo

Derecha: *la gasa puede suavizar las líneas angulares de una persiana veneciana.*

vididas en secciones de modo que se pueden abrir de un lado a otro o de arriba a abajo.

Cortinas

Los revestimientos más utilizados para las ventanas son las cortinas tradicionales. Hoy en día, están muy de moda las cortinas que no están cosidas, ya que se pueden colgar y cambiar muy fácilmente (se sujetan con ganchos y ojales). Las cortinas prefabricadas tienen medidas estándar que se adaptan a la mayoría de los marcos de ventana del mercado.

Forros. Las cortinas forradas tienen un acabado más profesional y un grosor y una densidad adicionales, que les aportan una caída muy buena. Existen diferentes tipos de forros, uno de ellos es el forro de algodón estándar de color blanco o blanco grisáceo que es perfecto para colocarlo con las cortinas de algodón ligero. Las cortinas opacas son muy útiles para los dormitorios infantiles y para las personas que necesiten oscuridad total para dormir.

Otras personas prefieren los forros de colores en lugar de los tradicionales tonos blancos o cremas. Los forros de colores se pueden disponer de tal forma que se enrosquen alrededor del lado interior de la cortina al descorrerla.

Encabezados. Las cortinas suelen formar pliegues al descorrerlas, aunque esta configuración es más adecuada para las ventanas donde se vaya a colocar una galería para poder cancelar la parte superior de la cortina.

Hay muchos tipos de pliegues, desde los pliegues de lápiz (muy espaciados) hasta los pliegues triples (en grupos de tres).

Entre los encabezados sencillos y modernos está el de vuelta, en el que se cose un trozo de tela extra de 10 cm/4 pulgadas para formar una especie de sobre o tubo abierto por los lados.

Directrices básicas sobre las cortinas

Si vas a hacer tú mismo las cortinas o si vas a encargar a alguien que las haga, deberás entender las técnicas básicas. Si ya has escogido un material, el peso y las características de una determinada tela influirán en el estilo de encabezado que elijas. También tendrás que decidir si quieres forrar las cortinas y el tipo de sujeción que vas a emplear. Como norma general, cada cortina debería tener una anchura equivalente a un ancho y medio de la ventana. Deberías dejar asimismo 9 cm/ 3$\frac{1}{2}$ pulgadas para los dobladillos (parte superior e inferior) y 4 cm/1$\frac{1}{2}$ pulgada para las costuras laterales. Si decidimos utilizar un encabezamiento muy ornamentado necesitaremos más tela para formar los pliegues.

hacen con barras y cordones sujetos a la parte trasera de la tela, de tal forma que al tirar de los cordones, el estor se pliega como un acordeón.

Los festones son una clase de estor más elaborado y también se conocen con el nombre de estores austriacos. Los estores venecianos y de celosías también son muy populares y se pueden utilizar para tapar las ventanas y como divisores replegables de habitaciones. Podemos encargar las cortinas venecianas de muchos materiales diferentes, incluida la madera, los acabados metálicos y los colores alegres y lisos.

Aunque las gasas suelen ser de color blanco o blanco grisáceo, podemos decantarnos por una tela que presente un efecto de degradación de color. Los revestimientos de ventanas modernos incluyen cortinas y estores lisos que permiten vislumbrar el exterior, así como la formación de interesantes sombras y figuras a medida que la luz los traspasa.

Los estores sencillos permiten vestir más el marco de la ventana añadiendo una ligera sujeción de tela alrededor de un listón o fijándolos con pequeñas tachuelas en los bordes superiores del marco de la ventana. En Francia, Bélgica y en otros países europeos se utilizan cortinas a media altura que permiten tapar el paisaje exterior al mismo tiempo que se filtra la luz natural a través de la parte superior de la ventana.

Contraventanas

Las contraventanas son muy populares en Estados Unidos, en Australia y en el sur de Europa. En los países de climas cálidos es más frecuente colocar contraventanas exteriores, que se utilizan para reducir el acceso de la luz solar y del calor dentro de la vivienda y como medida de seguridad.

Las contraventanas interiores suelen ser más finas. Los modelos clásicos se adornan con paneles y se recogen en huecos situados a ambos lados de la ventana. Otro modelo muy popular son las contraventanas de celosías. Este tipo de contraventanas se pueden ajustar a prácticamente cualquier ventanal y están di-

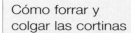

En las casas modernas también se utilizan mucho las cortinas sujetas a la barra por medio de lazos. Se cosen pares de cintas de igual tamaño en el borde superior de la cortina y luego se atan a la barra de sujeción.

Las cortinas de orejeta se utilizan mucho en la actualidad, especialmente en las cortinas que se compran ya preparadas. Este tipo de cortinas sólo se pueden utilizar con barras sencillas. Se coloca una orejeta cada 10 cm/4 pulgadas a lo largo de todo el ancho de la cortina y se coloca una al principio y otra al final del material.

Galerías de cortina, cortinas de lazo y otros tipos de revestimientos Para decorar una ventana siguiendo un estilo clásico o formal debemos añadir galerías de cortina y volantes. Este tipo de decoración también puede servir para reducir la altura de una ventana de grandes dimensiones y para que las cortinas resulten más decorativas.

Las galerías se pueden hacer con el mismo material que la cortina principal, con un tejido que contraste o con uno de los tonos de las cortinas. Otra de las características de las galerías es que normalmente son rígidas (se pueden montar sobre un tablero de madera fino o colocando una tira adhesiva o con un refuerzo en la parte de atrás). Se pueden su-

jetar a la ventana utilizando soportes o encajonándolas. Los bordes se pueden dejar lisos o adornados con orlas o galones, aunque en ocasiones también se cortan para darles un efecto festoneado o almenado. Las galerías blandas se suelen rellenar para darles cuerpo y para ayudarlas a sujetar las cortinas.

Otra opción son los lambrequines, más utilizados con los estores y las cortinas de menor tamaño. Los lambrequines son galerías fijas que siguen el marco de la ventana. En ocasiones llegan hasta el alféizar y son muy útiles para añadir un toque decorativo a una ventana adornada únicamente con un estor. Los lambrequines se suelen hacer sobre una lámina que normalmente tiene una tira adhesiva en la parte de atrás que se puede pegar directamente sobre la tela.

También podemos decorar una ventana arreglando los pliegues de las cortinas (esto se puede hacer utilizando lazos o cordeles). Los lazos se utilizan para retirar los bordes de la cortina hacia atrás y crear un mar-

co curvo alrededor de la ventana. Los bordes superiores de la cortina permanecen juntos, totalmente pegados o ligeramente separados.

Los lazos suelen tener forma de media luna y se pueden hacer utilizando el mismo material que en las cortinas o escogiendo uno de los colores del estampado de la tela. La tela se endurece con un adhesivo o con un refuerzo de estilo *petersham* y se cose una anilla a cada lado. Estas anillas, que normalmente son pequeños círculos de metal, se deslizan sobre un gancho sujeto a la pared por detrás del extremo más alejado de la cortina. Estos lazos también se pueden hacer con un cordón de seda y borlas, con cuerda trenzada o con tapiz.

Las ménsulas crean el mismo efecto pero son brazos de latón o de madera sujetos a la pared. Pueden tener formas muy sencillas (como un simple tirador de madera) o muy ornamentadas (con latón o marquetería). La cortina se recoge y se coloca detrás de la ménsula, que la mantiene en su sitio.

Cómo forrar y colgar las cortinas

Una vez que hayas elegido el forro de tus cortinas puedes colocarlo dejándolo sujeto o suelto. El forro sujeto está cosido a la parte interior de la cortina y se mantiene en su sitio gracias a las puntadas en el dobladillo superior, inferior y lateral de las cortinas. Por el contrario, el forro suelto sólo se sujeta a la cortina por la parte superior, de modo que cae libremente dentro de la misma en vez de formar parte de ella.

Para calcular la longitud de la barra de sujeción de las cortinas debemos dejar espacio a ambos lados para recoger la cortina fuera del marco de la ventana. Las cortinas hechas con telas fuertes o forradas necesitan más espacio debido a que abultan más al recogerlas.

Izquierda: esta galería de cortina hecha en madera esculpida y sumamente ornamentada encajaría a la perfección en una habitación decorada con un estilo de época.

Fondo izquierda: las ménsulas quedan muy bien con las telas que tengan una buena caída, como sucede con este tejido ligero.

técnicas de decoración de ventanas

Antes de decidir la decoración de tus ventanas, repara cualquier daño que puedan presentar, especialmente si son antiguas. El estilo elegido para las ventanas dependerá del efecto que queramos conseguir y del grado de intimidad que busquemos. Asegúrate de que el estilo por el que te decantes finalmente se adecue a la decoración del resto de la habitación.

Lijado y acabado de las ventanas

Las ventanas necesitan un buen cuidado y mantenimiento para conservar su aspecto original. Los marcos de las ventanas y las zonas de alrededor se suelen pintar utilizando los mismos colores. El blanco y el blanco grisáceo son los tonos más utilizados y dan a la habitación un aspecto limpio y sencillo. Si quieres conseguir un efecto más radical, puedes seguir el ejemplo de épocas anteriores, cuando la carpintería solía pintarse de colores más fuertes que las paredes. A lo mejor, después de limpiar y lijar las ventanas, decides optar por dejar la madera desnuda barnizada con un acabado protector claro.

Ventanas de madera

Las casas de estilo victoriano, georgiano y eduardiano suelen tener las ventanas de madera. Las clases de ventanas de madera más comunes son las de guillotina (que funcionan con un mecanismo de cuerda y polea instalado dentro del marco) y las giratorias (con bisagras). Es necesario cambiar las cuerdas de las ventanas de guillotina cada cierto tiempo para que funcionen bien (es mejor dejar este trabajo en manos de un carpintero especialista). Todas las ventanas de madera presentan cierta tendencia a pudrirse si no se someten a un mantenimiento adecuado.

Ventanas de marco de metal

Este tipo de ventanas se suele encontrar en las casas construidas entre la década de 1920 y la de 1950. Los marcos de metal se oxidan con relativa facilidad, y este óxido puede atacar a otras zonas del metal si la superficie pintada está dañada. Antes de volver a pintar un marco de estas características, es necesario retirar cualquier rastro de óxido con un inhibidor/eliminador de óxido. La mejor forma de eliminar las acumulaciones de pintura es utilizando un disolvente químico en gel o en crema. No intentes utilizar una pistola de aire caliente sobre un marco de metal, ya que el metal conducirá el calor de la pistola, rompiendo el cristal. Es importante utilizar una imprimación de metal para evitar la formación de óxido debajo de la pintura.

Ventanas de PVC

Este tipo de ventanas se suele encontrar en las casas modernas o cuando se colocan dobles ventanales en las casas antiguas. Están hechas con plástico duro y normalmente son blancas o tienen un efecto de madera. Precisan muy poco mantenimiento. De todos modos, pueden estropear el aspecto de las casas de época, así que es importante tener en cuenta este aspecto antes de instalarlas. Otro de los inconvenientes del PVC es que se puede decolorar con el tiempo y parecer gastado (hay una pintura especial para esto). Este tipo de ventanas son propensas a la formación de moho, por lo que es aconsejable limpiar los marcos regularmente con un detergente suave.

Retirar la pintura de las ventanas con disolventes químicos

Si quieres que tus ventanas queden con un acabado transparente, es mejor desconcharlas utilizando un método que no dañe la superficie de la madera. Escoge un disolvente químico en gel o en crema. Recuerda que este método resultará muy laborioso y precisa varias aplicaciones antes de terminar raspando la superficie con lana de alambre y papel de lija fino.

Herramientas y materiales

Guantes de goma resistente
Espátula para masilla
Disolvente químico
Raspador de pintura afilado
Lana de alambre fina

1 Aplica una capa gruesa de disolvente sobre el marco con una espátula, sin olvidarte de ponerte unos guantes de goma. Deja actuar la solución durante el tiempo indicado por el fabricante.

Aplica una capa generosa de disolvente químico utilizando una espátula.

2 Retira con cuidado una parte del disolvente con un raspador para comprobar si se ha eliminado la pintura. Vuelve a aplicar otra capa si resulta necesario. Quita los trozos de pintura que queden con una lana de alambre fina humedecida con un disolvente líquido o con una rasqueta de ebanista de metal.

Retira el disolvente de la superficie con un raspador de pintura.

Quitar la pintura con una pistola de aire caliente

Otro método muy eficaz de eliminar los restos de pintura de un marco de madera es con una pistola de aire caliente. De todos modos, debemos tener cuidado para no quemar la madera al aplicar la llama sobre una misma zona. Cuando trabajemos sobre los listones de vidriera es fundamental utilizar un accesorio de metal especial, que desvía el calor del cristal.

Herramientas y materiales

Blindaje de cristal

Pistola de aire caliente

Raspador de pintura

Papel de lija fino y flexible

Paño y aguarrás

1 Coloca el blindaje de cristal en la pistola de aire caliente y sujétalo contra el marco formando un ángulo de 45°, para que no gotee sobre la pistola.

Sujeta la pistola en un ángulo de 45° para evitar que la pintura gotee.

2 Cuando veas que se empiezan a formar ampollas y burbujas en la pintura, retírala con el rascador de pintura o con un rascador integral (si la pistola viene equipada con uno). Continúa hasta eliminar la pintura por completo. Puedes retirar los restos de pintura que queden con una rasqueta de ebanista afilada. El raspador deberá formar un ángulo de 30-45° con la madera. Lija la superficie con una lija fina y límpiala con un paño mojado con aguarrás antes de aplicar una mano de acabado.

Retira el disolvente de la superficie con un raspador de pintura.

Retirar la pintura de las ventanas con una lijadora eléctrica

El lijado es una buena solución para preparar una superficie previamente pintada para una nueva capa de pintura. En el mercado hay una gran variedad de lijadoras eléctricas. Algunos de estos modelos traen accesorios incorporados para adecuarse a las diferentes molduras. Si lijamos la madera desnuda con una lijadora eléctrica eliminaremos la pátina de la madera. El lijado manual es un método más suave, pero poco recomendable para eliminar las capas de pintura muy adheridas.

Herramientas y materiales

Multilijadora eléctrica con accesorios moldeados

Papel de lija de diferente grosor: desde el grueso hasta el extra fino.

1 Lija las superficies planas con el principal accesorio de la lijadora, empezando con el papel de lija de mayor grosor para eliminar la pintura acumulada. Ve cambiando el grosor de la lija hasta acabar con la extra fina.

2 Coloca el accesorio de la lijadora que se adecue a las molduras de la ventana y ve cambiando el grosor de la lija.

Coloca el accesorio de la lijadora y lija las molduras.

Acabados de ventanas

Cuando vayas a pintar las ventanas procura hacerlo un día que haga bueno para poder dejarlas abiertas mientras secan. Empieza siempre con las partes en contacto con el marco para que se sequen primero. Si te caen gotas de pintura en el cristal, puedes eliminarlas una vez secas con la hoja de una navaja. Utiliza una brocha de buena calidad con cerdas terminadas en punta (de este modo, podrás acceder más fácilmente a las esquinas más enrevesadas).

Herramientas y materiales

Cinta protectora o adhesiva poco adherente

Brocha pequeña

Pintura de esmalte o satinada

1 Tapa las ventanas con la cinta adhesiva dejando a la vista un par de milímetros del cristal (una fracción de pulgada). Al pintar, deberás aplicar la pintura sobre esta parte de cristal ya que, de este modo, se creará un sello hermético entre el cristal y el marco de la ventana. Acuérdate de sacar la cinta adhesiva antes de que la pintura se seque del todo para no quitar la pintura.

Precauciones

Lleva siempre una mascarilla cuando uses una lijadora eléctrica, y asegúrate que la habitación tenga ventilación. Para evitar que el polvo se expanda por toda la casa coloca un trapo del polvo en las puertas. La pistola de aire caliente puede chamuscar la madera así que practique primero en un trozo antes de probar con el marco de la ventana.

Las persianas romanas se sujetan en un listón de madera fijado, a su vez, en la parte superior del marco de la ventana. Mide la distancia entre la parte de arriba del listón y el alféizar y el ancho del marco. Para calcular la cantidad de tela que vas a necesitar, deja 7,5 cm/3 pulgadas para el revestimiento del pasador o listón. Los pasadores se colocarán a una distancia uniforme de aproximadamente 20 cm/8 pulgadas, dejando 10 cm/4 pulgadas para el último pasador y el borde inferior. Añade otros 6 cm2$^{1}/_{2}$ pulgadas para el encabezamiento y el dobladillo.

Tapa los alrededores del borde con cinta antes de pintar el marco.

2 Otra opción es utilizar un protector de plástico que simplemente tienes que sujetar contra el marco mientras pintas.

Sostén un protector de ventanas contra el marco y luego pinta el marco.

Técnicas decorativas para las ventanas

Las formas más habituales de decorar las ventanas son utilizando cortinas y persianas. Cuando vayas a comprarlas debes medir bien las ventanas, para que se ajusten bien a las mismas. También es importante elegir las fijaciones y los accesorios adecuados al tipo y a la forma de la ventana.

Medición y colocación de las persianas venecianas

Algunas ventanas están empotradas en la pared. El hueco donde se coloca la ventana se denomina en ocasiones «derrame», que significa que están incorporadas en la pared y tienen un alféizar o repisa. En este tipo de ventanas se suele colocar una persiana en el derrame, por lo que es fundamental tomar las medidas con total precisión. Otros marcos de ventana se colocan a

ras de la pared, por lo que las persianas se colocan en el marco en la pared de alrededor. En estos casos, las medidas no son tan importantes. Las persianas suelen tener una serie de soportes de sujeción que te permiten fijarlas en la parte superior, lateral o delantera. Las persianas de más de 1 m/3 pies suelen tener un soporte central, así como una serie de sujeciones en los extremos. La fijación superior supone taladrar el derrame, la lateral taladrar el lado del derrame y en la delantera la persiana se sujeta directamente al marco o a la pared. En el mercado podemos encontrar persianas venecianas de metal y de madera, persianas romanas y estores. Los estores se pueden cortar a medida, pero el resto de las persianas no. Si tu ventana no tiene un tamaño estándar, puedes encargar una persiana a medida.

Herramientas y materiales

Cinta métrica

Estor y soportes

Lápiz

Tornillos

Taladro con broca para trabajos de albañilería

Tacos

Nivel de burbuja de aire

1 Mide la ventana con el derrame y anota las dimensiones. Compra un estor que se adapte a su tamaño o corta uno a medida. Sujeta los soportes en su lugar correspondiente y marca las posiciones de los tornillos con un lápiz, asegurándote de que estén nivelados. Coloca una broca de

Atornilla los soportes al marco con un taladro con broca de albañilería.

albañilería y perfora los agujeros, pon los tacos y atornilla los soportes.

2 Encaja el estor y, si sobresale el derrame, comprueba que esté nivelado con el nivel de burbuja de aire.

Encaja las persianas en los soportes.

Medición y colocación de las cortinas

Actualmente hay cortinas que se adaptan a la mayor parte de los estilos decorativos y que van desde las elaboradas cortinas con guirnaldas y faldones hasta los sencillos paneles. Las cortinas de gasa y de muselina dejan pasar la luz natural a la vez que mantienen la intimidad del interior; mientras que las cortinas de materiales más fuertes, como el terciopelo y el damasco, impiden la entrada de luz y son mucho más aislantes.

Las cortinas más caras suelen estar forradas, lo que mejora su caída. Las más suntuosas están «entreforradas», lo que significa que tienen un tejido tipo lana entre el forro y la propia tela de la cortina que les aporta una mayor consistencia. Teniendo en cuenta que la parte de arriba de las ventanas suele ser difícil de taladrar, podemos colocar un listón de madera al que podemos sujetar cualquier revestimiento.

Las cortinas pueden tener diferentes longitudes: justo por encima del alféizar, por debajo del alféizar o hasta el suelo. Es recomendable hacer o comprar las cortinas un poco más largas por si la tela encogiese al lavarla. Cuando vayas a medir una ventana para colocar unas cortinas empieza a medir desde la barra donde las vas a colgar.

Barras para cortinas

Las barras para cortinas pueden ser de madera o de metal y presentan diferentes acabados. Se suelen utilizar con anillas para cortinas, que se sujetan a la barra. Los ganchos de la cortina se cuelgan de un pequeño anillo de metal sujeto a la parte de abajo de las anillas. Las barras se sujetan a su vez con unos soportes fijados en la pared o en un listón de madera situado unos 15 cm/6 pulgadas por encima de la ventana. También se pueden comprar barras especiales con secciones flexibles o en ángulo para colocarlas en las ventanas saledizas. Normalmente, las cortinas colgadas en barras se corren manualmente, aunque también hay mecanismos más caros equipados con un cordel (las cortinas se abren y se cierran tirando de dicho cordel).

Colocación de una barra con soportes ocultos

Herramientas y materiales

Cinta métrica
Nivel de burbuja de aire
Barra para cortinas
Placas y soportes de sujeción
Taladro y broca de albañilería
Destornillador
Anillas para cortinas

1 Marca las posiciones de los soportes con un lápiz utilizando una cinta métrica y un nivel de burbuja de aire. Debes situar los soportes a la misma distancia de las esquinas de la ventana. Las barras que tengan un largo

Atornilla las placas con un destornillador.

superior a los 2 m/6$^1/_2$ pies deben llevar un soporte central para que no se arqueen. Taladra los agujeros con una broca de albañilería. Atornilla las placas en el lugar correspondiente apretando con fuerza.

2 Encaja el soporte de madera sobre la placa y aprieta el tornillo que lo sujeta.

Coloca el soporte de madera en el lugar correspondiente sobre la placa de sujeción.

3 Coloca la barra con las anillas. Recuerda dejar una anilla junto al soporte para sujetar las cortinas. Aprieta el tornillo pequeño situado en la parte inferior del soporte, que se encargará de sujetar la barra.

Sujeta el soporte y la barra con un tornillo.

Rieles para cortinas

Los rieles son una alternativa a las barras convencionales y pueden ser de metal o de plástico. Son perfectos para las ventanas saledizas redondeadas. Los rieles vienen con ganchos, que se enganchan a la cinta de la parte superior de la cortina y se deslizan a través del riel. También hay rieles con cordel, que funcionan con un sistema de po-

lea. La mayoría se encajan en soportes atornillados a la pared o a un listón.

Herramientas y materiales

Cinta métrica
Nivel de burbuja de aire
Taladro
Soportes de pared
Destornillador
Sierra para metales
Riel de cortina
Ganchos de cortina

1 Marca las posiciones de los soportes con lápiz y una cinta métrica y un nivel de burbuja de aire, situándolos a intervalos regulares. Taladra y atornilla los soportes en el lugar correspondiente.

Atornilla los soportes de pared a intervalos regulares.

2 Si es necesario, puedes utilizar una sierra para metales para cortar el riel del tamaño adecuado. Luego coloca el freno del extremo apretando el tornillo.

Después de cortar el largo del rail, coloca el freno en su sitio.

3 Por último, coloca el riel en los soportes siguiendo las instrucciones del fabricante.

Cómo medir el largo de las cortinas

Decide el largo de las cortinas. Puede ser hasta el suelo, hasta el alféizar o por encima de un radiador. Es recomendable hacer o comprar las cortinas un poco más largas por si la tela encogiese al lavarla. Si las cortinas van a llegar hasta el alféizar o el radiador, empieza midiendo a partir del rail o de la anilla hasta 5 mm/$^1/_4$ pulgada por encima del alféizar o radiador y añade un poco más de tela para hacer el dobladillo. En el caso de que las cortinas sean hasta el suelo, mide hasta 1 cm/$^1/_2$ pulgada por encima del suelo para dejar espacio para la alfombra y añade un poco más de tela para hacer el dobladillo. Si quieres que las cortinas rocen el suelo o al alfombra, toma las medidas hasta el suelo y añade 5-10 cm/2-4 pulgadas más a la tela para el dobladillo.

4 Para colgar la cortina, lo único que tendrás que hacer es colgar el gancho en las anillas móviles.

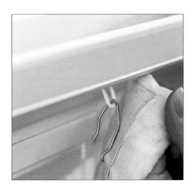

Coloca los ganchos en las anillas móviles.

Colocación de un alambre de tensión

Se trata de un invento reciente que aporta un toque moderno a las cortinas ligeras. Consiste en estirar un cable de acero entre dos paredes o soportes. Las cortinas se cuelgan en pequeñas anillas que tienen unas pinzas colgando, que sujetan la tela y se deslizan a lo largo del cable.

Herramientas y materiales

Alambre de tensión

Tenazas para alambre

Llave

Taladro

Destornillador

Soportes de pared y piezas de revestimiento

Anillas para cortinas y pinzas

1 Corta el alambre con unas tenazas especiales y fija la pieza final en cada extremo con la llave proporcionada.

Una vez cortado el alambre, coloca las piezas de los extremos.

2 Taladra unos agujeros y atornilla los dos soportes en paredes situadas una enfrente de la otra.

Fija los soportes a la pared con un destornillador en paredes situadas una enfrente de la otra.

3 Atornilla la pieza de revestimiento sobre el soporte de pared. Coloca las anillas en el alambre y fija el otro extremo en la pared de enfrente (si utilizas cortinas con orejeta, colócalas primero en el alambre). Tensa el alambre.

Coloca las piezas de revestimiento con forma de torpedo encima de los soportes de la pared.

4 Sujeta la cortina con las pinzas acopladas a las anillas.

Sujeta las cortinas a las anillas con las pinzas.

Otras opciones de revestimientos de ventanas

Las cortinas y las persianas no son las únicas formas de tapar o decorar las ventanas. El único límite que existe es tu imaginación. Actualmente existen nuevos y atractivos materiales para tratar el cristal que te permitirán crear tus propios efectos de tintes o grabados al aguafuerte. Si prefieres algo más sustancial, las contraventanas son la solución perfecta y, además, conseguirás que las ventanas sean más seguras.

Contraventanas

Aunque las contraventanas tradicionales son de madera, se pueden hacer con muchos materiales diferentes, incluido el plexiglás, el MDF y el metal.

Herramientas y materiales

Cinta métrica

Contraventanas

Destornillador

Bisagras

Punzón recto

Nivel de burbuja de aire

1 Mide minuciosamente la ventana y encarga unas contraventanas del tamaño adecuado (el proveedor te indicará la mejor forma de sujetarlas a la ventana). Atornilla las bisagras en posiciones equidistantes desde la parte superior e inferior de las contraventanas.

Se colocan entre la parte superior y la inferior de las contraventanas.

2 Haz agujeros guía con un punzón recto y atornilla las bisagras en la parte superior e inferior de la ventana.

Atornilla las bisagras a los lados de la ventana.

3 Coloca unos listones a ambos lados de la ventana si resulta necesario. Utiliza un nivel de burbuja de aire para comprobar que estén rectos.

Cómo hacer un panel de ventana esmerilado

Las ventanas esmeriladas dan a los cuartos de baño un aspecto más contemporáneo que el cristal texturado ya obsoleto. Podemos utilizar un esmerilador en spray para conseguir un acabado temporal que se puede limpiar sin que se borre y se elimina con una cuchilla afilada si queremos cambiar la decoración. Si prefieres un esmerilado más permanente puedes encargar un diseño de chorro de arena personalizado en una cristalería o pedir a una rotulista un diseño realizado sobre una película adhesiva esmerilada.

Acabado esmerilado temporal

Herramientas y materiales

Limpiador de cristales

Paño

Spray de grabado en vidrio

Limpia bien la ventana con un limpiador de cristales para retirar todos los restos de grasa y de suciedad. Pulveriza el *spray* sobre la ventana. Es preferible aplicar dos capas finas que una gruesa para evitar que se corra el líquido.

Pulveriza el spray sobre la ventana, para dejar una capa uniforme.

Acabado esmerilado semipermanente

Herramientas y materiales

Película de escarcha de vidriero

Regla de trazar

Navaja afilada

Paño

Escobilla de goma

1 Corta la película del tamaño necesario con regla de trazar y navaja. Moja la ventana con un paño húmedo.

Moja toda la superficie de la ventana con un paño húmedo.

2 Retira una esquina de la película y colócala en una esquina de la ventana. Retira con cuidado el resto del papel protector de la película.

3 Alisa la película con cuidado utilizando una escobilla de goma de buena calidad (el agua actuará como lubricante). Utiliza la escobilla gradualmente para empujar las burbujas de aire hacia los lados, dejando la superficie lisa y sin arrugas.

Elimina las burbujas que se formen debajo con una escobilla de goma.

Abajo: *las contraventanas no son únicamente un revestimiento muy decorativo para las ventanas sino que, además, aumentan la seguridad.*

Chimeneas

La función de las chimeneas es básicamente decorativa, ya que la calefacción central se encarga ahora de dar calor. Hay distintas clases, desde las ornamentadas de época, hasta el estilo clásico de arquitrabes o las modernas en las que se imponen llamas de gas y formas de cerámica para reproducir el efecto de un fuego real.

Abajo: el montante (la parte vertical de la chimenea) se puede esculpir para adaptarlo a otros diseños arquitectónicos presentes en la habitación, como un friso o una cornisa.

Abajo derecha: un fuego abierto puede convertirse en un llamativo elemento decorativo si lo incorporamos en una moderna chimenea «empotrada».

Clases de chimeneas

Aunque en el mundo de la calefacción se han producido muchos adelantos, gracias a la calefacción central y por aire caliente y al resurgimiento de la calefacción subterránea, el brillo de un fuego abierto continúa teniendo un encanto especial. Las llamas nos siguen observando del mismo modo que lo hacían con los hombre prehistóricos, pero se han producido muchos adelantos en la disposición y en la alimentación del fuego. El carbón y la madera son los combustibles tradicionales, mientras que en la mayor parte de las ciudades actualmente se utiliza el gas y la electricidad como principales fuentes de energía. A menudo elegimos para nuestros hogares un moderno «falso» fuego en lugar de la variedad tradicional debido a que proporciona el mismo color, brillo, parpadeo y calidez sin el hollín, las cenizas y el esfuerzo de tener que encender el fuego y alimentarlo.

Los primeros fuegos se hacían con trozos de madera dispuestos sobre una chimenea de tierra, aunque en ocasiones la madera se elevaba del nivel del suelo y se colocaba sobre morrillos o rodos atizadores. De este modo el aire podía circular entre la madera. Más adelante, los morrillos se sustituyeron por braseros y por parrillas. Estas últimas vienen con una fachada que forma un panel en el interior del cerco. Actualmente los braseros se colocan sobre una base no combustible hecha con mármol, piedra o granito.

Estructura de la chimenea

Las chimeneas suelen estar divididas en dos secciones: el cerco y el montante. El cerco se hace con piedra, como el mármol o la piedra caliza; o de madera como, por ejemplo, de pino. Los montantes son los dos lados verticales de la chimenea, que suelen tener unas zapatas en la base. Los montantes se alinean a los dos lados del hueco para sujetar el estante que discurre por la parte superior.

Izquierda: *esta chimenea con elaborados motivos esculpidos es el punto focal de este comedor.*

Abajo: *cuando vayas a elegir una chimenea asegúrate de que ésta se adapte a la decoración del resto de la estancia. Este impresionante ejemplo encajaría a la perfección en una habitación grande con una decoración de época, pero estaría fuera de lugar en un espacio reducido y minimalista.*

Entre los detalles que se encuentran en las chimeneas grandes están la repisa, el frontal y el emparrillado (la parte de hierro fundido), que contiene el carbón o la madera. La chimenea es la zona insertada en el suelo y normalmente se hace con piedra, mármol o baldosas, que protegen el suelo del carbón. Las chimeneas de los dormitorios suelen ser más pequeñas y de fundición licuada. En los últimos años se están poniendo muy de moda las empotradas en la pared.

Estilos de chimeneas

Pueden presentar estilos muy diferentes: desde las construidas con tablas de madera o con roble toscamente tallado y revestidas con piedra o ladrillo características de las casas rústicas y de las granjas, hasta las de mármol esculpido típicas de las casas de época. Los cercos pueden tener pequeños adornos o estar decorados con guirnaldas, camafeos, escenas mitológicas, huecos, follaje y urnas esculpidos en los montantes y en la repisa. Cuando vayamos a comprar una chimenea debemos fijarnos, sobre todo, en elegir

Derecha: *en los meses de verano puedes convertir la chimenea en un expositor (en este caso, se han utilizado unos troncos de leña).*

un estilo, forma y tamaño que se adapte al resto de la habitación donde vamos a colocarla. Si la habitación es pequeña, es mejor elegir una chimenea con un diseño sencillo que se convertirá en el punto focal del cuarto sin recargar el espacio. Si, por el contrario, tenemos una habitación grande y con motivos de época, procura combinar la decoración de la chimenea con la del resto de la estancia y elige un material que esté en concordancia.

Hoy en día todavía podemos encontrar en muchos hogares chimeneas de estilo clásico con montantes, columnas y pilastras. Los originales restaurados tienen unos precios muy elevados e incluso las reproducciones modernas distan mucho de resultar económicas. Entre las chimeneas más caras están las de mármol, aunque siempre nos queda la opción de pintar una chimenea de pino o de otra madera más barata para darle un acabado similar al del mármol. El pino también se puede teñir o encerar para darle un aspecto similar al de una madera de mejor calidad, como la caoba.

En algunas chimeneas modernas se introducen formas de cerámica denominadas «troncos geométricos» colocadas en los emparrillados de acero inoxidable o geométricos. Las llamas de gas parpadean alrededor de estos troncos, que pueden ser de color negro, naranja, azul, verde o amarillo. También puedes decantarte por las llamas procedentes de una chimenea de cantos rodados.

Cómo restaurar y sustituir tu chimenea antigua

Colocar una chimenea nueva resulta bastante complicado, mientras que recuperar una que el propietario anterior haya encajonado o pintado por encima es una tarea bastante más sencilla. En el caso de que la chimenea haya sido encajonada, puedes ser afortunado y descubrir que está en buen estado y sólo necesita una buena limpieza. Sin embargo, si la chimenea está pintada por encima necesitará un arduo trabajo de restauración.

En primer lugar debes averiguar de qué material está hecha la chimenea. Con un cuchillo afilado raspa las ca-pas superiores en una zona próxima a la pared en la base de la chimenea hasta llegar a la superficie original. Una vez que determines el material del que está hecha podrás encontrar el decapante de pintura adecuado para eliminar las capas de pintura (véase páginas 90-1 para obtener más detalles acerca de cómo llevar a cabo esta operación).

Las chimeneas modernas de gas pueden funcionar con tuberías o botellas de gas y están provistas de ignición automática y un aparato de fallo de llama, así como de un sensor de agotamiento de oxígeno.

En busca del fuego

Es necesario avisar a un profesional para que limpie las chimeneas que funcionen con carbón o con leña (de lo contrario se puede acumular el hollín y provocar un incendio). El combustible empleado puede generar la formación de humos debido, por ejemplo, a la utilización de leña mojada o a una mala ventilación. Otro motivo puede ser una proporción incorrecta entre la distancia del hogar, la apertura de la chimenea y la parte superior de la misma. Este tipo de problemas sólo los puede solucionar un profesional elevando la situación del hogar, añadiendo altura extra a la chimenea, o bien colocando una pantalla o blindaje delante del hogar.

Accesorios de las chimeneas

Existe una gran variedad de accesorios relacionados con las chimeneas, incluidos los guardafuegos. Un guardafuegos es un marco de metal que evita

que el carbón despedido del fuego caiga sobre la alfombra. En la época victoriana, el pequeño cortafuegos dio paso a una estructura más elaborada cuyos extremos estaban forrados de cuero y hacían las veces de taburetes.

Los morrillos ya no se utilizan con su finalidad original (sujetar la leña ardiendo), sino que actualmente tienen un fin más decorativo y se pueden utilizar para apoyar un atizador, unas tenazas y una pala.

Puedes utilizar la repisa o el estante

de la chimenea como punto focal incluso cuando no la estés utilizando, y decorarla consecuentemente. En los meses de verano podemos camuflar el «agujero negro» con un pequeño biombo, una bandeja o un panel. También puedes colocar un cesto de mimbre con la leña delante de un arreglo de ramas y hierbas silvestres. Puedes resaltar la chimenea poniendo unos cirios o una colección de fósiles o guijarros encima o colocando libros o revistas sobre un emparrillado fuera de uno.

Izquierda: *el mármol es un material que queda especialmente bien en las chimeneas.*

Técnicas de chimeneas

La restauración de una chimenea antigua o la instalación de una nueva precisa la asistencia de un profesional si quieres hacer fuego en ella. De todos modos, puedes preparar sin problema una chimenea restaurada lista para instalar. Comprueba que el emparrillado elegido se adecue al testero. Si la chimenea carece de testero, puedes construir uno sencillo, cuyo único fin será decorativo.

Consejos de seguridad

Recuerda colocarte siempre unos guantes de goma gruesos cuando vayas a aplicar un disolvente de pintura y evita las salpicaduras en la piel.

Si estás pintando una chimenea en funcionamiento, no pintes las partes que estén normalmente en contacto directo con el fuego. También debes elegir una pintura especialmente formulada para resistir el calor.

Restauración de chimeneas

Los detalles de las chimeneas originales a las que se les han dado sucesivas capas de pintura a lo largo de los años perderán su nitidez y claridad. Si tienes un testero sin chimenea, te saldrá mucho más barato comprar uno sin restaurar que instalar una reproducción. Merece la pena perder algo de tiempo en quitar las capas de pintura y restaurar la superficie minuciosamente.

Antes de empezar con la reparación, comprueba de qué material está hecha la chimenea. Los materiales más comunes son la madera, el hierro fundido, el mármol, la piedra y el ladrillo, aunque en las casas construidas en las décadas de 1920 y 1930 se pueden encontrar chimeneas (normalmente de fuego eléctrico) decoradas con azulejos. Cada material necesita un tratamiento diferente durante la restauración. En las chimeneas de madera se pueden retirar las capas de pintura utilizando disolventes químicos en gel o en pasta, aunque no es recomendable la utilización de pistolas de aire caliente debido al riesgo de incendio. El hierro fundido se puede decapar utilizando una pistola de aire caliente, pero con cuidado de no rasgar la superficie, que es propensa a los rasguños. La mejor opción en este caso es utilizar un disolvente en pasta, que elimina la pintura con cuidado.

El mármol, la piedra y el ladrillo son materiales porosos y, por lo tanto, propensos a las manchas. Por lo tanto, lee las recomendaciones de cualquier disolvente químico antes de aplicarlo sobre la superficie de la chimenea.

Revestimientos de madera

Herramientas y materiales

Disolvente de pintura químico en gel o en pasta

Guantes de goma resistentes

Raspador de pintura

Lana de alambre fina

Cera neutra y paño suave

1 Aplica el disolvente siguiendo las instrucciones del fabricante (utiliza un raspador de pintura para introducir el disolvente en todas las molduras y hendeduras). Déjalo actuar durante el tiempo recomendado por el fabricante, pasado el cual, la superficie de la pintura estará llena de ampollas.

Utiliza un raspador de pintura para introducir el disolvente en las hendeduras.

2 Retira la pintura con cuidado utilizando el raspador y aplica una nueva capa de disolvente si es necesario. Saca los trazos de pintura que se resistan utilizando lana de alambre fina impregnada con un disolvente líquido. Neutraliza la superficie de la madera pasando un trapo con aguarrás por encima.

Retira el disolvente y las capas de pintura con un rascador

3 Para conseguir un acabado natural, lija la superficie ligeramente con una lija fina y aplica una cera neutra con la lana de alambre fina. Déjalo secar y aplica una nueva capa de cera con un paño suave.

Aplica una cera neutra y, una vez seca, pule con un paño suave.

4 Si prefieres un acabado pintado en vez de madera, aplica un imprimador o capa base de secado rápido y líjalo suavemente con papel húmedo y seco. Termina aplicando dos capas de la pintura satinada que hayas elegido, lijando la superficie con papel húmedo y seco entre las dos manos de pintura.

Registros y emparrillados de hierro fundido

Herramientas y materiales

Disolvente químico en gel o en pasta

Brocha vieja

Guantes de goma resistentes

Raspador de pintura

Lana de alambre fina

Cepillo de alambre rígido

Solución antioxidante

Pulidor

Paños suaves

1 Aplica una capa gruesa de disolvente según las instrucciones del fabricante y con una brocha vieja para que penetre bien en todas las hendeduras.

Aplica la pasta disolvente sobre la chimenea utilizando una brocha vieja.

2 Espera a que transcurra el tiempo recomendado. Cuando empiecen a formarse ampollas en la pintura, retira el disolvente y la pintura vieja con el raspador, con cuidado de no arañar ni rozar la superficie.

Retira las capas de disolvente y de pintura con un raspador.

3 Aplica una nueva capa donde sea necesario (saca los trazos de pintura que se resistan con lana de alambre fina impregnada con un disolvente líquido).

Si hay trozos que se resisten, utiliza lana de alambre y disolvente líquido.

4 Antes de dar un nuevo acabado a la chimenea retira los restos de polvo. Elimina primero las partes oxidadas o corroídas con un cepillo de alambre rígido.

Retira el óxido y la corrosión con un cepillo de alambre.

5 Aplica la solución antioxidante (compra una que evite nuevas formaciones de óxido). Déjala actuar durante el tiempo recomendado y limpia la superficie con una lana de alambre fina.

Aplica un imprimador antioxidante con la brocha vieja.

6 Para conservar un acabado de hierro fundido aplica un pulidor especial con un paño o un cepillo para zapatos.

Aplica el pulidor con un paño suave.

7 Una vez que el producto esté totalmente seco pule la superficie con un paño limpio hasta conseguir un brillo grafítico.

Una vez seco, pule con un paño hasta conseguir un brillo grafítico.

Arriba: *chimenea de hierro fundido restaurada para recuperar su belleza original. Es un añadido magnífico para cualquier habitación.*

Acabado pintado

Si quieres dar al emparrillado un acabado pintado, aplica en primer lugar un imprimador o capa base antioxidante formulada especialmente para metales ferrosos y espera a que se seque. Aplica dos capas de la pintura que hayas elegido.

Cambio de chimeneas

Si quieres restaurar una chimenea en funcionamiento con un testero entablado o que esté inactivo es fundamental pedir consejo a un profesional. Debes revisar los obstáculos que pueda haber en el cañón de la chimenea y comprobar que el forro incombustible esté intacto. Prácticamente con total seguridad será necesario deshollinar una chimenea que no haya sido utilizada en años. Una forma muy sencilla de comprobar si una chimenea «tira» bien (elimina el humo) es sostener una astilla encendida en la abertura (la llama tenderá claramente a ir hacia arriba). Si la llama echa chispas o se apaga por completo será un indicio claro de falta de oxígeno, a menudo provocada por la presencia de obstáculos en la parte superior.

Una vez que el hueco y el cañón estén en perfecto estado, puedes pensar en el tipo de chimenea que quieres instalar. Mucha gente prefiere los fuegos de gas. Además, en muchas ciudades existe legislación sobre el vertido de humos, lo cual significa que sólo se puede quemar un tipo de carbón especial que no produce humo y es bastante caro. Sin embargo, si vives en una zona donde no existan este tipo de restricciones, lo cierto es que no hay nada comparable al olor y al sonido de un fuego de verdad.

Las chimeneas de época no son del agrado de todos (una chimenea recubierta de azulejos, de mármol oscuro o muy ornamentada dominará la habitación por completo y hará difícil lograr un aspecto actual). Pero también hay mucha gente que considera que quitar una chimenea de época es un sacrilegio y, por lo tanto, que antes de tomar esta decisión es necesario pensar detenidamente cómo afectará esto al valor de nuestra casa. Los detalles de época están muy solicitados y, aunque no te guste mucho tu chimenea, piensa que les puede interesar mucho a los nuevos propietarios. Si una chimenea te parece demasiado recargada para tu casa, piensa en otras formas menos radicales de disimularla.

Capa de pintura sobre una chimenea de azulejos

Las chimeneas de estilo victoriano y eduardiano suelen tener azulejos insertados en el hierro fundido. Si no te gustan los colores de estos azulejos puedes pintarlos por encima utilizando tonos más suaves. Las chimeneas típicas de las décadas de 1920 y 1930 suelen tener azulejos de colores sombríos, que podemos pintar para darles un aspecto menos lúgubre.

Herramientas y materiales

Limpiador/detergente para azulejos y paño

Imprimación para azulejos

Pintura especial para azulejos o pintura de esmalte/satinada

Dos rodillos de espuma pequeños y bandejas

Cinta adhesiva poco adherente

Papel húmedo y seco

1 Limpia bien los azulejos para eliminar los restos de suciedad y de grasa. Tapa los azulejos que vas a pintar.

2 Aplica una capa fina de imprimación para evitar que gotee utilizando un rodillo de espuma. Espera a que seque. Si ves que el dibujo o el color no queda cubierto del todo, aplica una segunda capa.

3 Lija algo la superficie con papel húmedo y seco. Aplica la capa superior con un rodillo y espera a que seque. Vuelve a lijar algo con papel húmedo y seco antes de dar una segunda capa.

Cerco sencillo de MDF

Este tipo de cerco no dominará el conjunto de la habitación, pero proporciona un punto focal donde colocar algunos objetos escogidos con cuidado. Se puede utilizar este tipo de revestimiento para adornar un testero desnudo que carezca de chimenea en funcionamiento, aunque también se puede hacer para tapar una chimenea que no te guste. Este tipo de cerco es meramente decorativo y no se puede utilizar con el fuego encendido.

Herramientas y materiales

Lápiz y papel

Lámina de 18 mm/$^3/_4$ de pulgada de MDF

Varias tiras de madera cepillada

Sierra de vaivén eléctrica

Destornillador eléctrico con broca de avellanar

Tornillos con cabeza embutida

Placas de espejo

Tachas

Broca de albañilería

Masilla para madera

Pintura (la que tú quieras)

Regla de trazar

1 Haz un plano de la chimenea teniendo en cuenta una posible chimenea ya existente que quieras tapar. Las medidas variarán en función del ancho del testero. Si no hay ninguna chimenea anterior, la nueva versión debería adaptarse al espacio disponible, dejando aproximadamente 30 cm/1 pie a cada lado. Dibuja los componentes de la nueva chimenea en las láminas de MDF. Necesitarás una pieza para la parte delantera, dos para los lados, tres para el interior y una para la parte superior (todas cortadas de la lámina de MDF de 18 mm/$^3/_4$ de pulgada. Utiliza una regla de trazar sujeta al MDF para hacer cortes precisos (también puedes pedir en la tienda que te corten las piezas). Corta tiras de madera para enmarcar la abertura y la parte exterior de la chimenea.

Pega los marcos a la chimenea y fíjalos con una prensa.

2 Aplica pegamento para madera y sujeta los marcos a la parte exterior e interior de la pieza delantera de la chimenea.

3 Haz agujeros guía y atornilla las piezas con una broca de avellanar. Atornilla los paneles exteriores e interiores siguiendo el mismo procedimiento.

Atornilla los paneles con un destornillador.

4 Tapa los agujeros de los tornillos con masilla para madera y espera a que seque. Luego lija bien la superficie

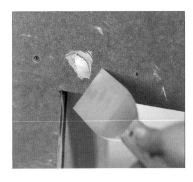

Tapa los agujeros de los tornillos que acabas de hacer con masilla para madera.

5 Imprime y pinta del color que hayas elegido utilizando una brocha o un rodillo. Espera a que se seque del todo. Coloca la nueva chimenea sobre el hogar cortado del trozo de MDF y sujétala a la pared con placas de espejo atornilladas al interior de la misma. Una vez que la chimenea esté colocada en la pared, retoca las partes que necesiten una nueva capa de pintura.

Aplica una capa de imprimación y pinta la chimenea del color que más te guste.

Colocación de una chimenea restaurada

Cuando vayas a comprar una chimenea restaurada debes llevar contigo las medidas del hueco existente en tu casa para asegurarte de que encaje. Procura comprar una chimenea de un estilo que se adapte a la antigüedad de tu casa para que parezca original. Consulta libros acerca de los estilos de cada época para saber qué es lo que tienes que buscar (si tienes vecinos que vivan en casas construidas en el mismo período y que tengan chimeneas originales, saca unas fotografías como referencia). Si quieres encender la chimenea, consulta con un albañil o instalador de gas antes de adquirirla. Comprueba que la chimenea esté completa (puede resultar muy complicado encontrar artículos, como el emparrillado, que se adapten a tu chimenea si faltan al comprarla).

Herramientas y materiales

Soporte de ladrillo

Mazo

Argamasa

Taladro eléctrico con broca de albañilería

Tornillos y clavijas de pared adecuadas

Destornillador y taladro eléctrico

Enlucido de una sola capa

Paleta de enlucidor

Cepillo rígido

Nivel de burbuja de aire

Papel de lija

Emulsión (acrílica) y brocha

1 Retira el material existente. Si es hormigón, pícalo con un soporte de ladrillo, pero si es azulejo, deberás utilizar un cincel para hacer palanca. Mezcla argamasa seca y aplícala sobre el hogar utilizando un trozo de madera muescado del grosor del nuevo material del hogar.

2 Aplica el nuevo material y presiónalo con un mazo de goma, utilizando un nivel de burbuja de aire para conseguir una mayor precisión. Espera a que la argamasa se endurezca y marca la posición de la nueva chimenea en el centro del testero. Anota la altura de las placas de sujeción y retira parte del enlucido de los alrededores de la sujeción utilizando un soporte de ladrillo. Haz un agujero con una broca de albañilería, coloca una tacha y atorníllala en el lugar que le corresponda.

3 Aplica el enlucido de una sola capa con la paleta de enlucidor sobre la sujeción y espera a que se endurezca ligeramente antes de nivelarla con una paleta húmeda. Lija la superficie y píntala.

Abajo: puedes pintar la chimenea o conservar el acabado de piedra original.

Detalles arquitectónicos

Muchos detalles arquitectónicos surgieron como elementos meramente prácticos. Este es el caso de los arquitrabes situados alrededor de las ventanas, que ayudaban a sujetarla y a reducir las corrientes; de las baquetillas de los frisos; y de las molduras de zócalo, que evitaban que los muebles desconchasen las paredes.

Influencias ancestrales

Se dice que los zócalos y las baquetillas de los frisos, así como las cornisas y los rodapiés reproducen los distintos niveles y elementos de una columna clásica griega o romana. Esta referencia al estilo clásico demuestra hasta qué punto los detalles del diseño interior están influenciados por la escala, la lógica y las formas ancestrales.

Arriba derecha: unas luces bien situadas pueden utilizarse para resaltar unas molduras ornamentadas.

Molduras decorativas

Las molduras siempre desempeñaron un papel fundamental en la calidad final de las casas de época. Desde un punto de vista práctico, se utilizaban para cancelar la unión entre el techo y las paredes y desde un punto de vista decorativo aportaban relieve y embellecían las zonas planas.

Existen diversos tipos de molduras, que se suelen colocar en tres zonas principales. En primer lugar la cornisa, colocada encima de la unión entre las paredes y el techo. En segundo lugar los rodapiés, que discurren entre la pared y el suelo. Por último, el arquitrabe se sitúa entre la puerta y la pared.

Además de su finalidad práctica, las molduras también se utilizaban para añadir un toque de suntuosidad y de lujo a una estancia. Esto se puede observar en paredes y en techos de las grandes casas de época y en los edificios públicos importantes.

Rodapiés

Aunque es muy raro encontrar molduras decorativas en las casas modernas, los rodapiés han sobrevivido al paso de los años debido, principalmente, a que continúan siendo elementos prácticos. Estas molduras no se encargan solamente de ofrecer una unión limpia entre las paredes y el suelo, sino que también protegen el yeso y a la pintura de los golpes de los pies y de los muebles. También se pueden utilizar para ocultar cables o, incluso, una caja de seguridad.

Restauración o adición de molduras

Si quieres reparar un enlucido ornamentado es preferible un profesional. En el caso de que se trate de pequeñas grietas o de retoques, podrás hacerlo tú mismo con una mezcla espesa de masilla. Si las molduras que quieres reparar tienen varias capas de pintura, retira primero la pintura.

En el caso de que tengas una habitación sin ningún tipo de molduras, puedes añadir detalles sencillos con dovela. Ésta es un yeso simple curvado que se arquea entre la pared y el techo (hay versiones más sencillas que se pueden pegar fácilmente y pintar por encima). Las cornisas presentes en los niveles superiores de una habitación y los rosetones del techo no están muy a la vista, de modo que puedes utilizar imitaciones que resulten más económicas. También se pueden utilizar molduras convexas de madera para crear contrachapados en las puertas y en las paredes.

Zócalos y baquetillas de frisos

En muchas casas clásicas o de época encontrarás habitaciones divididas y decoradas con zócalos y baquetillas de friso. Estos elementos, que tienen su origen en los siglos XVIII y XIX, también tienen una finalidad práctica. La moldura del zócalo, situada aproximadamente a la altura de las caderas, se encargaba de proteger el frágil acabado de las paredes de la época (que se hacía con crines, listones y yeso) de los golpes provocados por las personas y por el mobiliario.

Actualmente los zócalos suelen emplearse con fines meramente decorativos, para dividir largas extensiones de pared o para crear un esquema bitonal o de dos colores en un vestíbulo o en las escaleras. Puedes conseguir una buena combinación utilizando papeles de diferentes texturas encima y debajo del zócalo. Los zócalos se pueden sujetar con pegamento o con unos tornillos.

Las baquetillas de los frisos también eran un elemento funcional en ese tipo de casas, proporcionando un lugar para colgar los cuadros. Actualmente, los cuadros se cuelgan con clavos de latón sujetos encima de la baquetilla, que suele ser de metal. Las baquetillas de friso actuales suelen colocarse independientemente y no forman parte de la pared.

Escaleras

En muchas casas de época la escalera principal era una pieza elaborada con madera tallada o con barandillas de hierro (los soportes verticales del pasamanos).

En las casas modernas, las escaleras no son solamente un medio para acceder a un nivel superior, sino también una forma de aprovechar la luz. La luz procedente de una claraboya superior puede filtrarse hacia abajo atravesando distintos niveles siempre que la escalera sea abierta. Por este motivo se utilizan mucho el alambre de acero (como las jarcias de cable de acero) y los

paneles de cristal reforzado a ambos lados de las escaleras.

Restauración y decoración

Si vas a restaurar o a reparar una escalera ya existente es posible que tengas que cambiar todas o alguna de las barandillas. La madera es el material más utilizado en este tipo de soportes (además del más barato) y se puede moldear formando pilares sencillos de cuatro lados o en pivotes tallados más elaborados. A la hora de decorarla, podemos dejarla al aire, pintarla o teñirla.

El hierro es otro material que se utiliza mucho en las casas de época (cajas de escaleras bordeadas con barandillas ornamentadas). Puedes encontrar barandillas de hierro en tiendas de restauración o encargar una nueva a un herrero. La última barandilla de un tramo de escaleras normalmente se remata con un poste más grueso, que se suele decorar con un tirador o con una talla.

Izquierda: el uso de colores diferentes en la parte superior e inferior de los zócalos y el friso puede servir para dividir una gran extensión de pared.

Abajo: atrévete a convertir las escaleras en un detalle característico de la casa.

Colocación de alfombras en las escaleras

A la hora de decorar las escaleras debes pensar en la seguridad. Sea cual sea el revestimiento que elijas, deberá estar bien colocado para que no sobresalga ni sobrepase el saliente o el borde del escalón. Ésta es la superficie más propensa al desgaste, ya que soporta todo el peso y el roce de las suelas de los zapatos. Si el revestimiento utilizado no está bien colocado, una persona podría resbalar fácilmente.

Técnicas de los detalles arquitectónicos

Mucha gente se muestra recelosa a la hora de añadir detalles arquitectónicos porque piensan que esto supondrá una obra de mayor envergadura, pero la realidad es muy diferente. Lo cierto es que resulta relativamente sencillo colocar molduras y paneles. En primer lugar, procura escoger un detalle arquitectónico que armonice con el estilo del resto de la casa. Por ejemplo, mientras que un panel de pared combinará a la perfección con un entorno de época, ese mismo panel estará fuera de lugar en una casa con un estilo moderno y actual.

Colocación de las molduras decorativas

La mayor parte de las molduras se colocan siguiendo el mismo procedimiento. En las casa de época se clavaban simplemente en soportes de madera sujetos a su vez en la mampostería. Gracias a los recientes avances en los adhesivos podemos sustituir los calvos por el adhesivo aplicado con una pistola para masilla. Otra opción es avellanar pequeños tornillos en las molduras tapando el agujero con masilla para madera. El utensilio más importante es la caja de ingletes, con la que podrás cortar esquinas exteriores e interiores perfectas.

Colocación de una moldura de zócalo

Herramientas y materiales

Cinta métrica

Caja de ingletes

Serrucho de costilla o de mano

Masilla adhesiva

Puntas y martillo

Taladro con brocas de albañilería y de avellanar

Tornillos de cabeza avellanada

Tachas

Cordón entizado

Lápiz

Molduras de madera

Alicates

Masilla

1 Mide la longitud necesaria con una cinta métrica y corta utilizando la caja de ingletes para conseguir una esquina exterior e interior.

Utiliza una caja de ingletes y sierra para cortar las esquinas.

2 Traza una línea recta con un nivel de burbuja de aire y la cinta métrica para indicar la situación del fondo de la moldura. En el caso de que se trate de una moldura de zócalo como la que te mostramos aquí, debería colocarse aproximadamente a la altura de la tercera parte de la pared partiendo del suelo. Coloca una fila de puntas pequeñas con un martillo a lo largo de la línea.

Clava una fila de puntas sobre la línea marcando el fondo de la moldura.

3 Aplica el adhesivo con una pistola para masilla a lo largo de toda la extensión de la moldura de madera.

Aplica el adhesivo sobre la moldura con una pistola de masilla.

4 Coloca la moldura en el lugar que le corresponda apretando firmemente contra la pared. Las puntas ayudarán a sujetarla y la mantendrán derecha mientras seca. Espera a que las moldura se seque por completo.

5 Una vez que esté seca, quita con cuidado las puntas situadas debajo de la moldura utilizando unos alicates o el extremo de un martillo de uña hendida.

Retira las puntas con unos alicates una vez que el adhesivo esté seco.

6 Tapa los agujeros que queden detrás con una masilla ya mezclada de secado rápido.

Colocación de los rodapiés

Herramientas y materiales

Cinta métrica

Caja de ingletes

Serrucho de costilla o de mano

Taladro con brocas de albañilería y de avellanar

Clavos y tornillos

Tachas

1 Mide y corta las tablas siguiendo el mismo procedimiento indicado anteriormente. Pretaladra agujeros cerca de los extremos y del centro de las tablas.

Taladra unos agujeros en las proximidades de los extremos y la parte central de los rodapiés.

2 Marca la situación correspondiente en la pared con un clavo.

Marca la situación correspondiente en la pared con un clavo.

3 Taladra un agujero con una broca de albañilería y coloca una tacha. Pégalo como se indica anteriormente pero utiliza tornillos para asegurar una fijación firme. Tapa y lija los agujeros de los tornillos antes de pintar o teñir con el color que hayas elegido.

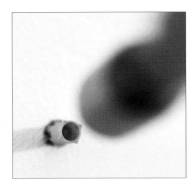

Coloca una tacha antes de poner los rodapiés.

Paneles de pared

Los paneles de pared son un detalle muy característico de las casas antiguas. Alcanzaron la cumbre de su popularidad en la época georgiana, cuando se solían colocar paneles hasta la altura del zócalo en las paredes de las principales habitaciones de recibo de las casas. En la época victoriana se utilizaba menos este tipo de paneles y se hacían con madera blanda, que se pintaba para reproducir los acabados de maderas más caras.

Colocación de revestimientos machihembrados

Estos paneles se hacen con tablas de madera que se engarzan uniendo la lengüeta de una tabla con la ranura de la siguiente. Se trata de un método perfecto para cubrir paredes con superficies irregulares y se suele utilizar para reparar las cocinas y los cuartos de baño, ya que se puede tratar la madera con un barniz repelente de agua. Las tablas se pueden pintar para adaptarlas a cualquier esquema de color o para darles un acabado claro, que permita ver las vetas de la madera. Existen varias clases de revestimientos machihembrados: algunos incorporan un refuerzo redondeado entre cada tabla. La mayoría de los machihembrados se pueden colocar horizontal o verticalmente y se pueden utilizar en los techos o en las paredes.

Merece la pena comprar revestimientos machihembrados de calidad, ya que las variedades más finas y eco-

nómicas tienden a combarse y arquearse. Se pueden colocar siguiendo distintos procedimientos, incluyendo los clavos ocultos en la lengüeta de las tablas. Algunos modelos tienen «sujeciones revestidas» que son soportes de metal que fijan cada tabla en su sitio. Para obtener resultados más rápidos puedes utilizar adhesivo para paneles para pegar las tablas directamente sobre la pared. Los revestimientos machihembrados verticales se suelen rematar con rodapiés en la base y una moldura redondeada o en forma de palo de *hockey* en la parte superior.

Herramientas y materiales

Nivel de burbuja de aire

Listones de madera

Sierra de vaivén

Revestimiento machihembrado

Tornillos para madera

Tachas

Sacaclavos

Clavos largos o adhesivo para paneles

Martillo para clavos

Masilla para madera de color neutro

Moldura en ángulo recto o con forma de palo de *hockey*

1 Decide la altura del machihembrado (se puede comprar ya cortado hasta la altura del zócalo) y córtalo del tamaño adecuado si es preciso. Haz dos líneas en la pared con un nivel de burbuja de aire, una hacia arriba y otra hacia la parte inferior del lugar donde se va a poner el revestimiento. Corta el listón del tamaño necesario y taladra, tapa y atornilla a lo largo de las líneas marcadas.

Atornilla el listón comprobando que esté recto con un nivel de burbuja.

2 Si tu habitación tiene esquinas exteriores utiliza una como punto de partida para que las tablas cortadas queden ocultas en la esquina de la habitación. Empieza con la lengüeta de la tabla alineada con la esquina. Clava los clavos con el martillo y utiliza el sacaclavos para que las cabezas de los clavos queden bajo la superficie. Tapa con una masilla para madera de color neutro.

Utiliza el sacaclavos para que las cabezas queden bajo la superficie.

3 Repite el mismo proceso a lo largo de toda la habitación y, cuando llegues a la esquina, corta la lengüeta de la última tabla para asegurar que encaje bien. Para dar la vuelta a la esquina coloca la lengüeta de la siguiente tabla contra la tabla anterior y sujétala con un clavo.

4 Para dar la vuelta a la esquina exterior corta la lengüeta de la primera y únela a la de la anterior para lograr un acabado perfecto. Cubre la esquina con un trozo de moldura en ángulo recto.

Cubre las esquinas exteriores con molduras en ángulo recto.

5 Una vez que el revestimiento esté completo, cúbrelo con molduras en ángulo recto o en forma de palo de *hockey* unidas a inglete en las esquinas y sujetas con adhesivo o con clavos.

Para rematar el revestimiento, coloca trozos de moldura por encima.

Molduras de yeso

Este término abarca todos los motivos decorativos presentes en la casa hechos de yeso y compuestos de yeso, incluyendo las dovelas, las cornisas, los rosetones del techo, las ménsulas, los frontones y los habitáculos. Todos estos elementos se suelen encontrar en las casas de época. Si las molduras de tu casa están dañadas, puedes llevarlas a un especialista, que te hará una copia fundiendo la moldura existente y reproduciéndola. Este proceso puede resultar bastante costoso, pero también existe una amplia gama de reproducciones estándar en el mercado fabricadas en serie.

Colocación de una dovela de yeso

La dovela ayudará a suavizar el hueco que queda entre la pared y el techo. Existen modelos ligeros fabricados con diferentes materiales. Es recomendable elegir el diseño que tenga un aspecto más parecido al del estilo de tu casa (una dovela ornamentada de época estará fuera de lugar en una decoración actual). Si no te sientes muy seguro para unir a inglete las esquinas, algunos fabricantes hacen piezas esquineras internas y externas, que se ajustan fácilmente sobre el hueco.

Herramientas y materiales

Raspador de pintura
Regla de trazar
Nivel de burbuja de aire
Adhesivo
Dovela de yeso
Espátula para masilla
Clavos o puntas pequeños
Ramplón de decorador
Pistola para masilla

1 Retira los trozos sueltos de yeso o pintura y utiliza una regla de trazar y un nivel de burbuja de aire para marcar la posición de la dovela sobre la pared y el techo para tener una guía.

2 Mezcla el adhesivo siguiendo las instrucciones del fabricante y úntalo sobre la parte trasera de la dovela utilizando una espátula para masilla.

3 Presiona firmemente la dovela para colocarla en su posición sobre la pared y pon clavos pequeños o puntas encima y debajo para sujetarla mientras se pega el adhesivo.

4 Saca los clavos y tapa los agujeros resultantes. Utiliza los restos de adhesivo o ramplón de decorador aplicados con una pistola para masilla para tapar los agujeros entre la dovela y el techo y la pared.

Colocación de un rosetón de techo

Los rosetones se solían colocar en las casas encima de las instalaciones de la luz. A la hora de colocar o sustituir un rosetón es importante identificar la posición de las vigas para hacer una sujeción firme. Puedes hacerlo levantado los tablones del suelo de la habitación de arriba o utilizando un punzón recto para perforar el techo hasta que encuentres una. Existen accesorios eléctricos que detectan la presencia de metales en las paredes o en los techos y que te podrán ser de gran utilidad en esta tarea. En el caso de que haya una luz instalada en el lugar donde quieres colocar el rosetón, asegúrate de desconectar el suministro de energía eléctrica y la instalación antes de empezar a taladrar la zona.

Herramientas y materiales

Rosetón de techo

Lápiz

Taladro con brocas de avellanar

Adhesivo de especialista para dovelas de plástico

Tornillos de cabeza avellanada

Masilla blanca polivalente

1 Sujeta el rosetón en el lugar donde quieras colocarlo y dibuja su contorno utilizando un lápiz de punta blanda.

Sujeta el rosetón en el lugar donde quieras colocarlo y dibuja su contorno.

2 Taladra unos agujeros para colocar los cables para la instalación eléctrica (si es necesario) y haz un agujero en una de las zonas planas a cada lado del rosetón.

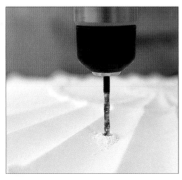

Taladra un agujero en una zona plana a cada lado del rosetón de techo.

3 Mezcla el adhesivo siguiendo las instrucciones del fabricante y coloca el rosetón en el techo.

Mezcla el adhesivo y extiéndelo sobre la parte trasera del rosetón.

4 Utiliza dos tornillos largos de cabeza avellanada para sujetar el rosetón. Atorníllalos en las vigas. Tapa las cabezas con masilla blanca.

Sujeta el rosetón con tornillos de cabeza avellanada.

Izquierda: una cornisa elegante, como la de la fotografía, puede aportar el acabado perfecto a una pared.

Salas de
estar

Cómo planificar tu sala de estar

Una sala de estar es un espacio relajante donde se reúnen la familia y los amigos, pero también es una habitación en la que la decoración interior debe ser una declaración de principios. Por ejemplo, los muebles deben estar colocados en grupos sociales, pero sin que los obstáculos bloqueen el paso por la habitación.

Cómo planificar tu espacio

Abajo: es muy importante que el pasillo principal de la sala de estar esté despejado, para que cualquier persona que entre pueda llegar fácilmente a su lugar de destino.

A no ser que seas tan afortunado que tengas un estudio o un espacio privado en el que evadirte del mundo, durante el día el principal lugar de relajación de una casa es la sala de estar. Pero una sala de estar es un espacio híbrido, un lugar público en el que, en determinados momentos, se reúnen invitados y amigos para pasar un buen rato. Y, al mismo tiempo, es una habitación familiar donde pasamos las horas de descanso y de ocio, tanto solos como en compañía.

Este carácter de espacio compartido de la sala de estar la convierte en el lugar perfecto para las reuniones familiares y en un espacio donde se desarrollan varias actividades simultáneamente (los niños pueden estar jugando o viendo la televisión mientras los mayores leen o escuchan música).

Una sala de estar debe adaptarse a la vida diaria de la familia, pero también debe ser adaptable a los cambios

derivados de la hora del día y de las estaciones del año.

Durante el día, la sala de estar debe ser un lugar luminoso y acogedor, iluminado por la luz natural. Al atardecer, con las cortinas y las persianas cerradas, el énfasis debe recaer en recrear un ambiente más íntimo y seguro. En todo momento debemos tener en cuenta los diferentes niveles de iluminación, que se centrarán en las tareas y actividades que se estén desarrollando en la habitación en cada momento.

En verano, debe resultar atrayente por su ambiente fresco y en invierno, debe transformarse en un lugar reconfortante en el que poder retirarse olvidándose del frío y de la oscuridad del exterior.

Por lo tanto, a la hora de planificar y amueblar nuestra sala de estar debemos tener en cuenta que la habitación deberá cumplir con todos estos requisitos y soportar los niveles de desgaste.

La historia de la sala de estar

En siglos pasados, los muebles de las salas de estar se colocaban alrededor de las paredes. De este modo, la habitación principal de entretenimiento era un lugar formal en el que la gente se reunía y charlaba, y se dejaba el espacio central libre para que las personas pudiesen caminar o conversar de pie.

Años más tarde, en la época victoriana y georgiana, el cuarto de estar se convirtió en un salón en las casas de las familias de clase media y alta. Esta sala se utilizaba solamente en ocasiones especiales o para reuniones familiares a las que sólo asistían los adultos. El salón o, dicho de otra forma más apropiada, la sala de retiro, era el lugar al que se retiraban las damas mientras los hombres se quedaban bebiendo oporto y fumando puros después de las comidas. En las casas más humildes, esta habitación recibía el nombre de sala de recibo, pero conservaba la característica común de ser un lugar para la relajación.

Arriba: *la habitación tradicional tenía sillas y sofás colocados cerca de la luz natural.*

Izquierda: *puedes reproducir en tu sala de estar la mayor parte de las características de las salas de época, como en esta fotografía, en la que se muestra una chimenea que se privilegia colocando los asientos junto a ella.*

Creación de áreas de juego

Es muy bueno que los niños tengan su propio espacio para jugar. En un esquema de distribución de las habitaciones perfecto, la zona de juegos debería estar separada de la habitación, para que los niños no asocien el dormitorio con la diversión y el entretenimiento.

Si los niños tienen su zona de juego, tendrán libertad para hacer ruido y jugar sin restricciones. Otra ventaja es que la zona de estar principal quedará para el uso casi exclusivo de los mayores y, de este modo, podrá estar más ordenada y tener una decoración más orientada a la relajación. Otra opción es crear una zona de juego dentro del cuarto de estar utilizando un divisor móvil o biombo.

En las grandes mansiones, el salón solía estar en el primer piso y algunas casas modernas han adoptado esta disposición para sacar el máximo partido posible a las vistas o para alejar un poco la habitación de la calle y del ruido de los coches.

En vez de colocar el cuarto de los niños, el cuarto de juegos, el estudio y la sala de recibo en espacios separados y en diferentes partes de la casa, actualmente todas o algunas de estas funciones están aunadas en el cuarto de estar.

Hoy en día, se intenta sacar mucho más partido del espacio pero, en cambio, el estilo decorativo general es cada vez más sencillo y aerodinámico. De todos modos, la distribución, el almacenamiento y la planificación se han vuelto más complejos.

Una distribución eficaz

El diseño interior actual tiende a crear habitaciones dentro de otras habitaciones y ésta puede ser una solución muy buena para una zona de estar grande. Podemos utilizar los muebles y las alfombras para delimitar los diferentes espacios. Por ejemplo, si hay un sofá, ése será probablemente el lugar de la habitación alrededor del cual se reúna la gente. La zona de la chimenea se puede definir colocando una alfombra grande y poniendo encima sofás o sillones formando una U o un semicírculo alrededor de una mesita de café central. Es necesario romper la forma de la U para que haya un acceso, pero el perfil de los muebles delimitará la zona social, donde la gente se sienta.

Cómo disponer los sillones

Procura evitar las hileras largas y continuas de sillones (visualmente resulta poco atractivo y, además, a la gente le costará trabajo comunicarse). Coloca las sillas y los sofás de forma que formen un conjunto en el que a la gente le resulte sencillo hablar con la persona de enfrente o con la que se encuentre en la esquina contraria. Evita, asimismo, colocar mesas pequeñas entre las sillas o colocar una silla sola, ya que se crearía una especie de frontera entre las personas sentadas en las sillas principales y un sentimiento de aislamiento en las personas sentadas en los asientos individuales. Los respaldos de las sillas y de los sofás forman una barrera visual, creando una especie de pared imaginaria que encierra el espacio que tiene delante.

En otra parte de la habitación, probablemente junto a una ventana o puertaventana, puede haber una tumbona o un reclinatorio, separados del resto de los muebles intencionadamente, indicando la existencia de otra «habitación» reservada para la lectura en solitario o para la meditación. En otra zona podría estar la televisión y unos almohadones o un sofá pequeño de dos plazas para que los niños se sienten a ver la televisión o a jugar.

Al dividir la habitación en varias secciones diferentes, consigues satisfacer varias necesidades. El único problema sería el control del volumen cuando sea necesario utilizar las tres divisiones de la habitación simultáneamente (estos son los momentos en los que los auriculares resultan de gran utilidad).

Otra posible distribución que resulta muy práctica es colocar una zona de asientos extensible. Puedes hacerla en forma de L, con el lado más corto enfrente de la ventana (para no tapar demasiado la entrada de luz) o cerca de una pared y el lado más largo colocado transversalmente. El lado abierto del sofá (sin brazo) facilita el acceso a las personas que entren en la habitación. Este esquema no crea un espacio tan cerrado como el que te sugerimos en forma de U, pero el respaldo

largo del sofá o los respaldos de una disposición parecida de sillas continúan creando una separación entre una y otra parte de la habitación.

La esquina de la L también crea un espacio más íntimo y reducido, donde la gente se puede sentar y charlar tranquilamente.

Otra opción sería una distribución paralela, consistente en emparejar dos sofás o un sofá y dos sillones a ambos lados de una chimenea o de una habitación. De esta forma conseguiremos dos zonas de asientos del mismo tamaño situadas frente a frente.

Los muebles más pesados, como los sofás y los sillones, se pueden sus-

tituir por sillas más ligeras y fáciles de manipular, colocadas contra la pared o alrededor de una mesa o de la lumbre, para convertirla en la zona principal cuando haya invitados. Si tienes un apartamento o un cuarto de estar pequeño, puedes recurrir a las sillas plegables. Las sillas sin brazos tienen una apariencia menos voluminosa.

Si tu casa tiene un aire contemporáneo o si quieres una silla de diseño, recurre a la obra de un diseñador moderno (como la silla de la serie 7 de Arne Jacobsen o la silla S de Tom Dixon).

En un cuarto de estar es muy importante que los muebles sean ajustables y adaptables. Hay muchas oca-

siones en las que es necesario vaciar la parte central de la habitación con motivo de una fiesta o de una reunión social. Las sillas y los sofás pequeños se pueden mover con más facilidad si los colocas sobre unas ruedas o ruedecillas, lo que hace posible empujarlos sin mucho esfuerzo. Es necesario colocar las ruedas en copas (discos de plástico duro que se colocan debajo de las ruedas) para proteger una alfombra de pelo o de valor.

Cómo colocar las mesas

Los muebles pequeños, como las mesas, deben utilizarse como accesorios en lugar de atestar un espacio

Enfrente izquierda: *esta distribución en forma de U de sofás empotrados maximiza un espacio pequeño y forma un saloncito íntimo alejado del cuarto de estar principal.*

Enfrente derecha: *una zona elevada en una ventana saledizia crea un lugar privado con unas vistas de 180º.*

Arriba: *los sofás están dispuestos de tal forma que invitan a sentarse y la gente puede charlar mientras se relajan en un asiento cómodo.*

Arriba: *esta habitación de estilo clásico tiene una gran otomana para colocar libros y una consola contra una de las paredes para colocar adornos.*

Derecha: *esta mesita de café está situada cerca de la meridiana, de forma que la persona que se encuentre sentada en ella pueda alcanzarla sin levantarse.*

Enfrente: *en un espacio dividido en dos niveles, como en este caso, es importante tener esquemas que combinen, ya que las dos zonas se pueden ver al mismo tiempo. En este caso, los cojines con un estampado de puntos actúan como nexo de unión entre los dos ambientes.*

reducido y de convertirlos en obstáculos para moverse con facilidad.

La colocación de mesas auxiliares es especialmente importante. Para fomentar y promover la relajación, la mesa debe estar al alcance de la persona que se encuentre sentada en el sillón o en el sofá. Por ejemplo, debe haber una buena luz de lectura sobre una mesa próxima para evitar forzar la vista. También debe haber espacio para dejar una bebida o donde colocar un libro, un periódico, un bolígrafo o un lápiz. Para atender todas estas necesidades, necesitarás varias mesitas pequeñas, conocidas formalmente como mesas auxiliares. Otra opción es utilizar mesitas nido (mesas de tamaños diferentes que van en disminución y que encajan una encima de la otra). Cuando elijas o compres este tipo de mesas, asegúrate de que tengan el tamaño adecuado para la silla. En una habitación familiar también es importante que las mesas sean robustas y tengan unas patas

sólidas que las haga resistentes a los golpes y choques ocasionales.

Las mesitas de café con la parte superior de cristal son muy populares, ya que el material resulta muy atractivo a la vista y pueden ser un motivo

decorativo muy bonito en una habitación. De todos modos, pueden ser peligrosas, así que asegúrate de que compras una mesa con cristal laminado o reforzado, que son duras y resisten la mayor parte de los golpes.

Otro tipo de mesa muy útil para los cuartos de estar son las consolas, que tienen una estructura estrecha. Los modelos tradicionales se sujetan a la pared con unos soportes, aunque los más modernos carecen de sujeción.

Subconscientemente, la gente suele preferir sentarse con la espalda hacia la pared y poder ver a la gente que entra en la habitación, pero en una distribución de sillas y sofás circular o de grupo, esto no suele ser posible. Para crear una barrera entre el respaldo de un sofá y el espacio abierto situado detrás, puedes colocar una consola contra el respaldo del sofá. De este modo, crearás una especie de pantalla o de pared que hace que la persona sentada en el sofá se sienta menos vulnerable y que la habitación parezca menos abierta. La consola es un buen lugar para colocar fotografías o pequeños tesoros, pero debes colocar pocas cosas para que no se vea muy abarrotada y no se convierta en un riesgo para las personas que pasen.

Vale la pena pensar cuidadosamente dónde colocar las mesas y cuántas

Arriba: *podemos utilizar la cubierta de un radiador para colocar adornos.*

Abajo: *distribucción de forma que haya espacio para moverse entre mesas y sillas.*

utilizar. Si tienes una pared muy larga con una puerta en el centro o una chimenea con espacio a ambos lados, puedes colocar una mesa a cada lado del hueco y utilizarlas para poner dos lámparas de mesa o un par de adornos, como unas columnas de mármol o unos jarrones grandes de cristal. La combinación de objetos apela a nuestro sentido de la simetría y de la proporción, que alude a su vez al estilo clásico.

Zonas de paso

Uno de los factores más importantes a la hora de decorar una zona concurrida como un cuarto de estar es planificar las zonas de paso. Es necesario que la gente pueda acceder de un lado de la habitación a otro donde estén situadas las estanterías, la televisión y otros elementos dentro del mismo espacio. Tu prioridad debería ser disponer la zona de asientos de forma que no haya una zona de paso, de

entrada y de salida, ya que resultaría sumamente molesto para las personas que estuviesen sentadas, y muy incómodo para los que tuviesen que pasar por el medio.

Procura planificar las áreas donde se necesite una zona de paso despejada y coloca los muebles consecuentemente. Si la habitación es pequeña, habrá una sola calle, pero en un cuarto grande puede haber varias rutas. El trayecto alrededor de una habitación debería ser sencillo y fácil de realizar, no una pista americana de taburetes, mesitas auxiliares y de café fortuitamente colocadas y de cestos con periódicos, revistas o troncos para el fuego. Procura colocar los objetos pequeños junto al artículo de mayor tamaño con el que se suelen utilizar. Por ejemplo, pon una taburete para los pies debajo de una silla o de una mesa de café para que no estorbe mientras no se está utilizando y un cesto con troncos junto a la chime-

nea. Haz limpieza regularmente en los cestos donde guardes las revistas y los periódicos, guardando sólo unos cuantos números relevantes.

Puntos focales

En un cuarto de estar, un punto focal, como una chimenea o un cuadro, puede resultar atractivo a la vez que tranquilizador. Debe haber al menos un objeto que atraiga la mirada y en el que se pueda centrar la mente. Esto será de gran utilidad en el proceso de calma y relajación, además de proporcionar un centro de atracción para el espacio.

Si el punto focal de la habitación es la chimenea, debes planificar bien la zona de alrededor. Delante del fuego deberás colocar una chimenea o un bloque de piedra para proteger el suelo de las chispas. Puedes poner unos asientos a ambos lados que tengan unas alacenas debajo. La persona que se siente en este tipo de asientos podrá utilizar la pared como respaldo y

Izquierda: *la chimenea es el punto focal de esta habitación y las mesitas auxiliares y los cuadros están simétricamente colocados a ambos lados para atraer la mirada al punto central.*

Arriba: *esta pequeña y moderna chimenea empotrada rompe la extensión de la pared y, aunque no es un esquema decorativo convencional, un sencillo cuadro colgado encima del fuego le aporta una nota de clasicismo al conjunto.*

tendrá unos mullidos cojines en la base para estar más cómodo.

También se pueden colocar unos cojines esparcidos o una almohadillas sujetas con unos broches o con una barra colocada en la pared. En una casa contemporánea se colocaría un estante de madera plegable que puede servir como asiento ocasional o como lugar donde apoyar distintos objetos.

En los cuartos de estar de estilo más tradicional suele haber unos huecos hondos a ambos lados del testero de la chimenea. Estas zonas se suelen rellenar con estanterías o con muebles con armarios en la parte inferior y estantes por arriba. Si el mueble es de estilo clásico, el estante superior estará decorado con diversos motivos decorativos, como un frontón o un frontón roto. Se trata de un elemento de forma triangular o piramidal que originalmente se utilizaba para coronar el punto o el nivel superior de un edificio importante griego o romano. La disposición de los estantes puede variar en el ancho, para poder colocar libros y objetos de diferentes tamaños, pero deben estar a la misma distancia del testero de la chimenea para que formen una línea continua. Si colocamos las estanterías de cualquier forma o a distancias irregulares romperemos la armonía y el equilibrio del conjunto.

Si la chimenea está situada enfrente de una ventana podemos colocar un espejo enmarcado para reflejar la luz del día y aumentar su efecto. Otra opción es colocar enfrente de la chimenea un cuadro o un grabado. Teniendo en cuenta que este trozo de pared suele ser bastante grande, el cuadro que coloquemos debe tener un tamaño considerable. Aunque en el resto de los lugares de la habitación hay que colocar los cuadros en grupos formando un conjunto pictórico, la zona situada encima de la chimenea suele estar reservada para una sola y llamativa imagen.

Cuando vayas a enmarcar un cuadro o un espejo para colocarlo en la repisa de una chimenea, toma como referencia el propio marco del hogar. Si se trata de una chimenea sencilla, con detalles geométricos o lineales, el

Incorporación de olores y sonidos

Podemos utilizar los olores y los sonidos (al igual que los colores) para crear una atmósfera perfecta. Los olores son muy personales, a algunas personas les encantan las habitaciones perfumadas con velas aromatizadas y los olores orientales del sándalo y el almizcle, mientras que otros prefieren los aromas frescos del pino, el limón, la lima y la naranja.

Los sonidos pueden tener un efecto terapéutico y aromático. El suave tintineo del agua en el exterior o el paso del viento entre las ramas de los árboles puede evocarnos imágenes de la naturaleza y los espacios abiertos. Escuchar nuestra canción favorita a un volumen moderado puede resultar perfecto después de un día ajetreado de ruido de coches y teléfonos sonando.

marco del cuadro debe ser complementario. Si, por el contrario, la chimenea está sumamente ornamentada (por ejemplo, con guirnaldas y querubines esculpidos), el marco que elijas para el cuadro debe ser mucho más decorativo.

Si tu cuarto de estar no tiene chimenea, existen muchas otras formas de crear un punto focal. En primer lugar, la colocación de los muebles hará que la mirada se fije en un punto determinado de la habitación. Por ejemplo, si la mayor parte de las sillas están colocadas alrededor de una mesita de café, esta zona del cuarto se convertirá en el punto focal. Una escultura u otro objeto artístico bien enmarcado y resaltado con un cuadro o con un foco también puede atraer la vista.

Una habitación que carezca de punto focal parecerá vacía y transmitirá una sensación de desasosiego, pero si prefieres optar por una decoración de estilo más minimalista, utiliza los colores para crear interés. En una habitación que sea totalmente blanca o esté decorada en tonos neutros, un cuenco con flores rojas colocado sobre una mesa o varios cojines de color azul intenso sobre un sofá llamarán la atención de la persona que entre en la habitación.

Es preferible mantener el punto focal al nivel de los ojos. Si utilizas, por ejemplo, una estera o una alfombra, la atención se centrará en el suelo, del mismo modo que al colocar una lámpara central de muchos colores la gente tenderá a mirar hacia arriba en lugar de fijarse en la decoración.

Zonas de estar comunes

La zona de estar de una casa puede estar unida a otra habitación. Cada vez es más común en las casas modernas encontrar una zona de estar abierta, en la que también se incorpora el espacio del comedor y/o de la cocina. Las barreras y paredes que en su día dividían están habitaciones diferentes empiezan a derribarse para crear espacios amplios. Estas grandes zonas de estar incorporadas necesitan seguir un esquema de decoración similar, ya que resultaría sumamente extraño ver una cocina moderna y minimalista seguida de una zona de estar decorada con cortinas vitorianas y colores fuertes. La clave está en encontrar un color base que quede bien en las distintas partes de la estancia y utilizar accesorios para variar el ritmo y el carácter de cada espacio. La solución más sencilla es escoger un esquema

Enfrente arriba: este moderno radiador tiene un acabado escultural y se coloca en el suelo, de modo que no interrumpe ni afecta al espacio de la pared.

Enfrente abajo: esta moderna chimenea colocada en el centro de la habitación aleja el punto focal de las paredes, situándolo en el centro. Es una buena forma de dividir una habitación grande y crear una zona de estar más acogedora en una esquina, mejor que en el medio de la habitación.

Izquierda: este esquema decorativo de colores brillantes queda muy bien debido a la luz natural que entra por la pared de ventanales corredizos.

Guía de colores en un solo vistazo

Los colores que normalmente quedan mejor en los cuartos de estar son el rojo (con el que contrastan muy bien los cuadros y los espejos de marcos dorados), el azul (que combina a la perfección con los accesorios plateados) y el verde botella (que se suele asociar con los clubes privados victorianos y con los estudios de caballeros).

Las tonalidades medias, como el amarillo o el magnolia, son muy clásicas y ayudan a aportar una sutil luz y un poco de color a una habitación aunque, al mismo tiempo, hacen notar su presencia en el conjunto.

Los cuartos de estar modernos suelen tener las paredes pintadas de colores blancos o blancos grisáceos.

base neutro, por ejemplo, un tono *beige* o un gris claro para el suelo y la pared de toda la habitación, con carpintería y detalles en blanco.

Cómo utilizar el color

Para crear un ambiente realmente relajante es necesario utilizar los colores. Dependiendo del tamaño de la habitación, de tu carácter y de tus gustos y aversiones, descubrirás cómo los cálidos colores intensos pueden ayudarte

a recrear un clima de tranquilidad. Los rojos intensos y los azules oscuros pueden resultar muy acogedores y aportar un sentimiento de seguridad, aunque algunas personas pueden sentirse intranquilas en una habitación dominada por estos tonos, especialmente si se trata de un espacio reducido. Los que prefieran las tonalidades más suaves se sentirán más cómodos con los colores parduscos, el marrón claro o con un verde apagado.

Otra opción sería pintar el cuarto de estar de blanco. Actualmente, hay muchas tonalidades de blanco entre las que elegir, que presentan una leve influencia de otro color, como es el caso del blanco piedra (que tiende ligeramente al gris) o del blanco arena (con un tinte marrón claro). Estos tonos blancos grisáceo hacen que las paredes tengan un aspecto menos frío e inmaculado, aunque siguen aportando un toque minimalista.

estarcidos

en tablas para el suelo con flores otoñales

Utiliza esta sencilla idea para crear una ilusión de coloridas flores otoñales esparcidas por el viento. Deberás comenzar con tablas nuevas o sin barnizar que puedes pintar de blanco. Lo único que tienes que hacer es recoger unas hojas caídas de los árboles y alisarlas durante unos cuantos días colocándolas en un libro grueso antes de utilizarlas como plantillas.

Materiales

Hojas prensadas de diferentes formas y tamaños

Un trozo de cristal

Lámina de acetato

Masilla para madera

Madera pintada de blanco, terracota, ámbar y gris de madera de deriva (utiliza pinturas ya preparadas o una emulsión diluida o acrílico).

Adhesivo en *spray*

Barniz para suelos satinado

Herramientas

Rotulador

Cortadora de estarcidos

Cuchillo para rellenar

Papel de lijar fino con bloque para lijar o lijadora eléctrica

Brocha grande

Brocha de estarcido

Pincel fino

Colocación de las hojas

1 Coloca las hojas aplanadas separadas unas de las otras y pon encima un trozo de cristal.

Cómo dibujar las hojas

2 Coloca la lámina de acetato encima de las hojas y dibuja su contorno con el lápiz rotulador.

3 Una vez que la cortadora de estarcidos se haya calentado, pásala sobre las líneas de rotulador.

Luego, retira con cuidado los trozos de acetato utilizados y tíralos.

Alisar la superficie del suelo

4 Rellena los agujeros o las abolladuras de las tablas con masilla especial para madera y lija la superficie hasta que quede lisa.

Cómo pintar la madera

5 Aplica una mano de pintura blanca sobre las tablas en el sentido de las vetas de la madera.

Sujeción de la plantilla

6 Utiliza el adhesivo para pegar las plantillas en el suelo.

Cómo pintar las hojas

7 Frota la superficie de madera pintada con brocha de estarcido seca, partiendo de los bordes.

8 Usa una pintura para madera gris claro para hacer las sombras. Espera al secado y barniza con barniz para suelos satinado.

Coloca las hojas que hayas seleccionado algo separadas para poder colocar encima el cristal.

Pon un trozo de acetato encima y dibuja el contorno de la hojas utilizando un rotulador.

Una vez que hayas rellenado los agujeros y las abolladuras, lija hasta que quede lisa.

Aplica una capa de pintura blanca sobre toda la superficie del suelo con una brocha grande.

Para un resultado realista, pinta sombras en las hojas, sin que queden en una sola dirección.

cómo crear

tu propio mural

A veces resulta complicado encontrar el boceto perfecto para el interior que has diseñado, así que, ¿por qué no lo haces tú mismo? No hace falta ser un artista con talento, simplemente escoge unos colores que te inspiren y que combinen bien. Puedes comprar lienzos ya preparados, pero te aconsejamos que los estires tú mismo antes de empezar a decorarlos. Atrévete a experimentar con los diferentes colores y texturas. Puedes crear un conjunto muy impactante colgando varios lienzos de tamaños similares o hacer un mural de gran tamaño que dé un efecto espectacular al entrar en la habitación.

Materiales

4 tablones de 2,5 cm/1½ x 1 pulgadas

Recortes de aglomerado

Puntas de tablero

Un lienzo de pintor fino

Imprimación de gesso

Una selección de colores de emulsión o acrílicos de pintor

Cinta poco adhesiva

Texturizador medio

Arena gruesa

Hoja de transferencia dorada

Herramientas

Sierra en ángulo recto

Sierra de vaivén

Martillo

Tijeras

Pistola de grapas

Pistola pulverizadora y agua

Pinceles

Espátula

Fijar las dimensiones del marco

1 Decide las dimensiones del marco y corta las cuatro piezas del tablón con una sierra para que las uniones queden en ángulo recto.

Cómo hacer el marco

2 Corta el aglomerado en piezas triangulares utilizando la sierra de vaivén. A continuación, une las esquinas del marco y coloca las piezas triangulares encima de las uniones. Utiliza las puntas para asegurar la fijación del aglomerado.

Cómo grapar el lienzo

3 Corta un trozo de lienzo que cubra todo el marco y sujétalo a la parte trasera del marco utilizando una pistola de grapas (véase la imagen de la parte inferior izquierda de la página 116). Debes seguir el mismo procedimiento alrededor de todo el marco, estirando el lienzo para asegurarse de que quede bien tirante. Debes comprobar que las esquinas del lienzo también queden bien dobladas.

Usa una sierra para cortar en trozos el tablón, para que las uniones queden en ángulo recto.

Coloca las piezas triangulares en las uniones del tablero y usa puntas para fijarlas.

Conoce tus materiales

• El gesso es una sustancia blanca parecida al yeso que se utiliza para sellar la superficie absorbente de los lienzos antes de pintarla. De esta forma se consigue una superficie suave y lisa sobre la que trabajar.

• El texturizador tiene un aspecto similar al del gesso, pero es más espeso. Al mezclarlo con una pintura o con un pigmento obtenemos un «empaste» o relieve texturado, que le da a la obra un aspecto tridimensional.

• La hoja de transferencia dorada es una lámina gruesa de metal con papel impermeable a la grasa que te permite colocar la hoja con precisión antes de retirar la parte trasera.

Cómo preparar el lienzo

4 Pulveriza el lienzo con una fina película de agua para que las fibras de algodón se encojan ligeramente. De este modo mejoraremos la tirantez general de la tela. Cuando se seque, échale dos capas de imprimación de gesso y déjalo secar aproximadamente una hora.

5 Pinta todo el lienzo, incluidos los bordes, con una base, que será el color dominante. Espera a que se seque.

Cómo aplicar el color

6 Coloca cinta poco adherente en la zona. Mezcla el segundo color que hayas elegido con el texturizador medio y aplícalo sobre el lienzo con una espátula. Retire la cinta antes de que se fije el texturizador, para no sacar la pintura seca.

Cómo añadir textura

7 Una vez que haya secado el segundo color, tapa diferentes zonas del lienzo. Escoge otro color y mézclalo con arena gruesa. Aplica esta mezcla sobre las zonas cubiertas y espera a que seque.

8 Añade los últimos toques con un tono dorado. Para conseguirlo, aprieta unos cuadrados de papel de oro en las zonas pintadas mientras estén poco pegajosas. Alisa los cuadrados con las manos y retira la parte posterior del papel.

Sujeta el lienzo en la parte trasera del marco utilizando una pistola de grapas.

Pinta toda la superficie con imprimador gesso y déjalo secar.

Escoge el color que quieras que predomine en el conjunto final y pinta con él todo el lienzo.

Alternativa

Un único cuadro de gran tamaño puede resultar tan eficaz como varios cuadros más pequeños. Puedes aprovechar los restos de pintura que tengas por casa para hacer un lienzo con unas simples rayas en colores que combinen con el resto de la decoración. Otra opción rápida para hacer tu propio lienzo es utilizar un trozo de MDF ligero en su lugar. Puedes fijarlo a la pared utilizando cáncamos roscados.

Lija ligeramente la superficie y cubre el MDF con una base de imprimación multiusos o con una capa de emulsión estándar (acrílico) ligeramente diluida antes de empezar.

Escoge el color que quieras que domine el conjunto final, aplícalo con una brocha o con un rodillo pequeño sobre la superficie del MDF y espera a que se seque. Decide el sentido en el que quieres colocar las rayas y dibújalas con un lápiz de punta blanda sin cargar demasiado y utilizando una escuadra. Marca las rayas con una cinta adhesiva y aplica los diferentes colores. Por último, retira la cinta antes de que la pintura se seque por completo.

Mezcla el segundo color elegido con un texturizador medio y aplícalo con una espátula.

Tapa algunas zonas del lienzo y aplica una mezcla de pintura y arena gruesa por encima.

Coloca papel de oro sobre el diseño y retira la parte de atrás del papel.

biombos

decorativos con paneles de colores

Dentro del cuarto de estar se puede dar muchos usos diferentes a este biombo. Es fácil de mover y, además, los paneles semitransparentes lo convierten en un elemento perfecto para colocar delante de una ventana para tener más privacidad durante el día, sin que deje de entrar la luz natural. También se puede utilizar como divisor para separar, por ejemplo, la zona del comedor de la de trabajo. Para la construcción de este biombo hemos utilizado juntas planas y un tinte para madera de haya natural para dar color a los marcos, aunque a lo mejor prefieres un tono más oscuro. Experimenta libremente...

Materiales

12 secciones de 1,8 m/6 pies, 5 x 5 cm/2 x 2 pulgadas de madera blanda

Pegamento para madera

Tornillos para madera

Masilla para madera

Listón cubrejuntas cuadrado para formar las ranuras

Puntas

Aguarrás

Barniz de madera de haya

8 láminas de polipropileno de diferentes colores

9 bisagras lisas

Herramientas

Lápiz y papel

Sierra de mano o sierra de vaivén eléctrica

Escuadra

Prensa manual

Taladro

Destornillador

Espátula

Martillo

Papel de lijar fino y medio con bloque para lijar

Trapo

Pincel

Cuchillo afilado

Pistola de grapas

Cómo proyectar el biombo

1 Empieza dibujando un plano del biombo. Para averiguar el espaciamiento de los listones horizontales multiplica el espesor de la madera por seis. Resta el resultado a la altura de los listones verticales y divide este número entre cinco para calcular la altura interna de cada cuadrado (si utilizas una madera del tamaño sugerido, esta medida debería ser de 30 cm/1 pie). Corta los 16 listones horizontales con una sierra de mano afilada o con una sierra de vaivén eléctrica. Los listones verticales también deben tener 30 cm/1 pie de largo. Córtalas según el procedimiento anterior.

2 Marca las posiciones finales de los listones horizontales en la madera vertical con una escuadra.

Colocación de las uniones

3 Junta las uniones con una prensa manual, y haz un orificio guía con el taladro en el centro de cada unión utilizando una broca

Averigua la medida de cada listón y con una sierra de mano, córtalas a su medida.

Con un lápiz, marca la posición de los listones horizontales en las maderas verticales.

Conoce tus materiales

El polipropileno es una plancha de material plástico lo suficientemente fina para poder cortarla con unas tijeras o con una navaja, pero con la resistencia necesaria para poder utilizarla en este tipo de trabajos. Hay diferentes texturas y colores, tanto transparentes como opacos, en el mercado. También se puede utilizar este material para hacer una pantalla de lámpara moderna o unas cortinas, ya que permite que se filtre la luz. Puedes encontrarlo en la mayoría de las tiendas de manualidades.

pequeña para madera. Utiliza una broca de avellanar para asegurarte de que la cabeza del tornillo quede debajo de la superficie de la madera. Es muy importante para que no se vean las cabezas de los tornillos. Extiende una capa delgada de pegamento sobre la unión y asegúrate de que el tornillo esté bien sujeto. Sigue el mismo procedimiento con el resto de los paneles.

4 Rellena los agujeros avellanados con una masilla de color neutro y espera a que ésta se seque (siguiendo las instrucciones del fabricante). A continuación, lija la superficie para que quede lisa.

Colocación de los listones

5 Corta los listones de la longitud necesaria (necesitarás ocho piezas para cada cuadrado). Coloca los listones con puntas y un martillo, fijándolas alrededor de

cada cuadrado para formar una ranura en la parte delantera de cada panel (despunta cada punta golpeándola con el martillo para evitar que se hagan rajas). Las segundas ranuras se harán más adelante para colocar el polipropileno en su lugar correspondiente.

Cómo barnizar el biombo

6 Lija minuciosamente toda la superficie con un papel de lijar medio colocado alrededor de un bloque para lijar. Al final, sustituye este papel por uno fino. Al finalizar, retira los restos de serrín con un paño humedecido con aguarrás. Luego aplica una capa de barniz de madera de haya sobre los marcos utilizando un pincel de 2,5 cm/1 pulgada. Espera a que se seque el barniz y lija la superficie. Aplica una nueva capa de barniz siguiendo el mismo procedimiento.

Colocación de las láminas

7 Corta con cuidado las láminas de polipropileno utilizando un cuchillo afilado para que se ajusten a cada cuadrado. Coloca las láminas en su sitio contra la ranura utilizando una pistola de grapas. Para conseguir un acabado perfecto debes colocar la segunda tanda de ranuras en la parte trasera del biombo utilizando un martillo (como te indicamos anteriormente).

Montaje de los paneles

8 Une los paneles para montar el biombo. Realiza esta operación atornillando tres bisagras lisas en puntos equidistantes a lo largo de la longitud de cada panel. Aguanta las bisagras en su sitio y marca las posiciones de los agujeros de los tornillos. Taladra los agujeros y atornilla las bisagras en su sitio con fuerza.

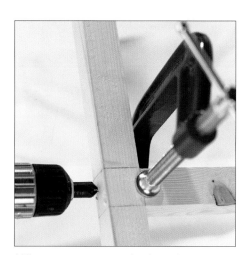

Utiliza una prensa manual en las uniones y taladra un orificio guía para colocar un tornillo.

Rellena los orificios avellanados con masilla de un color neutro y espera a que se seque.

Corta los listones de la ranura de la longitud necesaria y clávalos en el lugar correcto.

Alternativa

Los biombos pueden ser un lugar perfecto para colocar fotografías (puedes hacer un biombo expositor muy sencillo utilizando únicamente MDF).

Dile al dependiente de la tienda que te corte una lámina de MDF de 2,4 x 1,2 m/8 x 4 pies de 12 mm/½ pulgada de espesor en tres trozos longitudinalmente. Marca las cinco aberturas para las fotos y el pie de la parte inferior de cada panel utilizando el lápiz, la escuadra y el cartabón. Taladra un orificio guía en la esquina interior de cada cuadrado y corta las aberturas de las fotos y el contorno de los pies con una sierra de vaivén con la hoja afilada. Lija la superficie y aplica varias capas de pintura cáscara de huevo negra con un pincel pequeño o un rodillo pequeño para barnices. Espera a que se seque. Encarga en una cristalería láminas de plexiglás claro o de cristal de seguridad de unos 2 cm (un poco menos de una pulgada) más grandes que las aberturas que hemos realizado. Amplía las fotografías. Corta trozos de cartón duro para colocarlos detrás de cada fotografía y utiliza placas angulares de espejo metálico para fijar el cristal, la fotografía y el cartón en la parte trasera del biombo.

Lija los marcos, aplica dos capas de barniz de madera de haya y déjalo secar.

Corta las láminas de polipropileno y sujételas a los listones.

Coloca tres bisagras lisas en cada panel y atorníllalas para completar el biombo.

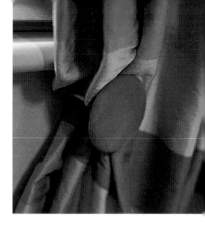

Tejidos y accesorios

Los tejidos y los accesorios son como el maquillaje, los zapatos y el cinturón que acompañan a un vestido: son los toques que aportan el estilo personal. Debemos elegir el mobiliario por su comodidad, calidad y forma mientras que, en los tejidos, podemos introducir estampados y colores de moda o estacionales.

Abajo: escoge cuidadosamente tu sofá. No debe ser demasiado grande para que no domine toda la estancia pero, al mismo tiempo, procura que no sea demasiado pequeño, ya que puede dar la impresión de estar perdido o parecer insignificante dentro de una habitación grande. De todos modos, lo más importante es comprar un sofá que tenga un buen soporte para la columna vertebral.

Cómo escoger sus muebles

Los muebles que escojas para tu zona de estar deben estar orientados a la relajación. Cuando tratamos de imaginar el sitio ideal para relajarnos, lo primero que nos viene a la mente es un sofá grande, mullido y envolvente. Pero este tipo de sofá a veces puede resultar incómodo y poco relajante.

Encontrar el sofá adecuado

Tómate tu tiempo y prueba muchos sofás antes de adquirir uno. Puede ser que quieras solucionarlo cuanto antes y comprarte el sofá mullido y acogedor del que hablábamos anteriormente, pero este tipo de asientos no suelen tener la sujeción lumbar adecuada, a no ser que te estires en él por completo y coloques unos cojines de forma estratégica para sujetar determinadas zonas del cuerpo. Si el sofá tiene demasiado fondo, te sentarás en el borde, te recostarás y colocarás las piernas debajo para tener un punto de amarre o dejarás las piernas colgando en el aire sin ningún tipo de soporte. Si dos personas se sientan en un sofá muy grande, una junto a la otra, terminarán «cediendo» y hundiéndose cada uno hacia uno de los brazos del sofá, lo que significa que tendrán la espalda totalmente curvada y sin ningún tipo de sujeción.

La mejor opción es comprar un sofá de dos plazas cuyo asiento tenga suficiente fondo para poder sentarse cómodamente en posición correcta. Este tipo de sofás tienen un aspecto menos atrayente que los de tres plazas, pero te resultarán mucho más cómodos y, a la larga, más relajantes.

Sillones y reposapiés

Podemos seguir unos criterios similares a la hora de elegir un sillón individual. Los sillones grandes, hondos y acogedores pueden parecer a priori la mejor elección, pero una butaca firme, tapizada y bien proporcionada resultará ser la mejor elección a la larga, ya que te dará un buen soporte.

La postura ideal y más relajante al sentarse es aquella que te permita reposar los pies en el suelo, formando un ángulo aproximado de 90° entre las caderas y la región lumbar de la columna vertebral. El respaldo del asiento debe sostener toda la longitud de la espalda, así como la base de la cabeza. Si la silla es demasiado baja, sentirás la necesidad de cruzar las piernas, una postura nociva para la circulación de la sangre.

Los muebles con brazos tapizados no sólo te harán sentir más arropado y seguro en el asiento, sino que también te ayudarán a sentarte y a levantarte.

Las sillas más adecuadas para las personas mayores son las que tienen un marco elevado y brazos altos en los que descansar los codos, para poder sentarse y levantarse con facilidad.

«Poner los pies en alto» es una expresión que se suele utilizar como sinónimo de tomarse un descanso y que se ajusta muy bien a la realidad. Poner las piernas en alto es muy beneficioso para las personas que se pasan muchas horas de pie en el trabajo o en casa y para la gente con problemas en las piernas como, por ejemplo, varices. Una otomana o un reposapiés colocados a la altura del borde del asiento es una solución perfecta, ya que puedes estirar las piernas rectas, justo delante de ti. Si tienes problemas de circulación en las piernas es bueno elevar la altura de las piernas estiradas por encima de la cadera durante un rato para facilitar la circulación de la sangre. Hay sillas que traen un reposapiés plegable ya incorporado que se coloca debajo de la silla cuando no se utiliza y que se saca fácilmente con una palanca situada en un lado del asiento cuando vayas a utilizarlo.

Consideraciones eléctricas

En la mayor parte de las casas actuales, los equipos de video y televisión están en el cuarto de estar. La colocación de estos equipos es muy importante, no sólo por razones estéticas, sino también de salud. En primer lugar debes evitar que haya brillos en la pantalla, ya que pueden provocar fatiga visual y dolor de cabeza. Otro aspecto a tener en cuenta es intentar reducir el efecto de la radiación que rebota en la pantalla sentándose lo más alejado de ella posible. La radiación disminuye por el cuadrado de la distancia y te proponemos guardar una distancia mínima de 180 cm (unos 6 pies). También es necesario regular el nivel de luz cuando se esté viendo la televisión. La intensidad de la luz de la habitación debe ser similar a la emitida por la pantalla. Puede resultar perjudicial para la vista ver la televisión en una habitación totalmente a oscuras (véase *Cómo iluminar tu cuarto de estar*, páginas 134-5).

Otro factor importante es la colocación de los cables en el cuarto de estar. Tiene que haber cordones de conexión para las lámparas de mesa, los pies de lámpara, la televisión, los equipos de alta fidelidad y otros aparatos eléctricos y todos ellos tienen que tener acceso a un enchufe y el camino despejado hasta la base. Nunca cargues demasiado un enchufe, especialmente con adaptadores (utiliza un solo adaptador para poder conectar dos

Arriba: resulta más sencillo sentarse y levantarse de un sofá con los brazos altos. Podemos utilizar los cojines de los sofás para aportar una nota de color y para tener un soporte adicional.

Arriba: *los tejidos con estampados alegres, como este dibujo de piel de dálmata, son perfectos para los accesorios.*

Derecha: *un sillón sencillo ofrece un buen soporte y tiene una estructura alta.*

Abajo: *los cojines de seda salvaje tienen una textura suelta y un brillo suave.*

Abajo derecha: *al mezclar formas diferentes conseguimos cambiar el énfasis.*

enchufes en vez de uno, pero no conectes un adaptador a otro ya que, de este modo, no sólo se sobrecargará el circuito y se fundirá el fusible, sino que también podrás provocar un cortocircuito sin darte cuenta que puede causar un incendio).

En el caso de que vayas a colocar un cable eléctrico para una luz lateral por debajo de una alfombra, asegúrate de que el cable esté bien aislado y de que no pasa directamente por debajo de una rueda, ruedecilla o de cualquier otro objeto afilado o pesado que pueda cortar o dañar el cable y su revestimiento.

Tejidos

Los tejidos y las texturas tienen un papel fundamental a la hora de fomentar la relajación. De todos modos, también debemos basar nuestra elección en el desgaste de los materiales.

Tapicería

Los tejidos suaves y sensuales como la seda, el terciopelo y la lana pueden resultar muy acogedores, especialmente en los meses de otoño e invierno, cuando el exterior está frío y oscuro. De todas formas, estas telas son muy delicadas y es preferible utilizarlas en los complementos y accesorios, donde no hay peligro de que se rasguen.

El cuero se está convirtiendo en un material cada día más popular en la tapicería, e incluso para colocarlo en los suelos o como papel de pared. Podemos utilizar este tejido para tapizar muebles clásicos o de un estilo más moderno. La suavidad y resistencia del cuero lo convierten en un material perfecto para la tapicería.

Si decides tapizar tus muebles con tonos claros, asegúrate de que la tela tenga un acabado retardador o repelente de las manchas. Los colores claros pueden formar un bonito conjunto neutro en una habitación, pero se manchan con mucha facilidad. Estos acabados protectores crean una película invisible sobre el tejido que evita que la tela absorba los derrames, facilitando su limpieza.

Otra opción es decantarse por las fundas sueltas y extraíbles. Estas fundas se ajustan a la forma de la silla o del sofá, pero se pueden sacar desatándolas o bajando una cremallera. Algunas fundas extraíbles se pueden lavar en la lavadora o en seco, dependiendo del tipo de tela. Recuerda comprobar que las fundas están prelavadas o que se ha probado que no encogen (no hay nada peor que intentar ajustar una funda después de lavarla y comprobar que ha encogido). El lavado en seco suele ser la opción más segura. Los fabricantes hacen

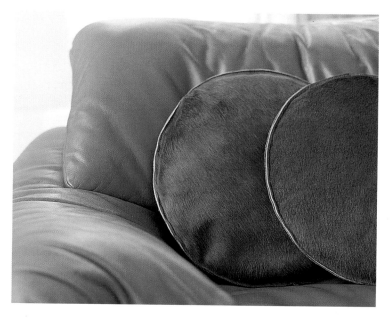

Izquierda: *las atrevidas formas y colores de los muebles y de los accesorios contrastan con el minimalismo de esta habitación.*

Abajo: *esta sencilla repisa curvada permite retirar las cortinas del borde de la ventana y colocarlas formando un suave drapeado.*

muchos tejidos más pesados, adecuados para la tapicería como, por ejemplo, telas de algodón, *jacquard* y damasco estampado, así como lonas y algodones texturados.

Suelos

Hoy en día, los suelos de los cuartos de estar se suelen cubrir con alfombras o con una superficie dura como la madera. Una de las opciones más populares son las lujosas alfombras de lana o de mezcla de lana, aunque es mejor colocarla en una habitación con poco uso, ya que la lana se acabará desgastando. Las zonas de mucho tránsito o los pasillos principales se pueden proteger con alfombras o

bien se puede cambiar la disposición de los muebles de vez en cuando para exponer diferentes partes del suelo al desgaste.

Si utilizas suelos resistentes, como la madera, el azulejo o la piedra puedes suavizar el conjunto introduciendo una alfombra o una estera de estilo oriental, tipo *kelim* o *dhurrie* (recuerda colocar una superficie antideslizante debajo de la alfombra).

Otra forma de cubrir los suelos de madera es colocando una alfombra cuadrada o rectangular, que cubrirá la mayor parte del suelo pero dejará un borde de madera a la vista alrededor de las paredes de toda esta habitación.

Cortinas y cojines

La tela de los cojines no tiene por qué ser tan resistente como la de las tapicerías. Las cortinas hechas con telas muy finas necesitan llevar una entretela y un forro e incluso las confeccionadas con telas más gruesas tienen una caída más bonita con un respaldo ligero o un forro de algodón.

Los cojines pueden ser redondos, cuadrados, cilíndricos o triangulares. Son elementos divertidos y decorativos que se pueden hacer con restos de telas que combinen con el resto de la decoración. También se pueden hacer con colores y estampados llamativos y que contrasten con el conjunto decorativo.

alfombra de fieltro y
cojín para el suelo

El fieltro es un material cada día más popular. Presenta muchas ventajas porque no perjudica el medio ambiente, es cálido y no se deshilacha al cortarlo. El fieltro no se suele usar para confeccionar alfombras, pero el fieltro industrial de 6 mm/¼ pulgada es la elección perfecta porque es cálido, resistente y suave. Esta alfombra de estilo *patchwork* está cosida con el punto de aguja tradicional. Utiliza un refuerzo antideslizante si vas a colocar la alfombra sobre un suelo de madera o laminado. Para dar a la habitación un aspecto uniforme puedes hacer un cojín para el suelo siguiendo el mismo procedimiento.

Materiales

Fieltro de 6 mm/¼ pulgada de espesor en tres colores diferentes (2 x 2 m/6½ x 6½ pies de cada color es suficiente para la alfombra, pero asegúrate de tener suficiente para hacer la funda del cojín si lo necesitas).

Lana de tapiz negra

Tiras de refuerzo antideslizante (opcional)

Un cojinete

Broches y corchetes

Herramientas

Lápiz blando

Escuadra o regla de metal

Tijeras afiladas

Tiza de sastre

Punzón

Aguja de zurcir

Cómo hacer los cuadrados

1 Marca tres cuadrados en cada trozo de fieltro con la ayuda de un lápiz y de una regla de metal o una escuadra para asegurarte de que sean del mismo tamaño (nosotros los hemos hecho de 50 cm/1½ pies).

2 Corta los cuadrados de fieltro con cuidado utilizando unas tijeras afiladas.

3 Marca la posición de los orificios de las puntadas a intervalos de 1 cm/½ pulgada a lo largo de los cuatro lados de cada trozo de fieltro utilizando un lápiz blando o una tiza de sastre (véase parte inferior de la página 128). Comprueba que los agujeros estén alineados.

4 Haz los orificios que tienes marcados en el fieltro con un aparato perforador colocado en la posición de agujero más pequeño (véase la fotografía situada en el medio de la parte inferior de la página 128). Este fieltro resulta demasiado grueso para atravesarlo con una aguja de zurcir.

Cómo coser los cuadrados

5 Enhebra una aguja de zurcir con lana de tapiz negra doble.

Mide cada cuadrado con lápiz y escuadra para comprobar que tienen el mismo tamaño.

Recorta cada cuadrado de fieltro con cuidado utilizando unas tijeras afiladas.

Conoce tus materiales

Debido al grosor del fieltro empleado en este proyecto, es preciso hacer agujeros antes de coser. Hemos unido cuadrados de fieltro con una simple puntada, que al tensar une los dos trozos. Esto se consigue pasando la aguja de un trozo de fieltro al otro (véase imagen debajo derecha). La puntada tradicional se ha empleado para unir los bordes y darles un acabado bien hecho. Se consigue pasando la aguja por el tejido y luego por debajo del hilo suelto (véase imagen debajo izquierda, página 129).

Cose los cuadrados con una puntada superficial, asegurándote de que queden bien unidos. Alterna los colores de los cuadros para formar un estampado de cuadros en toda la superficie de la alfombra.

6 Una vez que hayas unido todos los cuadrados, remata los bordes con punto de aguja. Asegúrate de unir la lana con un nudo bien apretado en el revés de la alfombra o, de lo contrario, se deshará. A continuación, coloca unas tiras de refuerzo antideslizante en la parte inferior de la alfombra si tienes pensado colocarla sobre una superficie dura porque sino resultará imposible caminar por encima sin resbalar.

Cómo se hace el cojín del suelo

7 Sigue el mismo procedimiento para hacer el cojín grande del suelo a juego. Te resultará muy sencillo: primero cubre un cojinete grande con dos cuadros de fieltro y únelos utilizando, una vez más, el punto de aguja. A continuación, haz un corte en el centro de uno de

los lados del cojín con unas tijeras afiladas.

8 Cose los broches y los corchetes a ambos lados del corte utilizando una aguja de zurcir.

Marca la posición de los orificios en cada uno de los trozos de fieltro utilizando un lápiz blando.

Utiliza un perforador en la posición de agujero más pequeño para cortar los orificios.

Utiliza lana de tapiz negro para coser los orificios juntando los cuadrados de fieltro.

Alternativa

Si te gustan las cosas más ostentosas que el sencillo y minimalista fieltro, puedes adaptar el diseño que acabamos de explicar y utilizar un tejido más lujoso adornado con abalorios. Hoy en día se pueden encontrar abalorios a buen precio en las mercerías y quedan muy bien con los terciopelos y con las sedas.

Para hacer el *patchwork* corta seis trozos de terciopelo de igual tamaño, dejando un borde de 1 cm/½ pulgada de tela extra por todo alrededor. Plánchalos y únelos con alfileres antes de coserlos con la máquina. Corta un trozo de seda o de satén de refuerzo y una tela ligera que sirva de forro de las mismas dimensiones que el terciopelo de la parte superior. Intercala las distintas capas de tela colocando la parte del derecho hacia dentro. Coloca la tira de abalorios entre las capas, alineando la parte lisa de la tira con los bordes de las telas. Sujétala con cuidado para que al poner la tela del derecho sólo se vean los abalorios. Cose a máquina todas las capas juntas prácticamente por todo alrededor, dejando sólo una abertura suficiente para poder darle la vuelta. Cose esta abertura a mano.

Remata los bordes exteriores de la alfombra con punto de aguja por todo alrededor.

Una vez hecho el cojín básico, corta con unas tijeras el centro de uno de los cuadrados.

Cose broches y corchetes a ambos lados de la abertura.

Exposición y almacenaje

Los objetos de diferentes tipos y tamaños deben recibir un tratamiento distinto según su finalidad. Es mejor guardar los artículos que sean útiles pero no bonitos en un lugar apartado de la vista o de manera ordenada, y que agrupes las piezas más decorativas de forma llamativa y resaltando su importancia.

Opciones de almacenaje

En una zona de estar el almacenamiento es sumamente importante, ya que ayuda a mantener el orden y a que resulte sencillo desplazarse por la habitación.

Los libros, los CD, las cintas de vídeo y otros artefactos de la familia se suelen guardar en las estanterías, sueltas o empotradas. Los estantes abiertos tienen la ventaja de que se puede acceder fácilmente a los objetos, pero también presentan el inconveniente de que acumulan mucho polvo. Los estantes colocados dentro de armarios o alacenas con frontal de cristal o de madera conservan los objetos del interior limpios durante más tiempo.

El secreto para mantener las cosas en orden es limitar la cantidad de objetos que poseemos a un número que podamos controlar, seleccionando aquellos que necesitemos o queramos conservar y asignando a cada uno de ellos un espacio o una zona específicos. Tira o regala el resto de las cosas.

Estanterías sencillas

Los sistemas de almacenamiento modernos suelen ser prácticos a la vez que estéticamente agradables. Incluso unos estantes vacíos pueden resultar interesantes.

Las estanterías modernas y construidas a medida parece que se sostienen en el aire por arte de magia, pero lo cierto es que están sujetas a la pared con ganchos y soportes ocultos. Las estanterías básicas de serie suelen ser abiertas y traen las baldas prefijadas. Normalmente se fabrican con una madera barata, como el pino, que se puede pintar o teñir para obtener un resultado más vistoso. En el mercado también hay estanterías ajustables con unos soportes que encajan en unos huecos espaciados verticalmente en intervalos regulares.

También puedes comprar estantes individuales con soportes individuales en forma de horca. Se trata de soportes triangulares de madera que se atornillan en la pared y en la base del estante con un soporte transversal entre las dos alas en ángulo recto. Otra opción de estante individual es el soporte de balda de acero, consistente en dos alas en ángulo recto. Estos resistentes soportes de acero se atornillan a la pared y a la base del estante.

Los soportes de rotonda son tramos de madera, preferiblemente con la parte delantera tallada, que se

Derecha: esta estantería de pared para CD es muy llamativa, pero tiene la ventaja de que los CD están colocados de tal forma que resulta muy sencillo identificarlos, quitarlos y volver a colocarlos en su sitio.

Izquierda: *una hilera de espacios cúbicos de almacenamiento aprovechando un espacio desocupado.*

Arriba: *la parte superior de las unidades de almacenamiento se puede utilizar para colocar nuestros adornos favoritos.*

Estanterías decorativas

Los estantes no tienen por qué ser aburridos, sino que puedes encontrar modelos realmente llamativos. Se pueden cortar y colocar formando distintas figuras (como, por ejemplo, una pirámide) o ser auténticas «esculturas».

Las baldas se pueden pintar del mismo color que la pared, de forma que desaparecen, o pintarlas de un color más llamativo para crear un contraste. Para su fabricación se puede utilizar madera pulida o barnizada y se puede escoger un tipo de madera que resalte o enfatice la madera de otro lugar de la habitación. Puedes adornar las baldas con cenefas, paneles o recortes sujetos en el borde. Otra opción es colocar una tira de metal batido, tipo cobre.

atornillan en la pared con una balda de cristal o de madera encima. Por último, tienes la opción de colocar un estante con soporte invisible utilizando una balda laminada o de madera acanalada o taladrada a lo largo de toda la superficie trasera. Esta parte agujereada se desliza sobre unas cabillas o soportes fijos en la pared.

Estanterías especiales

Además de los estantes sencillos y de los hechos a medida hay otros sistemas modulares y flexibles más especializados que se pueden comprar en tiendas especializadas en muebles y mobiliario de oficina. Algunas de es-

tas estanterías tienen marcos de metal finos con soportes y baldas ajustables y algunos extras, como estantes oblicuos de modo que un objeto plano (como un libro o un plato) se puede sostener pero también se puede ver fácilmente en un estante que se puede elevar en la parte de atrás. También hay otras opciones en el mercado como, por ejemplo, con un frontal de vitrina. Los sistemas de este tipo suelen estar sujetos a la pared con una serie de soportes y tornillos para que queden fijos y seguros.

Cuando vayas a colocar unos estantes calcula bien la distancia entre ellos ya que, una vez colocados, que-

darán así definitivamente. Por ejemplo, si vas a colocar un estante a una altura media para poner la televisión o un equipo de alta fidelidad, mide primero la altura y la profundidad del aparato para dejar el espacio suficiente. Estudia asimismo tu colección de libros y otros objetos para comprobar si puedes agruparlos por alturas y así poder colocar dos estantes estrechos para los libros de bolsillo y otro más alto para los libros de tapas duras y edición más elegante.

Otro sistema modular muy popular está formado por varios cubos. Estos cubos de madera pueden estar vacíos, tener uno o dos estantes, tres

Derecha: *los interiores en diferentes tonalidades de esta estantería y los objetos colocados en cada estante forman pequeños «cuadros» o puntos de interés. La luz interior oculta y resalta algunos objetos, como las bolas de cristal y la pirámide.*

Cómo ocultar o decorar los radiadores

Resulta bastante complicado encontrar un radiador bonito o elegante, motivo por el que se suelen ocultar. Suelen estar debajo de las ventanas por lo que si la ventana es larga y elegante y el radiador es pequeño y está pintado del mismo color que la pared, la ventana atrapará las miradas y el radiador pasará desapercibido. Por la noche se pueden correr las cortinas de forma que tapen el radiador.

Pero si el radiador está colocado en un lugar muy destacado habrá que taparlo o disimularlo. Puedes hacerlo encajonando la parte superior y los lados con MDF o con madera. La parte delantera no puede quedar totalmente tapada para que el calor pueda salir, de modo que escoge una malla o un panel con corte de marquetería decorativo.

cajones o una puerta. Puedes elegir el número de cubos que necesites para llenar tu espacio, así como el modelo que más se ajuste a tus necesidades de almacenamiento, de modo que puedes crear el sistema a tu medida. Estas unidades suelen estar conectadas por la parte trasera, formando un bloque único e independiente, aunque es recomendable sujetarlas a la pared para mayor seguridad, especialmente si el suelo de tu casa tiene una superficie irregular o desigual.

Exposición de objetos

Algunos de los estantes de tu cuarto de estar contienen objetos pequeños y fotografías. Es importante colocar estos objetos cuidadosamente, ya que se encuentran en una posición privilegiada.

Al colocar los objetos debes pensar también en su altura y profundidad (procura evitar colocar todo al mismo nivel para que el conjunto no resulte monótono). Puedes colocar un grupo de forma que el objeto más alto quede al fondo y otro más pequeño o de altura media quede en la parte delantera. Dentro de este esquema podríamos incluir un plato apoyado contra la pared con una botella delante y un platito pequeño o un cuenco en primer plano. Ante todo, debes evitar las aglomeraciones de cosas. No permitas que tus estantes se conviertan en el almacén

de la correspondencia, de las cajas de cerillas y las fotografías sin enmarcar de toda la familia, ya que estos objetos desvirtuarán los adornos .

Los sistemas de almacenamiento también se pueden utilizar como divisores de habitaciones. Una estantería suelta puede actuar como biombo entre dos lados de una misma habitación, sin que tenga que estar permanentemente bloqueada.

Otra ventaja de las estanterías abiertas es que la luz puede pasar entre los estantes de un lado a otro de la habitación, dándole al cuarto un aire fresco y ligero. Por el contrario, una estantería con respaldo trasero actuará como una pantalla tupida, por lo que el espacio quedará más delimitado y transmitirá una sensación de mayor intimidad. Recuerda que a no ser que la estantería llegue hasta el techo, los sonidos pasarán de un lado a otro de la habitación.

Ideas prácticas

A la hora de decidir el tipo de almacenamiento más adecuado, trata de identificar qué objetos pertenecen a qué lugar. En el caso de un cuarto de estar, esto dependerá en gran medida del espacio disponible y de la distribución de las tareas a realizar en la habitación (véase *Cómo planificar tu espacio*, páginas 102-3). Si se trata de una habitación multifuncional, necesitarás elementos prácticos, como estanterías y estantes o armarios, aunque también puedes introducir objetos destinados al almacenamiento y que tengan una orientación más decorativa como, por ejemplo, una caja o un cajón de madera antiguos, una hermosa cómoda o una consola con cajones. Piensa en los objetos que vas a colocar sobre los estantes (las cosas ligeras necesitan baldas ligeras, pero las más pesadas precisan estantes robustos y sujeciones a

la pared que estén bien aseguradas).

Procura guardar a mano las cosas que utilices más frecuentemente, mientras que los objetos a los que des un uso más esporádico se pueden guardar en una zona menos accesible o incluso en otra habitación o en el desván. Por ejemplo, coloca las cintas de vídeo y de DVD cerca del equipo de televisión. Si en tu cuarto de estar abundan las plantas y los adornos, pero también es una zona de juego para los niños, te recomendamos que coloques algunos estantes más elevados para que los objetos más frágiles y delicados estén fuera del alcance de la mano.

Considera la opción de subdividir el almacenamiento para poder guardar los objetos en un lugar del tamaño adecuado. Por ejemplo, si vas a guardar varias cosas pequeñas en un cajón, subdivide el espacio creando varios compartimentos pequeños, de forma que cada uno de los cuales contenga uno o dos artículos a los que puedas acceder sin problemas, en lugar de abrir el cajón y encontrarte un revoltijo de cosas.

Por último, procura no crear demasiados espacios de almacenamiento, ya que todos los huecos que queden vacíos en la habitación tendrán la habilidad de llenarse con objetos que no siempre resultan útiles ni decorativos.

Izquierda: los huecos de este armario están pintados con colores claros para darle un mayor efecto al conjunto.

Abajo: estas cajas encajan bajo la mesita de café y logramos que los libros y las revistas estén ordenados y a mano.

Muebles para la televisión

Podemos encontrar muebles y mesas de televisión, para aquellas personas a las que la presencia de la pantalla de la televisión les distraiga o les resulte ofensiva, que se cierran y ocultan el aparato. Detrás de las puertas suele haber un estante corredizo sobre el que se coloca la televisión y en la parte inferior hay una serie de baldas para guardar cintas y vídeos. Otra opción es utilizar un cajón que tenga bastante fondo, como una caja para mantas antigua o un baúl de viaje. Esta discreta caja rectangular puede tener un mecanismo de elevación oculto, accionado por control remoto. Se puede utilizar también una consola o una mesa auxiliar con un estante inferior y un paño que cuelgue.

Cómo iluminar tu cuarto de estar

La iluminación del cuarto de estar debería ser variable y flexible de modo que, durante el día, se utilicen luces pequeñas para leer o realizar una tarea determinada, mientras que por la noche se cree una iluminación ambiental y decorativa que se puede utilizar para conseguir una atmósfera relajante.

Tipos de iluminación

Las luces de ambiente o de fondo sustituyen a la luz natural, proporcionando un nivel general de visibilidad. Si colocamos únicamente este tipo de luces, el resultado será poco estimulante.

Las luces directas desprenden unos haces de luz focalizados sobre una zona determinada, donde tiene lugar una determinada tarea.

La iluminación enfática es una iluminación creativa que se utiliza para resaltar los colores, las texturas y los objetos. Existe una gran variedad, desde las que desprenden un fino haz de luz, hasta las que ofrecen grandes puntos de iluminación.

Dentro de la categoría de luces decorativas podemos incluir cualquier objeto de iluminación que resulte decorativo pero no necesariamente útil como, por ejemplo, un candelabro.

Una iluminación eficaz

La verdadera finalidad de un esquema de iluminación es encontrar un equilibrio perfecto para que cada luz se pueda adaptar a cualquier tarea o evento que esté teniendo lugar en la habitación. El color y el acabado de las paredes, de los suelos y de los muebles serán factores decisivos a la hora de decidir la iluminación necesaria para un espacio concreto. Por ejemplo, una habitación con las paredes pintadas de blanco y escasa presencia de cuadros y adornos colgados, alfombras lisas y de colores claros y una tapicería en tonos naturales o neutros, necesitará una iluminación menos intensa. Por el contrario, si una habitación tiene las paredes pintadas en tonos oscuros, y en la alfombra y en la tapicería predominan los colores oscuros, necesitaremos más iluminación, ya que cada uno de esos objetos absorberán cierta cantidad de luz natural.

Los acabados mates tienden a absorber la luz, mientras que los brillantes la reflejan. Por lo tanto, determinados tejidos como el ante, el fieltro y las telas con pelo restan eficacia a las luces eléctricas, mientras que las sedas y los acabados laqueados o cromados ampliarán ligeramente la cantidad de luz, algo que resultará de gran utilidad.

Planificar la iluminación

Es necesario colocar una luz central o principal que ilumine la habitación al entrar. En las habitaciones con una decoración tradicional, esta luz suele ser una lámpara de techo. Las casas más modernas suelen sustituir las lámparas de colgar por una serie de focos empotrados en el techo o de luces colocadas en las paredes.

Un cuarto de estar suele tener tres o cuatro niveles de iluminación diferentes. El primer nivel es una luz de ambiente general, proporcionada por una lámpara de colgar y otros elementos, como luces colocadas en la pared. Estas luces se pueden conectar a un interruptor para poder rebajar el nivel de luz para cambiar el ambiente de la habitación.

Para elegir los restantes niveles de iluminación es preciso identificar las zonas específicas de uso de la habitación. Por ejemplo, colocaremos una luz directa en una mesa o en un escri-

Derecha: en vez de colocar una única luz de pared que puede dar la impresión de estar perdida en el medio de una inmensa pared, en la habitación de la fotografía se colocaron tres aplicaciones esculturales.

torio, así como cerca del reproductor de CD y de la televisión, para poder ver bien los botones. También debemos iluminar las zonas próximas a las sillas y a los sofás en los que solamos sentarnos para leer, para coser, etc.

Puedes estar interesado en colocar luces enfáticas para destacar una característica de la habitación o un cuadro, un espejo o cierta planta. Estas luces pueden tener formas diferentes: desde las luces enmarcadas de pared, hasta los puntos de luz empotrados en el techo cuyo haz se dirige directamente al objeto seleccionado.

Las luces regulables proporcionan un gran haz de luz, pero tienen el inconveniente de que atraen la mirada hacia el foco. Una luz alargada o especial para la iluminación de cuadros discurre a lo ancho del marco, distribuyendo una luz uniforme desde la parte superior a la inferior, por lo que ilumina todo el cuadro, pero no el espacio de alrededor. Otra opción son las luces de especialista, que vienen equipadas con unos obturadores con los que se puede situar el rayo de luz exactamente sobre el cuadro.

Los elementos arquitectónicos, como los arcos, las columnas o las vigas, también se pueden «pintar» con rayos de luz. Los focos alógenos son muy útiles para distinguirlos y resultan eficaces cuando se baja la iluminación central a un nivel inferior.

Uso de luces como disfraz

Aunque solemos identificar las luces como una forma de iluminar objetos y hacerlos más visibles, también se pueden utilizar para esconder determinadas zonas y, sorprendentemente, para hacer que una habitación parezca más espaciosa.

Si colocamos los muebles de mayor tamaño alejados de las paredes y unas luces de volframio detrás de ellos, la luz rebotará en las paredes y hará que el espacio parezca más grande. También puedes apartar la luz de una zona que no quieras que se vea, dejándola en penumbra y en un segundo plano.

Arriba: si abrimos el tejado e instalamos unos paneles de cristal laminado conseguimos que se doble la cantidad de luz natural que entra en la habitación.

Izquierda: clásicas aplicaciones de yeso blanco que se pueden pintar para unificarlas con el color de la pared. Los cirios proporcionan una luz adicional que resulta muy decorativa.

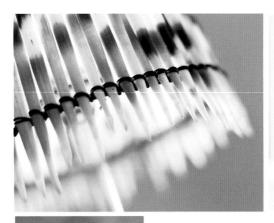

Accesorios del cuarto de estar

Son el toque final que aportan la nota personal a una habitación. En un cuarto de estar, la suma de todos estos pequeños objetos ayuda a crear un interior completo y se deben elegir según el gusto personal y el efecto general en la habitación. Su elección debe basarse en los colores y en la temática elegida, pero siempre según las limitaciones arquitectónicas. Por ejemplo, si las ventanas de tu cuarto de estar son pequeñas y tienen unos alféizares con mucho fondo, es preferible colocar persianas en lugar de cortinas; una extensión muy grande de pared exigirá una serie de luces decorativas y bien enmarcadas y una habitación decorada en tonos oscuros y fuertes necesitará mucha más luz que un espacio en el que predominen los tonos claros. Los radiadores, las manillas de las puertas y los interruptores de la luz también deben elegirse con cuidado, ya que hasta el más mínimo detalle afecta al resultado final. Por ejemplo, los radiadores no tienen por qué resultar poco vistosos ni por qué dominar un espacio, puedes taparlos con un mueble y disimularlos.

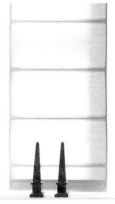

DESDE ARRIBA A LA IZQUIERDA EN EL SENTIDO DE
LAS AGUJAS DEL RELOJ

Esta vistosa pantalla de lámpara hecha con púas de puerco espín forma unos dibujos muy originales y proporciona un gran colorido al encender la luz eléctrica.

Sobre las repisas solemos acumular barajas, cartas y todo tipo de papeles. Procura mantenerlas ordenadas y elige para ello pocos objetos que resulten especiales y decorativos. El manto y la chimenea suelen constituir el punto focal y, por lo tanto, el primer lugar al que se dirigirá la vista.

Esta pantalla pegada al techo es una solución perfecta para las habitaciones con techos bajos.

Este revistero está hecho de cuero. Aunque resulta bastante inusual, nos dará mucho espacio para guardar revistas.

Si las ventanas de tu cuarto de estar son pequeñas, un juego de estores proporcionarán una mayor sensación de amplitud al conjunto que unas cortinas con pliegues.

En esta habitación se ha estudiado minuciosamente la iluminación para que ésta se centre en esta magnífica estatua.

No debemos pasar por alto la elección de las manillas de las puertas y de los armarios, ya que la suma de estos pequeños detalles puede convertirse en un factor decisivo en el conjunto de la habitación.

Los interruptores se pueden utilizar para bajar las luces y cambiar en un instante el ambiente de la habitación. Te sugerimos que los tapes con un blindaje protector

Una tela texturada puede aportar una nota de sofisticación a nuestro cuarto de estar.

Las librerías son una buena solución para el almacenamiento de libros, aunque también se pueden convertir en un vistoso elemento decorativo dentro del cuarto de estar.

Debemos colocar las piezas de cerámica y de diseño para sacarles el máximo partido posible. En esta fotografía, observamos cómo la fibra del estante de madera sobre el que está colocado el cuenco acentúa su forma y su textura.

Podemos colocar en una misma pared las fotografías enmarcadas de forma similar.

Este pie de lámpara hecho con cristal contorsionado tiene una pantalla lisa que forma pequeños pliegues, pero que no distrae nuestra atención de la belleza intrínseca del pie.

Esta caprichosa y colorida araña de cristal aporta un toque de opulencia a la decoración de la habitación.

Dormitorios

Cómo planificar tu dormitorio

Pasamos una tercera parte de nuestra vida en la cama, de modo que el dormitorio se convierte en una de las partes más importantes de la casa y debería ser un lugar en el que nos sintamos cómodos y nos podamos relajar. Sobre todo, es importante que sea una estancia cálida, acogedora, relajante y tranquila.

Abajo: los paneles de madera pueden ser un buen aislante del ruido para tu habitación.

Abajo derecha: además de buscar una decoración para tu habitación que resulte relajante, asegúrate de que esté situada en una zona tranquila.

Enfrente: esta pared forrada de cuero separa la habitación del cuarto de baño y, además, sirve como cabezal.

Planificar el espacio

La cantidad y calidad de las horas de sueño tienen un gran efecto en nuestra capacidad física y mental. Durante los períodos de sueño profundo, el propio cuerpo se encarga de recuperarse y curarse. El sueño también afecta a la capacidad del cuerpo para retener los carbohidratos y regular los niveles de hormonas. Además, durante el día, la columna vertebral se encuentra comprimida por el efecto de la gravedad, mientras que por la noche le damos la oportunidad de recuperarse. Por todo esto, resulta fundamental que donde descansamos se potencie un buen sueño.

La cama es uno de los muebles más importantes de la casa y, por lo tanto, se suele aconsejar que nos gastemos lo máximo que nos podamos permitir en comprar una buena cama. Y, por supuesto, nunca pienses que una cama es para toda la vida: cámbiala cada ocho o diez años.

La localización adecuada

Casi más importante que la cantidad de horas de sueño es la calidad de las que conseguimos dormir, por lo que es importante que te asegures de que no te van a molestar. Si puedes elegir, coloca la habitación en la parte trasera del edificio o en el lugar más tranquilo y alejado del ruido del tráfico.

Si vives en un bloque de apartamentos, comprueba qué habitaciones se encuentran encima y debajo de ti. Trata de averiguar igualmente qué actividades se realizan en los bajos del edificio (puede ser que nos escapemos de la parte delantera del edificio huyendo del ruido del tráfico para situarnos encima de la cocina de un restaurante o de la puerta de una discoteca, donde hay movimiento hasta altas horas de la madrugada).

Para asegurarnos de que nuestra habitación sea un lugar tranquilo debemos colocar doble ventanal, puertas dobles u otros sistemas de insonorización.

Arriba: si la posición más adecuada para la cama es cerca de la puerta, un biombo puede actuar como barrera, creando un espacio más íntimo.

Arriba derecha: este panel corredizo está tapizado para armonizarlo con la habitación. Se puede correr para tapar la zona de almacenamiento cuando no se vaya a utilizar.

Consejos sobre seguridad

Las personas que siguen las investigaciones sobre ecología y medio ambiente creen que los materiales sintéticos, como las alfombras de nailon, potencian la electricidad estática, que puede resultar potencialmente perjudicial, en especial en una habitación. También es aconsejable colocar el menor número de aparatos eléctricos posible debido a la radiación y a los campos electromagnéticos y evitar colocar cables eléctricos debajo de la cama.

Con el ventanal doble conseguimos amortiguar el ruido exterior, mientras que con las puertas dobles creamos una pequeña salita o barrera entre nosotros y los elementos externos. Podemos mejorar el aislamiento acústico entre nosotros y una zona inferior colocando un buen refuerzo debajo de la alfombra o utilizando paneles aislantes o baldosas de corcho.

Distribución del dormitorio

Con frecuencia son la forma y la configuración del espacio las que nos indican cuál debe ser la disposición de la habitación y, en especial, la colocación de la cama. Si la habitación tiene ventana, resulta muy agradable tenerla a los pies o en uno de los lados de la cama, para poder mirar al cielo o contemplar el paisaje, pero procura no dormir con la cabeza justo debajo de la ventana, ya que podrían entrar corrientes de aire frío mientras duermes que te provocasen rigidez en el cuello y en los hombros.

La puerta de la habitación también condicionará la colocación de la cama. Procura dejar suficiente espacio para abrir la puerta y para que la persona que entre tenga sitio para girar sin tener que ir directamente a la cama. Al-

gunas personas prefieren colocar la cama detrás de la puerta para que quede oculta o apartada de la vista. Esto se debe a que la cama es el mueble más íntimo y personal de toda la casa y hay gente que prefiere mantenerla en la máxima privacidad posible.

También es importante tener en cuenta la posición de las puertas del armario o del guardarropa y, en el caso de que el armario sea empotrado, tendremos que colocar la cama en consecuencia. Debemos dejar espacio suficiente para abrir la puerta o puertas del armario y para poder acceder fácilmente a las cosas guardadas en su interior sin tener que mover otros muebles o pelearnos con la cama.

Cómo crear el entorno adecuado

Una vez que hayamos decidido la disposición del dormitorio tenemos que tomar otras decisiones importantes, como son una buena ventilación y la consecución de la temperatura adecuada. A menudo tendemos a caldear demasiado las habitaciones debido a que las asociamos con lugares donde estamos desnudos o con poca ropa, pero una persona que duerma en una habitación en la que haga demasiado

calor puede llegar a deshidratarse. La temperatura ideal para una habitación es entre 13 y 15 °C/55-60 °F, aunque debería ser ligeramente más elevada en las habitaciones de las personas mayores y de los niños.

El humidificador nos ayuda a mantener un poco de humedad en el aire, algo especialmente útil para los cálidos meses de verano. No es necesario comprar un humidificador caro, podemos colocar un cuenco con agua que sea poco profundo y de buen tamaño y tenga una superficie razonable. Recuerda lavar el cuenco y cambiarle el agua todos los días para que no se estanque. Aunque es mejor dormir en una habitación bien ventilada, ten cuidado con las corrientes. También es muy recomendable ventilar la habitación todos los días abriendo la ventana y la puerta para que circule el aire.

Si vives en la ciudad o cerca de una carretera, deja una cortina de gasa o de algodón puro lavable por encima de la ventana mientras ésta esté abierta para reducir la cantidad de humo y suciedad que inevitablemente entrarán por la ventana. Deberíamos echar hacia atrás la ropa de cama todas las mañanas para que la cama se ventile bien.

Los suelos del dormitorio

Los revestimientos del piso son importantes en un dormitorio, ya que ayudan a amortiguar los ruidos y suelen estar en contacto directo con la piel desnuda. Las alfombras de lana tienen un tacto cálido y suave, pero no son una buena solución para las personas con alergia, ya que acumulan pequeñas partículas y pelusas.

Los suelos de madera suelen resultar cálidos al contacto con la piel, pero es importante que estén bien sellados para que no salgan astillas. Otra de las ventajas de la madera es que es muy fácil de limpiar. Para suavizar la zona de alrededor de la cama puedes utilizar alfombras o esteras de algodón o de cualquier otra fibra lavable. La piedra tampoco es solución ya que es muy dura y fría.

Arriba: *los colores cálidos pueden resultar muy acogedores y tranquilizantes en una habitación.*

Izquierda: *en esta habitación con los techos abuhardillados, los paneles de espejo de los armarios reflejan la luz y crean una ilusión de profundidad.*

La colocación de los cuadros y los espejos

Si vamos a utilizar un espejo para maquillarnos y probarnos ropa, debemos situarlo en un lugar en el que podamos aprovechar la luz natural. A algunas personas no les gusta tener un espejo justo enfrente o a los pies de la cama, ya que refleja su imagen y se producen juegos de sombras que les hacen pensar que hay alguien más en la habitación. Pero en un espacio reducido un espejo puede servir para reflejar la luz de una ventana y conseguir que la habitación parezca más grande.

Derecha: esta cama del sótano está pintada en colores fuertes, cálidos y brillantes porque hay poco acceso a la luz natural.

Debajo derecha: esta cama para una niña tiene toques decorativos suaves, como el armario pintado. Y no es demasiado infantil, haciendo de ella una habitación confortable y divertida también para una adolescente.

Estilo y colores

El dormitorio suele ser la habitación en la que la gente se permite más licencias decorativas, introduciendo sus colores o temas favoritos. Así, por ejemplo, podemos encontrar un dormitorio con fuertes tonos victorianos o un espacio tranquilo y relajante de estilo zen.

Cuando los matrimonios, compañeros o niños pequeños tienen que compartir la misma habitación es necesario llegar a un acuerdo con respecto al estilo y a los colores y alcanzar un equilibrio entre lo femenino y lo masculino. Muchas personas prefieren los dormitorios con una decoración sencilla, que resulten fáciles de limpiar y conservar. Las guirnaldas y los volantes suelen almacenar gran cantidad de polvo y una plétora de adornos sólo nos dará más trabajo a la hora de limpiar.

Izquierda: *esta claridad no es excesiva por lo que no es necesario añadir una cortina o biombo, a menos que prefieras total oscuridad en tu habitación. El uso de un espejo también refleja la luz natural y hace que esta habitación de la planta de arriba parezca más espaciosa. Los colores neutros dan una sensación de tranquilidad.*

Una guía de colores de un simple vistazo

Los colores pastel van bien para los dormitorios porque son relajantes y tranquilos. El amarillo es un color templado por la noche pero brillante y cálido por la mañana. El azul puede ser refrescante pero necesitará de tonos rosas o violetas para evitar que parezca que la habitación es fría. El verde es un color asociado con la renovación y el nacimiento y puede dar energía y vigor al despertarse uno en verde por las mañanas. El rojo es un color atrevido que en raras ocasiones se emplea en un dormitorio porque puede dar la impresión de que se trata de una habitación pequeña, claustrofóbica y calurosa.

Un espacio despejado resulta mucho más relajante y terapéutico que una habitación abarrotada de cosas. El dormitorio debe ser un lugar cómodo y en el que nos sintamos a gusto, pero nunca un lugar donde amontonar ropa, zapatos y libros que ya no necesitamos. Es sumamente importante tener zonas de almacenamiento amplias y bien situadas (véase *Exposición y almacenaje,* páginas 164-7).

La utilización del color

Los colores más adecuados para los dormitorios son los de la gama de los tonos neutros y pastel. El amarillo suave, el azul desvaído o el verde claro son colores a tener en cuenta en la decoración de nuestro dormitorio.

El amarillo es un color vivo que nos dará alegría en invierno. Escoge con cuidado el tono de amarillo: un amarillo con una base blanca más clara re-sultará más acogedor que otro con un toque rojo o anaranjado, que puede dar cierta sensación de agobio. Los amarillos con tonos verdes pueden parecer manchados con la luz eléctrica baja, algo que no resulta especialmente atractivo en una habitación. A algunas personas el azul les parece un color frío, pero es el color de los elementos naturales (el agua y el cielo) y se dice que resulta relajante.

Enfrente: *esta habitación infantil está muy estudiada para adaptarse a las necesidades cambiantes. La tela que se encuentra alrededor de la cama se puede correr cuando la habitación se esté utilizando como zona de juego. Cuando el niño crezca necesitará una zona de estudio tranquila. El escritorio le proporcionará ese espacio de trabajo pero, por el momento, es el lugar perfecto para colocar la casa de muñecas.*

Abajo: *esta habitación resulta muy cálida y acogedora para una niña pequeña, con las paredes pintadas en suaves tonos melocotón con dibujos que se repiten en la cortina situada encima de la cama.*

Abajo derecha: *las piezas atemporales, como esta cama de latón, encajan a la perfección en una decoración clásica. La frialdad del azul se compensa con los detalles de latón.*

Podemos alegrar los fríos tonos azules con un toque de rojo, llevándolos hacia el lado de los colores lavanda, o añadiendo accesorios y colchas decoradas con estampados realizados en colores más cálidos.

El verde es el color del resurgir de la juventud y del crecimiento y, utilizando las totalidades acertadas, puede resultar fresco y alegre. Pero ten cuidado al combinarlo con el rojo (su color de contraste) en un dormitorio, ya que estos colores son diametralmente opuestos y pueden dar la sensación de estar en «conflicto» al utilizarlos en determinadas proporciones y tonalidades, lo que tendrá un efecto poco relajante o tranquilizador. El verde almendra suave y el menta claro son perfectos para una habitación con muebles de madera, ya que el marrón y el verde están unidos de forma natural por la tierra. Podemos utilizar esta combinación para crear una habitación agradable y tranquila.

Los colores fuertes se utilizan en habitaciones a las que se quiera dar un aire diferente. Una buena idea para conseguir una decoración impactante es pintar una pared de un color o con unos dibujos determinados y el resto con colores suaves y lisos. La pared elegida suele ser la situada detrás del cabezal de la cama, debido a que el color impacta al entrar en la habitación y resalta la cama, que es el principal elemento del espacio.

Otra de las ventajas de colocar los colores más fuertes detrás de la cama es que no podemos verlos mientras estamos acostados, a no ser que giremos deliberadamente la cabeza. De esta forma, el color y la alegría están presentes en la habitación, pero al tumbarnos en la cama para relajarnos o para dormir, nuestra vista se dirige al color suave y liso utilizado en el resto de las paredes.

Cómo crear ambiente a través de los tejidos

Las telas ligeras y decorativas como la *toile de joey* quedan muy bien en los dormitorios. Los estampados suelen realizarse en colores rojos, azules o grises sobre fondos blancos y blancos grisáceos. Sus dibujos representan paisajes y camafeos (muchos de ellos están inspirados en las pinturas pastorales del siglo XVIII, aunque también se encuentran interpretaciones modernas).

Al elegir los tejidos para el dormitorio procura tener en mente las palabras «sencillo y fresco». Si te gustan los estampados cargados y llenos de flores, reserva estos materiales para las cortinas o para la colcha de la cama, o quizás para una silla o un cojín, pero evita combinarlos con papeles de pared con motivos florales o muy estampados.

Si cubres todas las superficies con estampados, parecerá más pequeña y sofocante.

Usos secundarios

En un mundo ideal, un dormitorio sería un lugar dedicado única y exclusivamente a dormir, pero la realidad es diferente (especialmente en las ciudades) y el dormitorio se utiliza como lugar para hacer gimnasia, como vestidor y, en algunos casos, como lugar de estudio. También sería bueno que todos los niños pudiesen tener una habitación grande para jugar y un escondite en el jardín, pero las casas modernas pocas veces ofrecen estos lujos.

Por el contrario, normalmente es necesario encontrar espacio en las propias habitaciones. Tenemos que poner especial cuidado a la hora de planificar cómo conseguir que la función secundaria de un dormitorio se adapte a la principal, ya se trate de una habitación para adultos o para niños. Por ejemplo en un apartamento de una sola habitación o en un estudio, es preferible elegir una cama abatible que se pueda recoger contra la pared. Este tipo de camas suelen estar empotradas en un mueble de modo que, cuando no la utilizamos, pasa desapercibida. Como alternativa, podemos decantarnos por un sofá-cama o por un futón.

Otra solución perfecta para las habitaciones de techos muy altos y con la que conseguimos delimitar una zona dedicada al descanso es la colocación de una plataforma para dormir. Se trata de una especie de tarima hecha a medida, cuyo único requisito es que tenga una anchura igual a la de la cama más 1 metro (unos pocos pies) alrededor. Podemos instalarla contra una pared, dejando el resto del espacio libre para utilizarlo como oficina o zona de estar. Este tipo de tarimas sólo se pueden colocar en habitaciones grandes, para que el espacio restante resulte cómodo y acogedor. Otra opción es sujetar la plataforma con vigas voladizas o con unos soportes consiguiendo, de este modo, ahorrar más espacio del nivel inferior y evitando la necesidad de utilizar pilares. Esta clase de estructuras tienen que estar diseñadas por un ingeniero o arquitecto.

En las habitaciones infantiles pode-

mos lograr más espacio con una cama en una plataforma alta y dejando el espacio inferior como zona de juego. De todos modos, esta solución solo es válida para las habitaciones de niños un poco mayores que puedan subir y bajar con facilidad la escalera.

Al elevar la altura de la cama al nivel del piso superior de una litera, podemos aprovechar el hueco que queda debajo para instalar una zona de trabajo o estudio, colocando un escritorio y una silla. Para ahorrar todavía más espacio, el escritorio puede ir empotrado en la pared y se pueden construir estantes.

Para los niños

También se puede colocar una cortina que separe esta zona inferior o poner cojines de suelo, que ocupan menos espacio que las sillas y se pueden apilar fácilmente cuando no se están utilizando. Tu hijo estará encantado de

tener una habitación tan original, independientemente de que se utilice como zona de estudio o de juego.

Otra opción es elevar el nivel del suelo con escalones hasta la plataforma. En este caso, no es necesario que la tarima sea tan elevada como en la propuesta anterior, ya que la parte inferior se aprovechará para guardar cosas y no para empotrar un escritorio.

Si elevamos la altura de la cama unos 90 cm/3 pies, ganaremos una gran cantidad de espacio en la parte inferior.

Se accederá a la cama por medio de dos o tres escalones largos pero poco anchos. Cuando no se utilicen estos escalones para subir a la cama, se pueden colocar unos cojines encima y utilizarlos como asiento. Se puede aprovechar el espacio que queda debajo de las escaleras para guardar cosas, colocando unas puertas a los lados.

Zona de trabajo incorporada

Una buena forma de crear una zona de trabajo es utilizar armarios hechos a medida. Se trata de muebles con mucho fondo que se dividen en dos partes: en uno hay estantes en los que se pueden guardar todo tipo de documentos, mientras que la otra parte está destinada al ordenador. Cuando no estamos trabajando, una parte se cierra sobre la otra.

Otra opción es colocar en la pared un mueble de características similares con una balda que sirva como escritorio montada sobre una base corredera o pivotante extraíble. Esta balda se puede plegar y cerrar, quedando oculta al finalizar el trabajo.

Muebles y tejidos

La regla de oro para conseguir un dormitorio tranquilo y relajante es utilizar unos muebles y una decoración sencillos. Cuanto más despejado y accesible sea el espacio, más agradable resultará vivir en él. Los tejidos naturales, suaves y absorbentes son ideales para conseguir este efecto.

La cama adecuada

El mueble más importante del dormitorio es, sin lugar a dudas, la cama. Pasamos la tercera parte de nuestras vidas en la cama, por lo que es fundamental probar muchas camas diferentes antes de comprar la que resulte

Abajo: esta cama de estilo tradicional está ligeramente elevada del suelo, lo que garantiza la circulación del aire alrededor.

perfecta para nosotros.

Muchas personas consideran que se descansa mucho mejor en un colchón duro y firme, aunque es posible que ésta no sea la mejor opción para ti, especialmente si padeces algún tipo de enfermedad o dolencia.

La clave está en encontrar una cama que ofrezca el soporte adecuado para la columna vertebral, dejando que las caderas y los hombros descansen cómodamente en su curvatura natural. La columna vertebral forma una especie de S cuando estamos tumbados y una línea recta horizontal cuando nos colocamos de lado. Utiliza una almohada que no sea demasiado alta ni demasiado baja y sujeta la nuca correctamente, manteniendo la cabeza alineada.

Es igualmente aconsejable elevar ligeramente la cama o el colchón del suelo para que el aire pueda circular alrededor de la cama. Además, si dormimos sobre el suelo estamos más expuestos al polvo y a la pelusa y resulta más complicado acostarse y levantarse.

Actualmente, las camas estándar están divididas fundamentalmente en tres partes: el colchón, la base y el cabezal y los pies.

Colchones

Aparentemente, todos los colchones parecen iguales, pero existen muchas clases diferentes atendiendo a su estructura interna. Los colchones de espuma se hacen con varias capas de

material de distintas densidades que ceden cuando nos tumbamos encima. Este tipo de colchón es perfecto para una base de tablillas.

Hoy en día, el modelo de colchón más popular en el mercado es el de muelles. Una buena cama tiene muchos muelles compactos (hasta 1.500 en una cama doble), que ofrecen un gran soporte individual. La superficie de las camas de muelles no es completamente lisa, sino que presenta una ligera ondulación, de forma que la cama de adapta a la forma del cuerpo.

Otra alternativa son los futones, originarios de China e ideados para dormir en el suelo o sobre superficies bajas de madera. El futón tradicional no tiene muelles y proporciona una superficie firme de descanso, además de ser una buena solución si pretendemos ahorrar espacio, ya que, por la mañana, se enrolla y se guarda en una caja o en el armario.

Tipos de bases

Las camas suelen estar colocadas sobre tablillas o divanes. Algunas camas antiguas tienen un marco con muelles, pero actualmente es muy raro encontrar estos modelos en el mercado.

El diván es la base más utilizada. Se trata de una construcción con forma de caja con la parte superior ligeramente acolchada. Suele estar tapizado con la misma tela que el colchón y viene equipado con unas ruedecillas para poder moverlo. Algunos traen

incluso cajones, que resultan muy útiles para guardar la ropa de cama que no utilicemos. Los divanes no suelen traer pies ni cabezal, pero se pueden comprar por separado y añadirlos si resulta necesario.

Las bases de tablillas están hechas con listones flexibles de madera laminada sujetos en un marco. Estas estructuras suelen ceder un poco con el peso del cuerpo y en algunos sistemas se puede regular la tensión para conseguir un soporte más duro o blando. Se recomienda utilizar este tipo de bases con colchones de espuma.

Antes de comprar el colchón y la base, pruébalos juntos para asegurarte de que sean compatibles.

Tableros y marcos para camas

Las camas más tradicionales son las que tienen cuatro postes. Esto se re-

Camas ajustables

La cama ajustable es prácticamente una novedad en el mercado. Suelen ser eléctricas y, los modelos de doble ancho presentan dos colchones y bases individuales para que cada persona pueda adaptar la cama a sus gustos o necesidades particulares. Este tipo de camas te permiten ajustar la parte de la cabecera, la de los pies o los dos extremos a la vez. Al levantar la parte de la cabecera, obtendremos una postura más cómoda para leer o beber una taza de té, mientras que elevar la parte inferior puede resultar muy beneficioso para las personas con problemas circulatorios o digestivos.

Arriba: en este cojín se reproducen los adornos y el tejido del edredón.

Arriba derecha: los muebles neutros, como esta lámpara, combinan bien con la ropa de cama sencilla y minimalista.

Abajo: este esquema tono sobre tono se realza con los diferentes tejidos empleados, desde los de textura alveolar hasta el lino.

Buscando el colchón ideal

Los colchones deberían cambiarse cada 10 años debido a que el 75 por ciento estará deteriorado. En algunos casos, es necesario darles la vuelta a los colchones cada cierto tiempo para compensar el desgaste. También es importante colocar una funda de colchón, que puede ser de un material sencillo, como el calicó o el algodón. Estas fundas se ponen encima del propio protector del colchón y son muy fáciles de sacar para lavarlas regularmente. Hay unas fundas repelentes de polvo recomendadas para las personas que padezcan eczemas o asma.

monta a la época en la que se colgaban cortinas alrededor de la cama, cuando se colocaban los postes para poder correrlas y mantener el frío a raya. Hoy en día, en la era de la calefacción central, este tipo de cortinas tienen una finalidad meramente decorativa. Los cuatro postes tradicionales se han convertido en soportes de madera con un marco por encima. El panel trasero se cuelga con un material grueso o con una tela similar a la utilizada en tapicería entre los dos postes de la cabecera de la cama. Luego se coloca un dosel por encima y las cortinas caen a los lados de la cama.

Esta ornamentada y pesada estructura se ha refinado y simplificado en los últimos años, convirtiéndose en un sencillo marco de madera lisa donde se cuelga un velo de algodón. En los dormitorios de tipo rústico estos velos pueden ser de guinga o de telas estampadas.

El complemento más sencillo es el cabezal forrado, que se puede sujetar directamente al diván con tornillos y arandelas. A la hora de escoger el cabezal, ya sea de madera, de hierro o forrado de tela, trata de encontrar el que mejor se adapte al resto de la decoración. Si tu dormitorio tiene un estilo zen y sencillo, puedes decantarte por un cabezal de madera de cerezo natural, de tableros o con una única barra de sujeción, o por un borde de pino encerado, que encajarán a la perfección con el ambiente de la habitación. Si, por el contrario, la decoración de tu dormitorio es más ornamental y colorista, puedes escoger un cabezal acolchado y forrado con una tela de colores alegres.

Otra opción muy moderna son los cojines acolchados o un tabardo largo sujeto con bridas o con lazos. Este tipo de cabezales cuelgan de un listón sujeto a la pared, de modo que el cabecero actúa como amortiguador entre la cabeza y la pared (véase *Sujeciones de ta-*

bardos a cabeceros extraíbles, páginas 152-5).

Las personas altas normalmente prefieren las camas sin ningún tipo de tablero a los pies para no sentirse limitados, pero en muchas camas tradicionales, como las de hierro forjado, madera y cobre, los tableros del cabezal y de los pies forman parte del efecto total. Aunque en las tiendas especializadas se pueden encontrar gran cantidad de armazones de cama antiguos, estos suelen ser de tamaño pequeño y normalmente es necesario hacer el colchón y la base a medida. De todos modos, en el mercado hay muchas copias modernas de estos diseños tradicionales disponibles en tamaños actuales y con tratamientos para evitar la oxidación y, en el caso de las estructuras de latón, para evitar el deslustre.

Los materiales tradicionales también se utilizan para hacer armazones modernos de acero y de hierro. Pueden ser sencillos, siguiendo los diseños habituales de madera, o más ornamentados y originales, con hojas y zarcillos de estilo Art nouveau. Otra opción es encargar el cabezal a medida a un herrero o al propietario de una herrería, de acuerdo con tu propio diseño.

Ropa de cama

La ropa de cama es otro elemento decorativo de gran importancia. Existe una variedad tan amplia, que a menudo resulta complicado elegir. Cambiar la ropa de cama puede ser otra buena forma, sencilla pero eficaz, de marcar los cambios de las estaciones, optando por los colores más intensos para los meses de invierno, y por los tonos blancos y claros para el verano. Actualmente podemos encontrar en el mercado una amplia gama de edredones y juegos de almohada reversibles, diseñados específicamente para conseguir estos cambios de ambiente en el dormitorio.

Aunque los juegos de cama de colores y estampados empezaron a hacerse populares a partir de la década de 1960, las clásicas sábanas de algodón blanco y fresco siguen siendo la opción preferida y, además, se adaptan perfectamente a cualquier estilo y decoración, desde lo sencillo hasta lo recargado. Los juegos blancos no tienen por qué ser lisos y aburridos, los pequeños detalles son los que los harán especiales. Por ejemplo, unos ribetes, unas tiras de bordado inglés, unos dibujos en la propia tela o un monograma realzarán una cama con ropa de lino blanco.

Colocando cojines y almohadones podemos darle a la cama un aspecto más vistoso y contribuimos a la deco-

ración total de la habitación. Hay muchas formas y tamaños diferentes: algunas almohadas son grandes y cuadradas, otras largas y rectangulares. Tradicionalmente se utilizaban almohadas largas y cilíndricas, colocadas en la cabecera de la cama, lo que podía servir como soporte para una segunda almohada. Prueba a colocar almohadas de distintas formas hasta encontrar la combinación que quede mejor en tu cama.

También puedes utilizar fundas de colores diferentes para enfatizar la decoración del dormitorio. Por ejemplo, puedes utilizar un tono oscuro en las almohadas grandes y cuadradas del fondo y descantarte por unas fundas de colores más claros para la almohada alargada de delante.

Cortinas y persianas

Las cortinas y las persianas son la mejor forma de aunar el esquema de color de la habitación. Cuando vayas a elegir los tonos que vas a utilizar en las cortinas, fíjate primero en las telas que hayas empleado en otro accesorio del dormitorio, como en la ropa de cama o en los cojines, e intenta encontrar un color que lo complemente.

Asegúrate de que el estilo de cortinas que escojas combine con el resto de la habitación. Las cortinas de gasa ligera quedan muy bien en un dormitorio de estilo contemporáneo, mientras que las de tonos oscuros y fuertes, complementadas con guirnaldas y faldones, resultan perfectas para crear un ambiente de opulencia en una habitación decorada de forma tradicional.

Abajo: es importante que las telas elegidas para las cortinas y la ropa de cama sean complementarias. En esta fotografía, los sencillos cojines blancos combinan a la perfección con las cortinas de color neutro y adornos de color.

Abajo izquierda: la ropa de cama blanca no es aburrida. Los pequeños detalles, como un bordado inglés o un pequeño dibujo, le darán un toque especial.

sujeciones

de tabardos a cabeceros extraíbles

Los tabardos de calicó son perfectos para una casa moderna y muy útiles para guardar artículos de lectura. Si además bordamos unas iniciales conseguiremos darle a una cama utilitaria un toque personal. Para hacerlos utilizaremos una lona fuerte, del ancho adecuado para nuestra cama. Es necesario saber técnicas básicas de costura para asegurar bien los huecos de almacenamiento. A continuación, se colocan listones de bambú en la parte de atrás para aguantar la estructura del tabardo. Los botones de perla aportan el toque decorativo y fijan el tabardo encima del poste de la cama.

Materiales

12 m/39 pies de lona natural

Hilo de algodón para unir

Hilo de coser de seda gris

9 botones de perla

Bambú de 1,5 m/5 pies de largo y 50 mm/2 pulgadas de diámetro

Herramientas

Máquina de coser (o aguja e hilo para coser a mano)

Libro de caligrafía

Fotocopiadora u ordenador

Papel vegetal

Lápiz blando

Aro de bordar

Aguja

Tiza de sastre

Escuadra

Cinta métrica

Navaja

Preparación del tejido

1 Corta tres trozos de lona longitudinalmente que se ajusten a la distancia entre el poste de la cama y el colchón. En uno de los trozos añade la mitad de dicha longitud para poder hacer los huecos y deja un par de centímetros (aproximadamente una pulgada)

en ambos extremos para hacer el dobladillo. Prénsalo bien y haz el dobladillo. Dobla dos de los trozos a la mitad y colócalos por encima del poste. Escoge unas iniciales de un libro de caligrafía y haz una fotocopia ampliada o hazlas e imprímelas en el ordenador. Calca las iniciales utilizando papel vegetal.

Cómo coser los monogramas

2 Traspasa los monogramas que hayas escogido a la tela con un lápiz blando. Coloca el aro de bordar sobre los monogramas y borda las letras con el hilo de seda. Escoge un color que combine con la decoración del dormitorio.

Pasa el monograma a la tela utilizando papel vegetal y un lápiz de punta blanda.

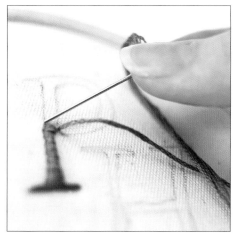

Borda las letras del monograma con hilo de seda.

Conoce tus materiales

La lona es un material fuerte y utilitario que se encuentra disponible en diferentes pesos y al que se le pueden dar muchos usos distintos.

La lona de tumbona está disponible en un grosor adecuado para forrar tumbonas con bordes preterminados. Se puede encontrar con listas de colores o en su color natural utilizado en este caso. Su principal ventaja para este diseño es que se trata de un material muy resistente que puede soportar fácilmente el peso de libros y revistas. Puedes encontrarlo en grandes almacenes y en proveedores escénicos (teatrales).

Haz los bolsillos

3 Toma el tercer trozo de tela y dobla la parte delantera hacia delante para formar un lazo, sujetándolo con un alfiler. Traza dos líneas utilizando la tiza de sastre y la escuadra, tomando una revista como referencia. Coloca unos alfileres y cose.

4 Utiliza un par de libros de bolsillo o de revistas para calcular la profundidad necesaria para los bolsillos superiores. Sujeta la tela con alfileres en el sitio adecuado y cósela con puntadas derechas de longitud media.

Cómo colgarlo

5 Deja caer la tela libremente por encima del cabecero, asegurándote de que los tres trozos estén nivelados, y marca cuatro puntos equidistantes a través de la parte superior de la tela, 4 cm/1½ pulgadas. Mide los botones y marca las posiciones de los ojales con la tiza de sastre.

6 Cose los ojales a máquina o, si prefieres coserlos a mano, haz unos cortes horizontales ligeramente más pequeños que los botones que hayas elegido. Remátalos con punto de ojal.

7 Sujeta con un alfiler los dos extremos de los botones y haz un corte con la navaja.

8 Cose muy bien los botones en la parte interior y encaja el bambú en su sitio.

Utiliza una revista para calcular del tamaño del bolsillo y coloca un alfiler para señalar la posición.

Asegúrate de que dejas suficiente espacio en el bolsillo de abajo para guardar libros.

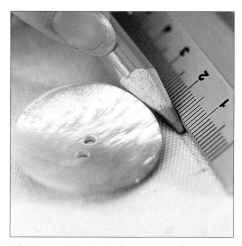

Mide la posición de los botones y márcala con tiza de sastre.

Alternativa

La lona es un material perfecto para confeccionar sistemas de almacenamiento colgantes que resulten resistentes, ya que se puede doblar cuando no se utilice. Los estantes se hacen con cartón forrado con la lona. Estos estantes van cosidos a los paneles laterales, lo que da al conjunto un aspecto de concertina. Es fundamental medir la profundidad del espacio antes de empezar y tener en cuenta el tamaño de los objetos que pretende guardar para hacer la unidad del tamaño adecuado.

Corta dos paneles laterales del mismo tamaño, prénsalos y hazles un dobladillo con una máquina de coser. Decide el número de estantes que necesitas (no te olvides de las piezas inferior y superior). Corta los trozos de cartón que necesites utilizando la escuadra y una navaja y corta trozos de lona para cubrir cada uno de los cartones. Cose la tela a máquina. Marca la posición de cada estante con una tiza de sastre en la parte interior de cada panel lateral. Cose los estantes a máquina en el lugar que les corresponda y añade dos solapas para la parte superior con velcro fuerte que se adapte al armario o al lugar donde vayas a colgarlo. Por último, cose a máquina el panel inferior y el superior.

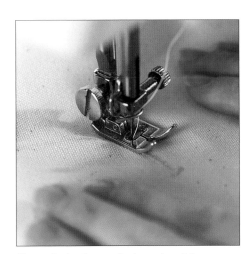

Te resultará más sencillo hacer los ojales con una máquina de coser.

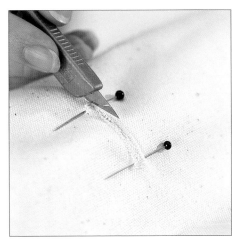

Corta los agujeros de los ojales con sumo cuidado utilizando una navaja afilada.

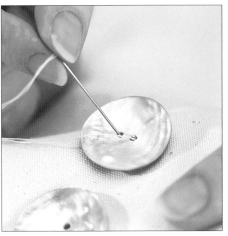

Cose bien los botones en su lugar correspondiente antes de colgar el tabardo en la pared.

corcho blanqueado

para cabezal con nichos decorativos

Este sencillo y minimalista cabezal está diseñado para que parezca un mueble empotrado. Su tamaño dependerá de las dimensiones de las láminas de madera contrachapada, que suelen ser de 2,5 x 1,25 m/8 x 4 pies, una medida que las hace ideales para colocarlas detrás de un futón. La cubierta de corcho es una superficie perfecta para los recuerdos, mientras que en los nichos podemos poner accesorios básicos y en los lados abiertos del cabezal se pueden guardar revistas. Debe manejarse con cuidado por su peso y altura y, además, tiene que estar bien sujeto a la pared por medio de chapas de espejo.

Materiales

5 cm²/2 pulgadas² de sección cuadrada de madera cepillada cortada en los siguientes tamaños: 4 trozos de 2,5 m/8 pies de largo, 5 trozos de 1,1 m/3 pies y 10 pulgadas de largo

Pegamento especial para madera

Tornillos para madera

2 láminas de 6 mm/¼ pulgada de madera contrachapada gruesa

Adhesivo para losetas de corcho

Losetas de corcho

Blanqueador

Adhesivo de fijación rápida

Barniz acrílico satinado

Herramientas

Lápiz

Escuadra

Serrucho

Cincel

Prensa manual

Taladro eléctrico

Sierra de vaivén

Regla de metal

Navaja

Papel de lija

Sierra para cortar ingletes

Preparación del marco

1 Empieza marcando las juntas de bisección en la madera para hacer el marco. Para preparar la parte central utiliza el tablero de 2,5 m/8 pies de largo. Marca las posiciones de cinco horizontales con la misma distancia entre ellas con un lápiz y una escuadra (ten en cuenta el gro-sor de la madera al hacer esta operación). Haz dos cortes paralelos con el serrucho en la mitad del espesor de la madera y elimina la sobrante con un cincel afilado, en forma de U. Repite la misma operación en tres de los cinco tablones de 1,1 m/3 pies y 10 pulgadas, colocándolos verticalmente en la parte central y marcando en cada uno de ellos las correspondientes muescas.

2 Extiende una capa de pegamento especial para madera en las muescas antes de encajarlas. Sujeta cada junta en una prensa de mano, taladra un agujero y atorníllala en el lugar adecuado, asegurándote

Retira la madera con un cincel hasta formar una muesca en forma de U.

Aplica una capa de pegamento en cada muesca y encaja las juntas de bisección.

Conoce tus materiales

Las sierras para ingletes son herramientas muy útiles que permiten cortar un ángulo perfecto de 45°, esencial para hacer juntas. Si no quieres comprarlas, se pueden alquilar en tiendas de alquiler. También puedes emplear ingletes de madera más rudimentarios que consisten en una artesa de madera o plástico en forma de U con ranuras precortadas de 45°. El marco se puede colocar en la artesa y las ranuras pueden emplearse como guía para que una sierra de mano corte el ángulo.

de que las cabezas de los tornillos están embutidas bajo la superficie. Coloca los listones en su sitio utilizando juntas planas.

3 Coloca el marco sobre cada tablero de aglomerado y marca las posiciones de los listones con un lápiz. Sujeta el lado marcado de la madera contrachapada contra la parte delantera del marco y taladra a través del grosor de la madera contrachapada en el marco con una broca para madera. Utiliza tornillos embutidos para la sujeción.

Cómo marcar los nichos

4 Marca las posiciones de los nichos cuadrados recortados en la madera contrachapada restante utilizando un lápiz y una escuadra. Asegúrate de que cada nicho queda justo encima de un listón de madera, que formará el estante.

5 Recorta los nichos del contrachapado con una sierra de vaivén y une la madera con la parte delantera del marco, atornillándolo a los listones con tornillos embutidos.

Colocar losetas de corcho

6 Extiende adhesivo por la parte delantera del contrachapado y coloca las losetas. Corta donde sea necesario con regla de metal y navaja.

7 Lija las losetas y pinta con un par de capas de blanqueador.

8 Remata los bordes de los nichos y del aglomerado cortando un adorno en L con una sierra para ingletes. Pega este trozo con adhesivo de fijación rápida y mantenlo sujeto con una prensa manual hasta que esté bien pegado. Barniza todo con un barniz acrílico satinado.

Taladra el contrachapado en el marco de madera y fíjalo con tornillos.

Marca las posiciones de los nichos en el contrachapado restante.

Recorta los cuadrados de los nichos del contrachapado con una sierra de vaivén.

Alternativa

Si prefieres un resultado más suave y adaptado, ¿por qué no construyes un cabezal acolchado? Hazlo alto y de forma cuadrada para asegurarte de que tenga un aspecto contemporáneo. Forrar un cabezal de cuero o ante es el último grito en la decoración de lujo y tiene la ventaja de que te durará muchos años, pero si tu presupuesto es más reducido, decántate por la antelina o el cuero inglés en colores suaves.

Decide el tamaño que quieres darle a tu cabezal y pide en la tienda que te corten dos piezas de 12 mm/½ pulgada de grosor de madera comprimida de densidad media. Antes de empezar, lija ligeramente los bordes. Toma dos trozos de espuma gruesa, córtalos del mismo tamaño que los tableros y pégalos en su lugar correspondiente utilizando un adhesivo blanco fuerte. Corta dos trozos de tela suficientemente grandes para cubrir los tableros revestidos con la espuma. Sujeta bien la tela en la parte trasera del tablero utilizando una pistola de grapas, estirándola para que quede tirante. Grapa los lados opuestos al mismo tiempo para que la tela se tense uniformemente. Sujeta los tableros a la pared justo por encima del colchón utilizando para ello chapas de espejo.

Pega las losetas de corcho encima de toda la superficie de la parte delantera del contrachapado.

Lija ligeramente la superficie y echa dos capas de blanqueador por encima de las losetas de corcho.

Sujeta los recortes en forma de L alrededor de los nichos y del cabezal con una prensa manual.

159

estores

de lino enmarcados con paneles decorativos

Estos estores son la alternativa perfecta a los sobrecargados adornos de las ventanas. Además, el lino natural es un tejido ligeramente transparente que deja pasar la luz del sol, al mismo tiempo que ayuda a preservar la intimidad del interior. En este caso, hemos añadido una cinta de lino en forma de cruz a modo de adorno. Los estores, colocados en un marco ligero de madera, pueden adaptarse a cualquier tamaño de ventana. En este caso, vamos a utilizar un mecanismo deslizante pero, si la ventana está a ras de la pared, sujeta los paneles al marco con unas bisagras y añade un cierre de broche y corchete.

Materiales

1,5 cm^2/½ pulgada de madera cepillada

Pegamento especial para madera

Puntas para tablero

Emulsión blanca (acrílica)

Lino natural o un material de grosor similar

Cinta de lino o de aspecto parecido al lino en dos anchos y colores diferentes

Alfileres

Adhesivo para telas

Pegamento para telas

Herramientas

Cinta métrica

Sierra para cortar ingletes

Martillo para puntas

Prensa manual

Brocha

Tijeras

Plancha

Pistola de grapas

Bisagras o juego de puerta corredera

Preparación del marco

1 Calcula el tamaño de los marcos que vas a necesitar midiendo la ventana con exactitud. A continuación, corta la madera para hacer los marcos utilizando una sierra para cortar ingletes. Echa pegamento especial para madera y sujétalos en el lugar correspondiente con unas puntas y un martillo especial. Afiánzalos con una prensa manual hasta que se fije bien el pegamento. Repite el mismo procedimiento en las cuatro esquinas y déjalos secar bien toda la noche.

2 Pinta la superficie de los marcos con una capa de pintura de emulsión blanca (acrílica).

Preparación de los paneles

3 Corta paneles de lino de un tamaño que cubra los marcos. Corta unas tiras de la cinta más ancha y colócalas formando una cruz en cada panel. Pon la cinta más estrecha encima para hacer un borde. Sujeta las telas con alfileres para que no se muevan al darles la vuelta.

Pega los ingletes con pegamento especial para madera y, a continuación, fíjalos con unas puntas.

Cuando los marcos estén bien sujetos, píntalos por encima con emulsión blanca (acrílica).

Conoce tus materiales

La tira de adhesivo consiste en un material fino y la parte de atrás es un papel o cinta impregnada en pegamento para telas. Se usa en costura, como una manera rápida de hacer un dobladillo a un vestido o añadir un parche sin necesidad de coser. Se vende en una variedad de distintos anchos y para unir distintos tipos de material. El pegamento se aplica planchando el adhesivo. Entonces el papel trasero se desprende. Se hace la unión intercalando las tiras de adhesivo juntas y presionando de nuevo con la plancha.

4 Plancha las tiras de adhesivo para tela sobre parte de atrás de la cinta, siguiendo las instrucciones del fabricante.

5 Extiende los paneles de lino sobre una superficie plana y larga protegida con un paño resistente al calor y plancha la cinta para pegarla en su lugar correspondiente. La cinta se pegará al lino gracias al adhesivo para tela.

6 Estira los paneles de lino sobre cada uno de los marcos, asegurándote de que quedan bien tensados y dobla los bordes hacia abajo. Grapa la tela, con cuidado de que el lino quede tirante en cada dirección.

7 Utiliza un pegamento para telas que no manche para colocar el adorno de cinta alrededor de los bordes de los marcos, escondiendo las grapas para que sea más curioso (hemos añadido un borde de cinta opcional al marco de los paneles).

Sujeta los paneles

8 Sujeta los paneles de lino. Si quieres que se abran tipo vaivén, atornilla unas bisagras en los lados de los paneles y sujétalos en el marco. Si prefieres que se deslicen hacia los lados, utiliza un juego para puertas corredizas, que consiste en una canaleta fijada en la pared o en el techo. A continuación coloca unas ruedas o ruedecillas en cada panel.

Forma una cruz con los dos tipos de cinta y únelas con unos alfileres.

Dale la vuelta a la cinta y plancha sobre la parte trasera de la tela un adhesivo.

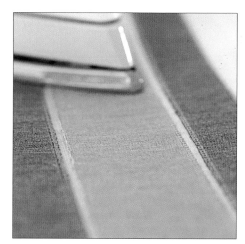

Vuelve a colocar la cinta sobre el lino y plánchala en su posición final.

Alternativa

Si no tienes espacio suficiente para colocar los paneles de lino o prefieres una decoración más sencilla para la ventana, puedes hacer un estor. Este tipo de estores son más sencillos que las persianas romanas y, en vez de formar pliegues rígidos, se recogen suavemente. Los estores de tejidos naturales y sin forro quedan especialmente bien, ya que permiten que se filtre la luz natural.

Mide y corta un trozo de tela del tamaño de la ventana, añadiendo 10 cm/4 pulgadas más a cada lado. Dale la vuelta a los bordes, prénsalos bien y haz un dobladillo con una máquina de coser. Dobla la parte de arriba de la tela y cósela a máquina, dejando un hueco para introducir un listón de madera del mismo ancho que el estor (tras introducir el listón, cose a mano los extremos). Cose tres filas verticales de anillas de latón pequeñas a intervalos regulares (de aproximadamente 30 cm/1 pie) sobre la parte trasera de la cortina. Coloca tres cáncamos roscados de latón en la parte de atrás del listón. Pasa un cordón entre los cáncamos y, a continuación, a lo largo de las anillas. Al tirar de este cordón, levantaremos y bajaremos la cortina. Sujeta el listón con abrazaderas en L a un segundo larguero colocado justo encima de la ventana.

Sujeta el lino al marco utilizando una pistola de grapas. Asegúrate de que la tela esté bien tirante.

Esconde las grapas pegando una cinta sobre los bordes.

Sujeta los paneles a la ventana usando el método adecuado. Las bisagras pueden ser una opción.

Exposición y almacenaje

Cuanto mejor colocado esté tu armario, más fácil te resultará ver su contenido y elegir la ropa. Los montones de jerséis enroscados en el fondo de un estante o los zapatos desparejados escondidos debajo de la cama harán que pierdas más tiempo en vestirte y que ésta se convierta en una tarea complicada en lugar de agradable.

Abajo: los armarios empotrados se pueden encargar a medida para adaptarlos a los espacios más complicados. También el interior se puede diseñar para que se ajuste a tus necesidades en función de tu ropa y accesorios.

Abajo derecha: esta pared de armarios se construyó alrededor de una chimenea. Los estantes situados encima de la chimenea tienen menos profundidad, pero se pueden aprovechar para colocar objetos más pequeños, como camisetas dobladas o prendas de punto.

Muebles para almacenar

Tener un buen espacio dedicado a guardar cosas es fundamental para que tu dormitorio tenga un aspecto ordenado y acogedor. Al diseñar tu habitación, piensa qué opción de almacenamiento te interesa.

Armarios

La división del espacio del armario es muy importante. Reserva una parte para los vestidos y los abrigos largos, pero subdivide el resto de la zona destinada a colgar perchas en dos niveles para doblar su capacidad. Puedes acomodar las camisas y las faldas en una de las mitades y dejar la otra para las cazadoras y los pantalones doblados a la mitad.

Los armarios pueden ser de estilos y formas muy diferentes. Hoy en día, los más comunes son los armarios empotrados o los prefabricados, que ocupan toda una pared o se empotran en un hueco a ambos lados de la chimenea. Actualmente, los armarios sueltos disponibles en el mercado suelen ser o bien el modelo clásico de armario de madera pesado o la variedad más moderna de armario de madera comprimida de densidad media.

Si tienes poco espacio en el dormitorio, puedes decantarte por una sencilla barra de metal sujeta a la pared o colocada sobre unos soportes y una cortina de tela para tapar la ropa y evitar que se llene de polvo. Otra posibilidad para las habitaciones pequeñas en las que no haya espacio suficiente

para abrir del todo unas puertas normales de bisagra son los armarios con puertas correderas. Por otro lado, si no tienes problemas de espacio en el dormitorio, puedes dividir una parte de la habitación para hacer un vestidor. Puedes colocar unas luces direcciona-

les empotradas en el techo, para que este espacio esté bien iluminado.

En las habitaciones infantiles, las divisiones entre la zona de colgar y la parte de estantes pueden ser más pequeñas debido a que la ropa de los niños necesita menos espacio. Si hay

Almacenamiento de temporada

La mayor parte del almacenamiento en un dormitorio gira entorno a los cambios de temporada, entre el vestuario y la ropa de cama de primavera/verano y otoño/invierno. En los meses de verano necesitaremos más espacio de almacenamiento, cuando no utilizamos los voluminosos edredones de invierno, los abrigos, las cazadoras ni los jerséis gordos.

La mejor forma de guardar la ropa es meterla en fundas de plástico para ropa después de lavarla y colocarla en la parte superior del armario o en cajones en la base de la cama. También puedes comprar cajas especiales que traen unas ruedecillas incorporadas y se deslizan debajo de la cama.

Izquierda: *un vestidor es una combinación de espacios destinados a colgar y guardar cosas y una zona para vestirse.*

Abajo: *si subdivides un cajón con un divisor los objetos más pequeños estarán ordenados y te resultará mucho más sencillo encontrarlos.*

algún hueco se puede llenar con un cajón grande en la parte de abajo para guardar los zapatos y las botas, un par de estantes estrechos para los jerséis, las camisas y las camisetas y un espacio para colgar perchas en la parte superior. Si en lugar de puertas decides colocar unas cortinas, escoge una tela alegre y divertida que refleje los gustos de los niños.

Cómodas

La otra zona principal de almacenamiento en los dormitorios suele ser la cómoda. Una de las ventajas de los cajones es que se pueden subdividir de forma que las cosas se pueden guardar en huecos separados en lugar de amontonarlas. Las prendas pequeñas, como las medias y los calcetines, se pueden enroscar en un bola y guardarlas en las secciones individuales de un separador de cajones.

Piensa detenidamente en la distribución de los estantes. Algunas personas prefieren pocos estantes pero que sean grandes y con bastante fondo, aunque es más aconsejable optar por una mayor cantidad de estantes estrechos, ya que en los estantes grandes tendemos a acabar apilando dos montones de ropa. Esto significa que nos

resultará complicado acceder a la ropa del fondo sin sacar toda la de delante. Los estantes estrechos nos permiten colocar la ropa en pilas fácilmente accesibles.

Mesillas de noche

Las mesillas de noche también resultan muy prácticas. Pueden ser unidades sueltas o estar integradas en el cabezal. Teniendo en cuenta que un dormitorio es un lugar destinado a la relajación, podemos colocar libros, una radio y un reproductor de CD en estas mesitas, además de un teléfono y una lamparita. También se pueden

Arriba: *estas unidades resultan perfectas para guardar las camisas dobladas.*

Abajo derecha: *esta mesilla de noche montada contra la pared ocupa poco espacio pero proporciona un lugar perfecto para guardar artículos básicos.*

Ambientadores

Se pueden meter unas bolsitas perfumadas en los armarios y en los cajones. En los armarios, especialmente donde se guarda ropa de hombre, te recomendamos que utilices el aroma madera, ligeramente almizclado, del cedro. También se pueden colocar estas bolsitas entre los zapatos y las cajas de la parte inferior del armario. Una opción es colocar unas hojitas de papel aromatizado que resultan muy decorativas y se sitúan en la base de un cajón para que vayan soltando gradualmente todo su olor, de modo que la ropa situada encima se mantiene ligeramente perfumada. Algunas personas colocan pastillas de jabón de buena calidad en los cajones para perfumar su contenido.

utilizar para colocar todas las cosas que podamos necesitar: una caja de pañuelos de papel, el despertador, un vaso de agua. El equipamiento básico para dormir se puede ir acumulando hasta terminar inundando el suelo y los bajos de la cama. Por lo tanto, asegúrate de que tu mesilla de noche es suficientemente grande. Busca un modelo que tenga algún estante o un armario en la parte inferior para poder guardar objetos de diferente tamaño.

Para aliviar la presión sobre el espacio limitado de una mesilla, puedes optar por colocar una lámpara de pared en lugar de una lamparita de noche (escoge un modelo que sea regulable). Si tienes un tabardo (véase páginas 152-5) puedes coser unos bolsillos en el borde para colocar objetos que te resulten útiles y sean pequeños y ligeros, como unos pañuelos de papel o un despertador de bolsillo.

Otros sistemas de almacenamiento extra

Si tienes un dormitorio espacioso puedes colocar un baúl o un banquito a los pies de la cama. Puedes utilizar el baúl para guardar más cosas, aunque también te puede resultar útil para colocar ropa encima y para sentarte.

Un sillón, ya sea una butaca pequeña o un mueble de estilo más elegante, puede resultar muy útil en un dormitorio, a la vez que decorativo.

Soluciones de almacenamiento

Otro aspecto a tener en cuenta a la hora de planificar el espacio de almacenamiento de un dormitorio es el tamaño de las cosas que tenemos. Estos objetos van desde unos pendientes hasta un abrigo y desde la lencería fina hasta un par de botas o de zapatos. Cada uno de estos objetos necesita un lugar especial que se adapte a su tamaño y a su forma.

Botas y zapatos

Las botas y los zapatos ocupan mucho espacio y son muy difíciles de guardar, a no ser que tengamos un lugar especial para ellos. Puedes comprar o hacer unos bolsillos colgantes para zapatos. Estos dispositivos tienen un respaldo reforzado y unas filas de bolsillos cosidas en la parte de delante. Cada uno de estos bolsillos es suficientemente largo y ancho para guardar un par de zapatos.

Otra opción son los estantes o cajones para zapatos, que se pueden colocar en la parte inferior del armario. Los estantes para zapatos suelen ser de dos estilos diferentes: de metal con ranuras verticales donde se encajan los zapatos, de forma que la punta queda mirando hacia arriba y el tacón

usar un espejo del dormitorio cercano a la ventana para aprovechar la luz natural.

Espacios de almacenamiento decorativos

Las cajas grandes que utilizamos para guardar mantas y jerséis gordos pueden resultar decorativas e integrarse en el esquema del resto de la habitación si las forramos se forma que combinen. Si vas a empapelar la habitación, puedes utilizar el papel que te sobre para forrar las cajas, aunque siempre te quedará la alternativa de utilizar un forro liso e inexpresivo, que no te quedará igual de bien.

Si quieres conseguir un acabado más elaborado puedes grapar o pegar restos de materiales, como trozos sobrantes de cortinas y tapicerías. Pero si prefieres un acabado más sencillo, puedes pintar las cajas del mismo color que las paredes con un par de capas de pintura de brillo para que parezcan un recipiente o un cajón lacado.

Arriba: los frascos de los perfumes pueden resultar muy decorativos.

Izquierda: cajones diseñados para guardar zapatos en el armario de un dormitorio.

Abajo: serie de estantes estrechos para guardar los zapatos en filas ordenadas.

hacia abajo, o una sencilla estructura de madera dividida en dos estantes estrechos en los cuales se alinean los zapatos por pares. Otra alternativa es guardar los zapatos en bolsas o en cajas (recuerda etiquetarlas por fuera para identificar cada par fácilmente).

La mejor forma de guardar las botas suele ser con las hormas. También se pueden colgar en perchas con una sujeción al final. El peso de la base de la bota ayuda a mantenerla derecha.

Joyas y corbatas

Las joyas suelen ser artículos pequeños y delicados que es necesario guardar con extremo cuidado para evitar que sufran ningún daño. La mejor forma de guardar las cadenas y los collares es colocándolos en espiral o formando círculos en una caja honda o colgándolos en una percha. Los pendientes se tienen que guardar emparejados. Puedes comprar unas cajas que ya vienen subdivididas en pequeños compartimentos y que son perfectas para esto. Si no, puedes comprar cajitas para pendientes en una joyería.

Las corbatas y los cinturones se pueden colgar en un soporte pequeño o en un estante colocado en la cara interior de la puerta del armario, recuerda guardarlos en grupos y colocarlos por colores para que resulte más sencillo elegirlos y sacarlos.

Cosméticos y artículos de tocador

También es necesario reservar un espacio para los cosméticos, los cepillos del pelo, el secador y otros artículos de tocador. El mejor lugar para guardar una colección de botellas y frascos es en una bandeja o en una caja pequeña colocada en un armario o en el tocador.

Podemos dejar las piezas que sean más vistosas a la vista para que sirvan de adorno, pero recuerda que el perfume se puede deteriorar si se expone directamente a la luz del sol. Por lo tanto, recuerda que aunque el frasco quede muy bien encima de tu tocador, su contenido se puede estropear si se deja demasiado tiempo al sol.

Si tienes cuarto de baño dentro de la habitación, puedes guardar y utilizar allí la mayor parte de los cosméticos y de los artículos de tocador. De todos modos, a lo mejor prefieres

Cómo iluminar tu dormitorio

Los dormitorios deberían estar iluminados en dos niveles: una luz central o luces de pared generales que iluminen toda la habitación y lámparas de noche que se pueden utilizar para leer. Acuérdate de colocar el interruptor de la luz principal junto a la cama para poder apagar todas las luces sin tener que levantarte.

Planificar la iluminación

La luz utilizada en un dormitorio desempeña un papel fundamental a la hora de crear un ambiente relajante. Para obtener más información, consulta el apartado *Una iluminación eficaz* en la página 134.

La iluminación del dormitorio debe ser eficaz en los dos niveles. En primer lugar, es necesario tener un sistema de iluminación ambiente efectivo. Esta luz debe ser lo suficientemente potente para poder ver con claridad en el mo-

Abajo: una pantalla de terciopelo devoré suaviza y propaga la luz.

Derecha: un foco regulable, sujeto a la cama, proporciona una luz perfecta para leer.

mento de elegir la ropa o de maquillarse. El dormitorio es el lugar donde nos relajamos y leemos antes de dormir. Por lo tanto, el uso que hagas de la luz decorativa y focal es fundamental.

Iluminación ambiente

En la mayor parte de los dormitorios, la luz central procede de una lámpara colgante o de varias luces empotradas en la pared o en el techo. La decoración de estas luces centrales puede ser tan recargada o tan sencilla como desees. Las arañas y las panta-

llas de lámpara son ideales para una habitación de estilo tradicional, mientras que las luces empotradas en el techo complementan a la perfección un dormitorio contemporáneo.

A la hora de planificar la conexión de las luces, asegúrate de colocar interruptores junto a la puerta y junto a la cama, para poder iluminar la habitación nada más entrar y apagar las luces sin tener que levantarte de la cama.

Para convertir tu dormitorio en un lugar verdaderamente relajante, puedes colocar interruptores que regulen la luz principal para poder dejarla en un tenue brillo. Este tipo de iluminación es muy adecuada para la habitación de un bebé, ya que se puede dejar la luz suficiente para que una persona mayor pueda entrar fácilmente en el dormitorio y, al mismo tiempo, no perturba el sueño del niño.

Iluminación focal

En los dormitorios, las lámparas de noche son un complemento perfecto de las luces colgantes y de ambiente. Se pueden utilizar las lamparitas tradicionales que constan de un pie de cerámica o de madera y de una pantalla, aunque también se puede optar por las lámparas regulables colocadas en la pared o por una disimulada situada sobre la cabecera. Otra opción es colocar una lámpara con una pantalla que dirija la luz hacia un solo lado de la cama, de forma que no moleste a la persona que duerma en el otro lado.

El tocador necesita su propia luz, colocada de forma que no se refleje directamente en el espejo ya que, de este modo, deslumbraría. Por lo tanto, es necesario enfocar la luz de forma que ilumine a la persona que la utiliza.

Derecha: la iluminación al nivel del suelo crea un efecto muy moderno y elegante en un dormitorio de estilo minimalista y contemporáneo.

Abajo: la luz está colocada en la pared próxima a la cama, con lo que se consigue ahorrar espacio en la mesilla.

Accesorios del dormitorio

El dormitorio es un lugar en el que muchas personas satisfacen sus fantasías decorativas, pero también es un espacio personal destinado a la relajación y al descanso, por lo que es importante que resulte cómodo y esté bien organizado. Aparte de los objetos de mayor tamaño, como la cama y otros dedicados al acopio de enseres personales, los detalles pequeños son los que dan un toque íntimo y acogedor. Si es espacioso, puedes colocar una tumbona o un sillón con un reposapiés para poder sentarte o descansar cómodamente antes de meterte en la cama. Otra opción es colocar un baúl o una otomana a los pies de la cama con una zona en la base destinada al acopio de objetos, para colocar ropa o para sentarnos. Las cortinas también desempeñan un papel muy importante. Deben ser lo suficientemente tupidas para darnos la oscuridad y privacidad necesarias para dormir, a la vez que decorativas y vistosas, para que durante el día constituyan un adorno más. Debemos considerar las sujeciones y la galería de cortina, ya sean lisas u ornamentadas, una parte más del conjunto y elegirlas de forma que complementen la tela y el estilo de la cortina.

En esta galería de cortina se reproduce el mismo dibujo de la tela utilizada en la mayor parte del dormitorio. En este caso se optó por pintarlo en la esquina para complementar a las cortinas.

En este dormitorio se ha utilizado un colgadero de puerta bordado de estilo oriental para suavizar y adornar el manto sobre la chimenea.

Una decoración sencilla con colores neutros y tejidos naturales tiene un efecto relajante y calmante.

En este cojín con aplicaciones se reúnen las distintas tonalidades de rosa utilizadas en la habitación.

Una lamparita de noche nos proporcionará la luz necesaria para leer en la cama. Podemos utilizar otro tipo de iluminación ambiental complementaria, como la vela que vemos en la fotografía, para crear una atmósfera relajante.

En este dormitorio de estilo minimalista el paisaje se esconde con una sencilla cortina de lienzo.

Podemos colgar un saquito con cedro oloroso en las perchas para perfumar todo el armario con su sutil aroma.

Los cosméticos, como este frasco de perfume y el tarro de cristal a juego también se pueden utilizar para adornar la habitación.

Utiliza papel perfumado para forrar los estantes dedicados a guardar ropa. El papel mantendrá la ropa fresca y le dará un agradable pero sutil aroma.

Ante la duda, escoge siempre ropa de cama blanca y lisa, ya que es la única forma de no equivocarte nunca.

Este alambre de metal es un método sencillo para colgar unas cortinas ligeras sin necesidad de coserlas.

No te olvides de los pequeños detalles. Colocando unos tiradores bonitos en los armarios y en los cajones lograrás potenciar y unificar la decoración del dormitorio.

Otra forma de perfumar la ropa es colocando una bolsa de papel con hierbas secas (como la lavanda) dentro. También la puedes llenar con bolitas de naftalina.

Lograr organizar bien el espacio de almacenamiento es fundamental en un dormitorio. Este armario dividido en secciones da una serie de compartimentos individuales para colgar objetos y guardar accesorios y ropa doblada. De este modo, a su propietario le resultará muy sencillo encontrar el artículo que busca en cada momento.

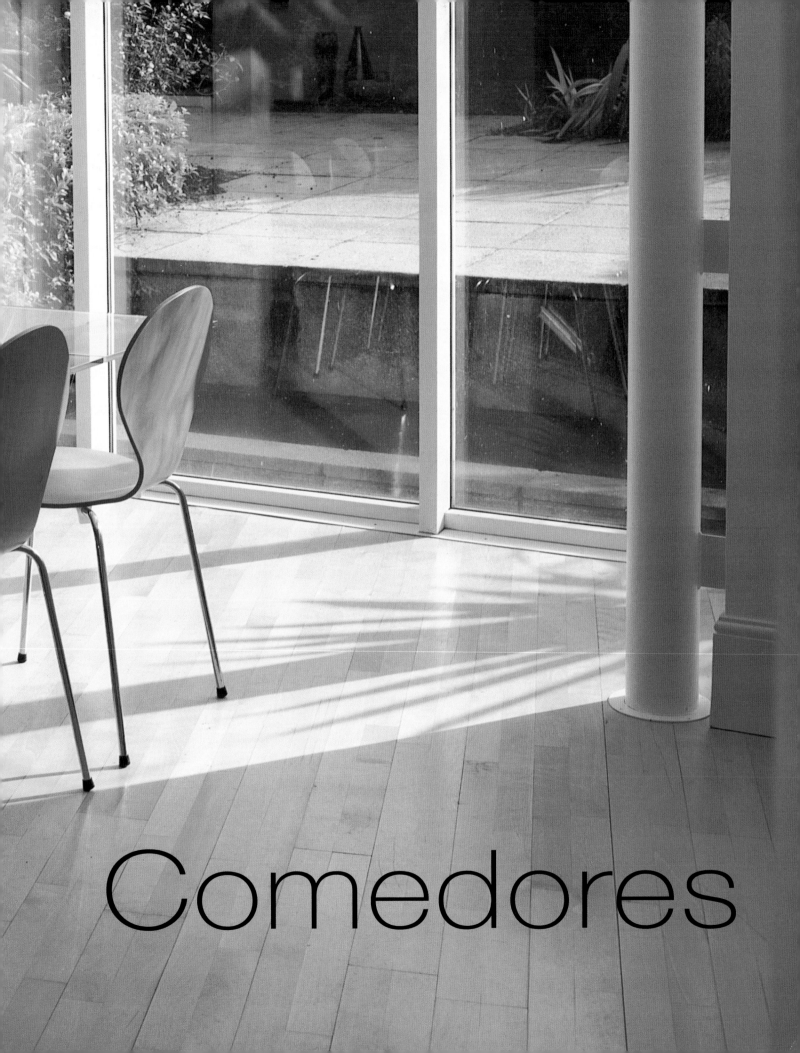

Comedores

Cómo planificar
tu comedor

Hoy en día son pocas las casas que disponen de un comedor independiente, ese espacio suele formar parte de otro, como la cocina o el salón. Esta dualidad de espacios implica que la decoración de uno esté condicionada por la del otro. Por eso, hay planificar cuidadosamente el esquema decorativo de esta zona.

Abajo: *las puertas plegables altas crean una elegante división entre el estilo moderno de la cocina y el clásico del comedor.*

Abajo derecha: *un arco, construido en una pared trasera, forma un pasillo entre el comedor y la cocina al fondo.*

Enfrente: *los colores del espacioso comedor y la cocina anexa se combinan entre sí y eliminan todas las barreras visuales entre ellos.*

Planifica tu espacio

La función del comedor se ve continuamente usurpada por la cocina, en la que la mesa satisface tanto las necesidades de las comidas aisladas como de las familiares.

La ventaja de un comedor independiente es que se puede preparar con antelación y, después de la comida, se puede cerrar la puerta y olvidar el revoltijo hasta más tarde. También está alejado de los ruidos y preparativos de la cocina, y ofrece un cambio de escenario y ambiente diferente al salón.

Los comedores independientes se remontan al siglo XVIII. En esa época al comer y beber se les daba mucha relevancia, por lo que el comedor era un símbolo de importancia y estatus. Actualmente el ocio es todavía una forma de disfrutar de los amigos, pero ésos ya no son encuentros formales, y la explosión del gusto por los estilos informales de la cocina extranjera y las barbacoas hace que un comedor independiente esté fuera de lugar.

Delimita la zona de comedor

Es muy probable que un comedor moderno forme parte de una zona de estar diurna abierta o que sea un anexo de la cocina. En ambos casos la localización y el tipo de iluminación son fundamentales para lograr un cambio de ambiente entre un desayuno en familia, una sesión de televisión o una cena con unos amigos.

Protege tu mesa de comedor

En la mayoría de los grandes almacenes venden por metros protector acolchado para la mesa, con una capa aislante que evita que el calor estropee el barniz o el acabado y previene las marcas hechas por tarteras calientes o cuchillos. Sobre el protector puedes poner un mantel plastificado o recubierto de PVC para el uso diario.

Abajo: *esta zona de comedor forma parte de una cocina familiar, pero los altos respaldos tapizados de las sillas y la lámpara de araña le confieren una identidad propia.*

Abajo derecha: *este espacio está dividido pero las amplias entradas dan la impresión de que es un único espacio.*

Además, también influirá la forma en que pongas la mesa y la decoración principal de la habitación.

Un cambio de suelo también contribuye a delimitar la zona de cocina de la de entretenimiento. En la cocina el suelo debe resistente y práctico (la piedra, el linóleo o las baldosas de terracota son buenas opciones), mientras que en la zona de comedor el suelo puede ser más cálido, acogedor y estiloso (son perfectas la madera o la piedra caliza pulida de buena calidad, cubiertas con una alfombra o un *kelim)*.

En muchas cocinas, una parte del área de trabajo una isleta o una hilera de alacenas inferiores y superiores forma un corte real y físico entre las dos zonas, dando la impresión de que hay una gran distancia entre las zonas de cocina y de comedor.

La mesa de comedor

La configuración y la distribución del espacio dedicado al comedor deberían ser parcialmente flexibles, de forma que haya la misma comodidad en un desayuno familiar de cuatro personas que en una cena para ocho invitados.

Para ello son perfectas las mesas extensibles, ya sea con hojas independientes o ajustables y plegables.

Algunas mesas redondas incorporan un ingenioso sistema de segmentos añadibles, como si se tratara de los gajos de una naranja.

Un método más sencillo consiste en un disco de gran tamaño, hecho de un material barato (madera comprimida o aglomerado), que se sujeta por medio de clips sobre la mesa pequeña y que se puede ocultar con un generoso mantel redondo. El disco puede tener unas bisagras en el centro para poder plegarlo y guardarlo en un armario, debajo de una cama o en el garaje hasta que se vuelva a necesitar.

Asientos

Los asientos del comedor son muy importantes. Una cosa es sentarse en el borde de una banqueta de madera mientras engulles a toda prisa el desayuno, y otra bien distinta es tener que estar sentado en un duro taburete y sin ningún apoyo para la espalda durante una larga velada nocturna.

Las sillas de comedor deben tener un respaldo que proporcione un apoyo adecuado al comensal, y un cojín si son de madera o de metal. Si quieres darles un aire más formal, puedes vestirlas con un tabardo o una funda (véase el cuadro de la derecha, y páginas 184-7).

Otra opción es construir un banco bien tapizado a lo largo de una pared. Es perfecto para los niños y en él podrás acomodar a más gente que en sillas separadas. Coloca la mesa enfrente del banco y más sillas en los laterales.

Arriba: *un tabique bajo separa la zona de la cocina y el comedor de la del salón.*

Cómo cubrir sillas

Las sillas acolchadas de respaldo alto son muy cómodas, pero si las cubrimos les daremos un aire más decorativo. La forma más sencilla consiste en una franja larga de tela del ancho del respaldo y la base de la silla, que cubra la parte delantera y trasera, atada con unas cintas en el extremo superior y en la base del respaldo. También son habituales las fundas ajustadas, con una faldilla que cubre las patas y que se sujetan con botones brillantes o cintas de colores en contraste con la tela.

Arriba: *la forma en que vistas la mesa del comedor es tan importante como la decoración global. Debe hacer eco del estilo de plato que vayas a servir, ya sea formal o informal.*

Abajo derecha: *esta zona está en la parte delantera de la casa, mirando a la calle. Sin embargo, un uso inteligente de unas contraventanas y unas escuetas cortinas de hilo blanco hace que la visión desde el exterior sea obstaculizada pero que la luz natural pueda pasar.*

Guía de colores en un solo vistazo

El rojo «comedor» es un color tradicional para las paredes de estos espacios, es un color de época rico y opulento bajo la luz eléctrica o de unas velas. El marrón chocolate, que incorpora un elemento de rojo en su composición, también resulta un color lujoso en contraste con unas cortinas de hilo blanco y una cristalería brillante. Sin embargo, estos espléndidos colores pierden intensidad con la luz del día, por lo que es mejor utilizarlos sólo en espacios de uso nocturno.

Color y estilo

A la hora de elegir los colores y el estilo de tu comedor, considera qué otras funciones cumple ese espacio y cómo afectarán la luz natural y la artificial al color y a la decoración en los diferentes momentos del día.

Cómo usar el color

Si dispones de un comedor independiente, puedes optar por colores ricos, oscuros y llamativos. Los comedores se usan con más frecuencia por la noche, por lo que te puedes permitir el lujo de derrochar colores.

El rojo oscuro, el verde esmeralda e incluso el marrón chocolate quedan estupendamente bajo una luz artificial de poca intensidad o a la luz de las velas. Incluso en los estilos minimalistas y contemporáneos, se puede pintar un panel o un tabique con uno de estos colores tan ricos para darle más vida a una atmósfera simple y sencilla.

Para una zona de salón/comedor elige un estilo que se adapte a las actividades diurnas y nocturnas. También en este caso la forma en que pongas la mesa y la iluminación ayudarán a transformar una zona de comedor, pero el color de las paredes y el suelo deben ser compati-

bles con las dos funciones. Si tienes dudas, opta por un estilo neutro o liso y añade algunos detalles como cuadros, lámparas de mesa y cojines estampados.

En un área de cocina/comedor debes centrarte en lo práctico, los tejidos deben ser lavables y de fácil desmontaje. Como norma general, cíñete a los colores claros, pues aumentan la sensación de limpieza. Usa un tono más oscuro del mismo color para la zona del comedor, porque con ello crearás una división manteniendo una cohesión entre las dos partes de la habitación. También puedes pintar la cocina en un solo color claro y utilizarlo en la zona del comedor, pero en un tono más oscuro o usando una técnica de pintura que combine los dos tonos.

Hay colores que guardan cierta afinidad con los alimentos y otros que no. El violeta es un color rara vez utilizado en cocinas y comedores, así como el caqui, el marrón castaño o el gris. Puede que aparez-

can como parte del diseño o en una encimera (de pizarra o granito), pero si los incluimos en grandes cantidades y por separado darán sensación de suciedad.

Aunque varíes el recubrimiento del suelo de una zona a otra y vistas las paredes de la parte del comedor, es aconsejable que dejes el techo de un color uniforme, para dar continuidad y para reflejar la luz.

Estilo y mobiliario

Además de unir espacios comunes por medio del color, es aconsejable que el mobiliario guarde un estilo parecido. Si la cocina es futurista, de acero y cristal, los elementos del comedor deben complementar esa línea. Si la zona del salón es de estilo neoclásico, el comedor debe continuar esa decoración con columnas, pilastras y muebles similares. Sin embargo, si dispones de un comedor independiente, en una habitación separada, puedes elegir el estilo que más te guste.

Izquierda: *este comedor
de ricas paredes negras
y cortinas de flecos
fue diseñado para el
entretenimiento nocturno.
Este estilo «brilla» bajo la luz
artificial y crea una atmósfera
opulenta y decadente.*

mesa de baldosas
y madera envejecida encalada

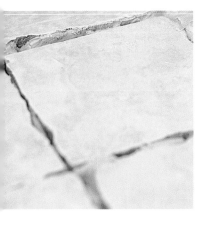

Esta mesa la puedes combinar con las patas que tú elijas y utilizarla como mesa de comedor, de café o incluso como mesa de exterior. Su superficie de baldosa requiere poco cuidado y la hace resistente al calor. Hemos empleado baldosas de cerámica, que imitan a las de gres o mármol pero son más baratas. Sus bordes irregulares le confieren un aspecto de fabricación a mano y complementan el acabado envejecido del marco de madera. Para lograr este acabado envejecido, primero marcamos la fibra de la madera con una lámpara de soldar y atenuamos el efecto con cera blanca para encalar.

Materiales

Contrachapado de 9 mm/⅓ de pulgada apto para exteriores para hacer la base

Tablones de madera ligeramente más gruesos que las baldosas

Embellecedor de madera que cubra los tablones y los bordes

Cera para encalar

Cola vinílica

Cola para el panel

Tornillos

Cola para las baldosas

Baldosas pequeñas de cerámica

Lechada para gres

Clavijas o pinzas panel

Herramientas

Cinta métrica y lápiz

Escuadra

Serrucho

Sierra de inglete para biselar

Lámpara de soldar

Lana de acero fina

Paño suave

Prensa manual

Taladro eléctrico

Espátula de muescas

Nivel de burbuja

Espátula flexible para enlechar

Calcula el marco

1 Esboza las dimensiones de tu mesa, asegurándote de no tener que cortar ninguna baldosa. Ésas serán también las medidas de la base de contrachapado y del largo de los tablones, que formarán el marco. Con una escuadra o el borde de un serrucho marca ángulos de 45º en las esquinas y corta la madera con la sierra de biselar para obtener las cuatro piezas del marco.

Prepara el marco

2 A nivel del suelo quema gradualmente la superficie de los tablones con la lámpara de soldar. Los dibujos de la fibra irán saliendo a medida que la vayas quemando. No te olvides de repetir esta operación en los laterales del marco.

3 Aplica cera para encalar sobre la superficie de la madera con una lana suave de acero.

Mide el tamaño de la mesa, marcando ángulos de 45º en las esquinas antes de cortar.

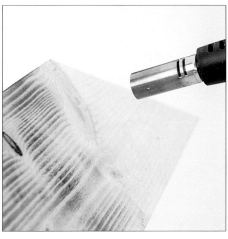
Con una lámpara de soldar, quema los tablones hasta que aparezcan los dibujos de la fibra.

Conoce tus herramientas

• Cuando vayas a usar una lámpara de soldar, enciéndela con cuidado y siguiendo las instrucciones del fabricante. Usa guantes de trabajo y una pantalla para los ojos. Haz pruebas en recortes de madera para cogerle el tranquillo a la técnica de quemadura superficial descrita en el proyecto. Así calcularás cuánto tiempo tarda en dibujarse la fibra de la madera sin llegar a quemarla.

• Para aplicar la cola para azulejos, usa siempre una espátula de muescas, pues con ella conseguirás una capa de surcos que agarra mucho mejor las baldosas.

• Las espátulas flexibles se emplean para enlechar las baldosas una vez pegadas con cola, pues la hoja flexible de la espátula introduce la lechada en los huecos de las baldosas. También se puede utilizar para quitar cualquier exceso de lechada de la superficie embaldosada.

Deja que seque y abrillanta la superficie con un paño suave para eliminar cualquier exceso de cera y para obtener un acabado uniforme.

4 Sella la superficie del contrachapado con una capa de cola vinílica diluida y déjalo secar una media hora. Fija con cola el marco sobre la base de contrachapado. Sujétalo con una prensa de mano hasta que esté listo, haz un agujero por la parte posterior de cada esquina y atorníllalo firmemente.

Prepara la superficie

5 Con una espátula de muescas aplica una capa gruesa de cola para azulejos sobre el contrachapado. Cubre la superficie hasta una altura que asegure la nivelación de las baldosas respecto del marco.

Coloca las baldosas

6 Presiona firmemente las baldosas sobre la cola, comprobando con regularidad con un nivel de burbuja que la superficie está nivelada. Deja que las baldosas se fijen en su sitio hasta el día siguiente.

7 Con una espátula flexible extiende la lechada sobre la superficie de baldosas, asegurándo-

te de no dejar huecos, y cuando hayas terminado, elimina el sobrante con un paño suave.

8 Quema y encera el embellecedor antes de biselarlo para cubrir los bordes de la mesa. Pégalo en el sitio correspondiente aplicando una gruesa capa de cola. Coloca pequeñas clavijas a intervalos para darle una mayor fijación.

Aplica la cera para encalar sobre la madera con una lana de acero, introduciéndola bien en la fibra.

Encola el marco y el contrachapado, sujétalos con una prensa de mano y pon tornillos en las esquinas.

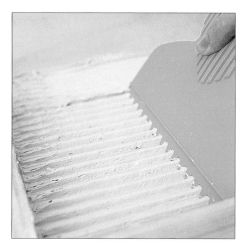

Aplica una capa uniforme de cola para azulejos sobre la superficie del contrachapado.

Alternativa

Si quieres hacer una mesa de azulejo que te sirva para el exterior, es mejor que compres un marco metálico ya hecho. Puedes encargar una base de metal de la medida que necesites. Para aplicar un diseño intrincado, emplea el método inverso de mosaico.

Pide que te corten a medida un trozo de contrachapado apto para exteriores y que se ajuste perfectamente al marco de la mesa. Sella las dos partes con cola vinílica diluida (dos partes de agua por una de cola). En un papel milimetrado dibuja con lápices de colores el diseño que quieres, calculando el número exacto de teselas. Corta un trozo de papel marrón resistente del tamaño de la mesa, amplía el diseño y transfiérelo a él. Pega las teselas con cola vinílica por separado y boca arriba sobre el papel. Aplica cola para azulejos sobre la superficie de contrachapado. Levanta con cuidado el papel y colócalo encima del contrachapado, con el papel boca arriba. Deja que seque antes de empaparlo para poder retirarlo de la superficie de las teselas. Por último, enlecha el mosaico.

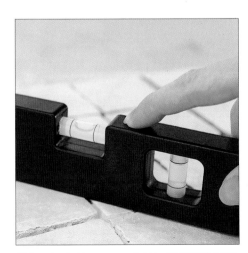

Coloca las baldosas en su lugar y comprueba con un nivel de burbuja que la superficie es uniforme.

Aplica la lechada sobre la superficie de las baldosas, asegurándote de que rellenas todos los huecos.

Para terminar, pega el embellecedor ya quemado y encalado a los laterales de la mesa.

funda de antelina

para sillas de comedor con borde decorativo

Una silla de comedor de respaldo recto se puede transformar en cuestión de segundos con una simple funda. Para obtener un resultado lujoso hemos utilizado antelina de color marrón chocolate. La antelina es una imitación del ante, pero mucho más económica, es fácil de cortar y coser y no se deshilacha. El truco para conseguir un ajuste perfecto es hacer primero un patrón sobre papel. El entrelazado hecho con correa de cuero permite ajustar el tejido alrededor de las patas de la silla y también reduce el volumen de costura. Los agujeros decorativos del faldón y unos ribetes de plumas de colores le darán el toque final.

Materiales

Papel de patrón o de periódico

Alfileres

Antelina (1,5 m/59 pulgadas)

Cartulina

Juego de ojetes (consiste en una perforadora y una remachadora)

4 m/157 pulgadas de correa de cuero

Cuentas para rematar

Herramientas

Tijeras

Cinta métrica

Tijera dentada

Máquina de coser (o aguja e hilo para coser a mano)

Lápiz

Perforadora

Lápiz de tiza

Haz la plantilla

1 Coloca el papel de patrón o de periódico sobre la silla y usa las tijeras, la cinta métrica y los alfileres para cortar y crear el molde de la funda. Para conseguir un ajuste firme y adaptado, coloca un trozo grande que cubra la parte delantera y la trasera del respaldo. El asiento y el faldón se hacen añadiendo más trozos de papel.

2 Retira el papel de la silla y sujeta el patrón a la antelina con alfileres. Recorta el tejido con unas tijeras dentadas siguiendo el patrón. Deja unos 2 centímetros/ 1 pulgada más de tela por todo el borde por si hay que hacer ajustes finales.

3 Dale la vuelta del revés y ajústala con alfileres sobre la silla, marcando la posición de las costuras por los laterales del asiento y del respaldo.

Coloca la plantilla sobre la antelina y con unas tijeras dentadas recorta el tejido.

Una vez que hayas fijado el tejido a la silla con los alfileres, marca también con alfileres las costuras.

Conoce tus materiales

Un patrón de papel es útil porque te permite hacer pequeños ajustes si son necesarios sobre un material barato, antes de pasar a cortar el material final, que siempre es más caro. Si nunca has cortado un patrón, haz unas pruebas sobre formas sencillas, como un escabel o un cojín, para cogerle el tranquillo a la técnica. Después podrás cortar con precisión un patrón dejando las bastillas necesarias, lo que significará que ya puedes pasar a trabajar con el tejido en cuestión.

Cose la funda

4 Cose las piezas a pespunte corto. Aún del revés, aplana el tejido con la plancha fría. Pon la antelina del derecho y colócala sobre el respaldo para comprobar su ajuste. Asegúrate de que las tapas coinciden perfectamente. Si es necesario, recorta con las tijeras el tejido sobrante.

Crea el diseño

5 Sobre una cartulina fina y con el lápiz haz un diseño de agujeros cuidadosamente medidos. Con la perforadora ve haciendo los agujeros del diseño. Utiliza la cartulina como plantilla, colocándola sobre la antelina. Marca el diseño sobre las tapas con un lápiz de tiza.

6 Dale la vuelta a la antelina y con las cabezas de diferentes tamaños ve agujereando el diseño sobre el faldón.

Entrelaza el faldón

7 Con el lápiz de tiza haz seis marcas para ojetes en cada lado del faldón, dejando 2 cm/1 pulgada de distancia entre cada uno. Agujéréalos,

pasa un cordel de cuero por ellos y «enlaza» el faldón de la silla.

8 Corta los extremos de los cordeles de cuero a una longitud adecuada. Enhebra una cuenta plateada en cada extremo, y anúdala para que quede segura.

Cose las piezas de antelina a pespunte corto, a mano o con la máquina.

Cuando tengas la plantilla, marca tu diseño sobre el tejido con un lápiz de tiza.

Agujerea el diseño usando los cabezales de diferentes tamaños de tu perforadora.

Alternativa

Si prefieres un toque más tradicional, adapta el patrón añadiendo unos botones forrados y estilosos que se abrochen a lo largo de los laterales de la silla. Forrar botones implica dos pasos: forra el frente de la pieza con la tela que hayas elegido y después fija la parte trasera en el lugar correspondiente.

Mide tu silla y corta el tejido siguiendo los pasos anteriormente explicados en el proyecto principal, pero deja un poco más de tela para las costuras. A continuación, corta dos piezas más de tela que formarán las tapas laterales para cubrir el respaldo de la silla. Únelas con alfileres dados la vuelta del revés. Cose a máquina las piezas, remata la parte trasera y vuelve a darle la vuelta a la funda. Coloca la funda en su sitio sobre la silla y marca la posición de los botones, asegurándote de que cuando estén abrochados el ajuste sea perfecto. Cóselos a mano en el lateral de la funda. Haz a mano unas presillas elásticas en el lugar correspondiente a cada botón del lateral trasero. Pasa los botones por las presillas para que la funda quede en su sitio.

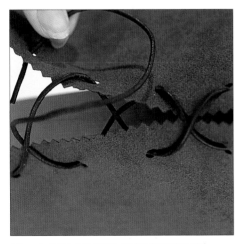

Haz agujeros a lo largo de los laterales del faldón y enlázalos con correa de cuero.

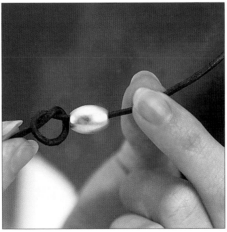

Coloca una cuenta plateada al final de cada correa y asegúrala haciendo un nudo.

cortinas de algodón con bordados de rafia

Estas sencillas cortinas son una forma ideal de vestir la ventana de un comedor que mire a un jardín para unir el interior con el exterior. Puedes hacer unas nuevas, siguiendo los pasos explicados a continuación, o personalizar unas ya hechas. Empleamos cordel grueso y rafia para estas flores bordadas, de diseño simplista pero que añaden una agradable textura a las piezas. Unas presillas de cinta constituyen una de las formas más sencillas para colgarlas de una barra.

Materiales

Muselina o gasa de algodón (puedes utilizar cortinas ya hechas de muselina)

Cinta

Alfileres

Cordel grueso de arpillera de color verde

Rafia

Botones perlados

Cinta verde

Herramientas

Cinta métrica

Tijeras

Máquina de coser (o aguja e hilo para coser a mano)

Lápiz de sastre

Regla metálica

Aguja de zurcir

Crea las cortinas

1 Mide la caída desde la barra hasta el suelo y añade un par de centímetros/1 pulgada para el dobladillo. Corta el algodón para formar las piezas.

2 Corta varios trozos de cinta para coserlos a la parte superior de las piezas, y a continuación ocho trozos de 10 cm/14 pulgadas cada uno por pieza. Sujétalos con alfileres, guardando la misma distancia entre ellos por debajo del trozo largo de cinta.

3 Cose las cintas por arriba y por abajo para asegurarlas bien en su sitio. Cose a pespunte un dobladillo en la parte de abajo de las piezas (lo puedes hacer con la máquina).

Coloca las flores

4 Con un lápiz y una regla metálica marca ligeramente la posición de los tallos de las flores en cada pieza de la cortina.

Remata a pespunte el borde de las piezas de las cortinas.

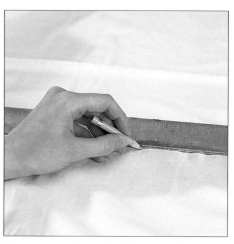

Marca la posición de los tallos sobre las piezas cortadas con un lápiz de sastre.

Conoce tus materiales

El algodón es un tejido natural que presenta diversos pesos. Hay una amplia variedad de acabados lisos o estampados, y la mayoría de los distribuidores de acolchados y de *patchwork* ofrecen un surtido en tejidos de algodón teñido. La muselina es un tejido de algodón suave y fino de trama bastante abierta, como si se tratara de una gasa; este tejido es perfecto para hacer cortinas pues permite el paso de la luz a la habitación. Si quieres utilizar un tejido uniforme más brillante, elige entre la organza, la gasa o el *chiffón*.

Cose los tallos

5 Enhebra una aguja de zurcir con cordel grueso verde y cose el largo de los tallos con puntadas largas.

Haz las flores

6 Dale forma a las flores con rafia enhebrada en una aguja de coser. Cose lazadas grandes de rafia para formar los pétalos de las flores. Remátalas anudando la rafia por el revés del tejido, lo que evitará que se deshagan.

7 Para terminar el diseño, cose un botón perlado en el centro de cada flor. Si quieres utilizar este tipo de diseño en una habitación infantil, tienes varias alternativas.

Por ejemplo, puedes personalizarlas cosiendo pompones de colores en lugar de botones. Las flores de rafia de colores brillantes y las presillas hechas con cintas de colores también quedan bien.

Cose el largo de los tallos con cordel grueso de color verde y con puntadas largas.

Los pétalos se forman cosiendo grandes lazadas de rafia y anudándolas por el revés del tejido.

Para terminar, cose un botón perlado en el centro de cada flor.

Alternativa

Si prefieres otra alternativa más colorida, tiñe el tejido que hayas elegido. En un cubo mezcla tinte en
polvo con fijador y remueve bien. Sumerge el borde
inferior de las cortinas en el cubo y sujeta la parte
de arriba (cuélgala de la cuerda de la ropa, por
ejemplo). Déjalo sumergido en el tinte durante el
tiempo recomendado por el fabricante. Verás cómo
el tinte comienza a extenderse en vertical por las fibras del tejido. Sácalo del cubo y mételo debajo del
grifo hasta que el agua salga clara. Déjalo secar
completamente.

Otra forma de tinte que puedes probar es el teñido
por atado, que consiste en atar fuertemente con
cuerda la prenda por secciones antes de teñirla.
Cuando se sumerge en el tinte, la cuerda actúa de
barrera, de forma que las zonas cubiertas por ella
no se tiñen. Si quieres un diseño sencillo de circuli-
tos, ata monedas pequeñas sobre el tejido guardando la misma distancia entre ellas. Tíñelo y cuél-
galo de la cuerda de la ropa antes de desatar las
monedas para descubrir el patrón.

Elijas el método que elijas, asegúrate de que el tejido que vas a teñir es compatible con el tinte com-
prado. Además debes elegir un color que combine
con el esquema decorativo general de la habitación.

Comedores pequeños y auxiliares

Las zonas de comedor pequeñas y auxiliares son características en muchos hogares. Aunque la falta de espacio puede resultar muy restrictiva, con una planificación cuidadosa y un mobiliario diseñado específicamente para hacer frente a tales problemas se puede sacar el máximo partido al espacio disponible.

Sistemas de varios niveles

Si tu cocina es muy pequeña, idea un sistema de encimera y zona de comedor de dos o tres niveles que maximice el espacio disponible. Si utilizas niveles diferentes dentro del mismo perímetro aumentarás el espacio; por ejemplo, el nivel principal es la placa de la cocina, cuya altura debe permitir a un adulto trabajar con comodidad estando de pie. A un lado de esta unidad, se puede instalar una barra de desayuno o un mostrador a un nivel ligeramente inferior al de la placa para que la gente se pueda sentar a su alrededor. Una tercera zona, por encima de la placa, se puede utilizar para la cafetera, la tostadora y lo que pueda necesitar el comensal que esté sentado.

Elementos estructurales

Puedes incorporar algunos elementos estructurales que te permitirán sacar el máximo partido al espacio del que dispones o te ayudarán a crear una zona de comedor auxiliar, separada del comedor principal.

Barra de desayuno

Este tipo de estructura se puede adaptar para que cumpla otras funciones; por ejemplo, una península de encimeras también puede hacer las veces de barra de desayuno o convertirse en una zona de comedor auxiliar. Una isleta que sólo sea encimera se puede cubrir con un mantel o varios manteles individuales para crear un punto central de comedor.

Cuando planifiques este tipo de estructuras, asegúrate de dejar el espacio saliente necesario en la encimera para que el comensal pueda meter el asiento debajo y doblar las rodillas. También es aconsejable situar estas zonas alejadas del lavavajillas y las lavadoras.

Los acabados más adecuados para las barras de desayuno o estructuras similares son las esquinas redondeadas, y no las angulosas, pues para un comensal es más cómodo sentarse pegado a una esquina redondeada que a una prominente; además, en caso de que alguien se dé un golpe contra ellas, el daño será menor.

Diseños prácticos para mesas

Hay algunos tipos de mobiliario auxiliar de comedor que resultan muy prácticos para las zonas pequeñas, pues al ser plegables o apilables permiten aprovechar el espacio disponible al nivel del suelo cuando no se estén utilizando. Un buen sistema son los falsos cajones, que consisten en un panel frontal falso que se introduce en el módulo estándar de cajones, pero que al abrirlo despliega una mesa o superficie para comer (véase cuadro de la izquierda).

Derecha: en esta cocina familiar tan colorida se han colocado unos taburetes altos al lado de la isleta para crear una zona de comedor auxiliar.

Además de las mesas de cajones falsos, existen mesas plegables estándar, semicirculares o cuadradas, generalmente sujetas con bisagras a la pared y con un pie ajustable por debajo que colocado en su sitio les da estabilidad. Cuando no se necesita, el pie se vuelve a plegar y la mesa cae pegada a la pared. Se puede instalar un elemento similar en un extremo de una encimera que disponga de espacio libre a su alrededor, posiblemente en el lateral de un pasillo o una entrada.

También se puede sujetar una mesa con bisagras o con una polea, de forma que se pueda levantar y ocultar en un armario, y cuando se necesite se deja caer y se apoya en una pata plegable. Otra opción consiste en una balda ancha y fija al final de una columna de baldas menos profundas. Las superiores más estrechas se pueden utilizar para guardar libros y porcelana, pero la balda más ancha hace de mesa. Esto queda bien en una pared lisa, pero también se puede usar en una esquina. Las esquinas son espacios complicados de usar, pero se les pueden colocar unos estantes triangulares para lograr más espacio de almacenaje.

Arriba: *el saliente del módulo en primer plano crea una barra de desayuno a la que se le han añadido estos estilosos taburetes.*

Izquierda: *para las comidas sin prisas son más aconsejables las sillas de respaldo que los taburetes.*

Sillas

Generalmente en las zonas de comedor pequeñas se utilizan taburetes altos; deben tener asientos y respaldos acolchados, esculpidos o al menos flexibles, y lo que es más importante, una barra para apoyar los pies. El mayor problema de los taburetes es que no tienes dónde descansar los pies, a no ser que tengan una barra integrada o que ésta esté instalada en los bajos del módulo.

Las mesas y superficies bajas también precisan sillas. En este caso también son muy prácticos los diseños plegables y apilables, que se pueden guardar con facilidad o sacar cuando se necesiten.

Cómo hacer que tu zona de comedor parezca más grande

En las zonas de comedor pequeñas la planificación es muy importante para conseguir que el espacio parezca mayor y más amplio de lo que en realidad es. Para ello puedes utilizar algunos trucos.

Utilización de los espejos

Un espejo puede resultar muy efectivo porque refleja la luz y ofrece una sensación de espacio ulterior, que no se consigue con una pared sólida y delimitada. Los espejos los puedes colocar en los paneles de las puertas para restarles solidez y densidad.

Sin embargo, los espejos necesitan un trato cuidadoso, no sólo porque se pueden hacer añicos si se golpean con una silla o con el borde de una mesa, sino porque su uso excesivo puede hacer que un espacio pequeño sea confuso. Los espejos colocados en paredes opuestas crean una repetición continua de imágenes, que puede tener un efecto mareante y desorientador y, además, la habitación puede acabar pareciendo una feria o un circo.

Utilización del cristal

Otro material útil para las zonas de comedor pequeñas es el cristal, ya que, igual que los espejos, no tiene un aspecto sólido o delimitante. Los estantes de cristal, hechos con cristal laminado y templado, se pueden utilizar a lo largo de una pared sin que el espacio parezca más pequeño, aunque se debe seleccionar lo que vayamos a exponer para resaltar el efecto en lugar de ocultarlo. Los objetos adecuados son los de cristal, de porcelana de colores pálidos y los de madera clara, pues si apilamos libros encima de las baldas, además de cargarlas en exceso, estaremos dándoles un aspecto sólido y oscuro.

Utilización del color

Los colores claros también ayudar a transmitir una sensación de amplitud en las zonas pequeñas de comedor. Elige colores claros y frescos, como el amarillo, crema, *beige,* azul y verde. Evita los tejidos densos y muy estam-

Abajo: las sillas a rayas de colores brillantes rodean una mesa destinada a las comidas formales, pero la hilera de taburetes del panel de cristal es ideal para las ocasiones informales. Las superficies y baldas de cristal le dan a toda la zona un aspecto brillante y espacioso.

pados y en las ventanas coloca una persiana lisa, pues con ella ahorrarás muchos más valiosos centímetros que con una cortina plisada.

Los suelos y techos deben ser de colores pálidos; raras veces te equivocas con un techo blanco y un suelo de madera clara o baldosas de piedra pálidas, y con ambos contribuyes a dar sensación de amplitud. Si el techo y el suelo son oscuros, puede que parezca que están demasiado cerca y en los espacios pequeños crean un ambiente encajonado y claustrofóbico.

No abarrotes el limitado espacio del que dispones y reduce la cantidad de objetos que tengas a la vista. Sin embargo, debes encontrar un equilibrio, pues una habitación que carezca de objetos o decoración puede ser aburrida e insulsa. Algunos objetos decorativos cuidadosamente escogidos realzarán la habitación sin sobrecargarla.

Cómo jugar con la luz

La iluminación también puede hacer que un espacio pequeño parezca más grande. En las esquinas de la habitación se pueden colocar pequeñas lámparas de suelo para que el haz de luz brille directamente sobre la pared, acentuando la altura del espacio e iluminando las esquinas de la habitación para realzarlas y definirlas.

Una lámpara situada justo encima de una mesa que esté en el centro de la habitación acaparará la atención sobre ese espacio y, si el resto de la habitación tiene un aire apagado, creará una sensación de amplitud y hará que el foco principal sea lo que ocurre justo enfrente de los comensales y no lo que está a sus espaldas.

Cómo construir anexos

En algunos casos es posible ampliar una habitación pequeña y convertirla en un comedor. Por ejemplo, si tienes un camino o sendero lateral de regreso del jardín, puedes llevar atrás el muro exterior para incorporar estos espacios. En situaciones como ésta, a veces es difícil incorporar ventanas

laterales al esquema, pues pueden denegar el permiso de obras si se supone que dichas ventanas dan a una propiedad vecina o puede que tampoco la vista compense el gasto de la instalación. En estos casos, la solución puede ser un techo o un panel acristalado.

Un techo de cristal, inclinado o en forma de arco, hecho con paneles de cristal templado, dejará entrar la luz en el comedor durante las horas diurnas y por la noche proporcionará un interesante «techo» celestial a la habitación. La ventilación y la instalación de pantallas son dos factores que hay que tener en cuenta en este tipo de ampliaciones. El techo acristalado dejará pasar tanto la luz natural como los rayos del sol; durante el verano

puede calentar increíblemente la habitación, por lo que es necesario instalar unas persianas de lamas o una pequeña ventana en el techo para que el aire pueda circular y contrarreste el problema.

En relación directa con el calor del sol se encuentra su capacidad para comerse y dañar el color de los tejidos. Un juego de persianas (de lona, de madera o de tablillas) reducirá su intensidad, además de dar sombra y proteger los tejidos empleados en la zona de comedor. Otra posibilidad para mantener el espacio ventilado es instalar un ventilador de varias velocidades centrado en el techo, que brinda un ligero aire tropical a la habitación, contribuye a mover el aire y proporciona una refrescante brisa artificial.

Arriba: esta ampliación de un invernadero no sólo ha aumentado el espacio de la cocina y ha hecho sitio para una zona de comedor independiente, sino que también ha incrementado la cantidad de luz natural de la habitación principal.

xposición y
almacenaje

La exposición y el almacenaje en una zona de comedor en muchos casos viene a ser lo mismo, pues los objetos prácticos también pueden ser bonitos. Para mantener el énfasis adecuado, se deben seleccionar las piezas que queden a la vista por su aspecto decorativo y no por sus cualidades prácticas.

Truco de almacenaje

Puede que te resulte útil forrar con papel los estantes y los aparadores para protegerlos de las tarteras y sartenes. Usa forro blanco o color hueso para dar una base ligeramente absorbente y de quita y pon, de forma que sólo tengas que cambiar el papel cuando hagas la limpieza.

El papel también forma una capa suave sobre la que poner copas boca abajo. Las probabilidades de que rompas o estalles las copas contra la superficie dura del estante son menores si tienes una capa barrera de papel perfectamente ajustado.

Cómo organizar tu espacio de almacenamiento

El volumen de almacenaje que necesites tener en la zona de comedor dependerá de la distribución de tu casa, si dispones de una habitación independiente o si forma parte de la cocina o del salón.

En la zona de cocina/comedor, el almacenaje es primordial, no sólo para guardar los ingredientes y la vajilla, sino para mantener los aparatos y utensilios en orden. Una cocina abarrotada inundará la zona de comedor; ésta es la razón de que sea

Derecha: cuando planifiques el sistema de almacenaje de tu comedor, asegúrate de colocar estantes suficientes para guardar los accesorios que necesites cerca de la mesa.

mejor mantener las superficies de la cocina tan libres como sea posible, y así disponer de más espacio para trabajar.

Si el espacio es reducido, puede que tengas que guardar las mantelerías y vajilla, cristalería y cubertería en tu salón/comedor. Es especialmente importante mantener esos artículos fuera de la vista, pues en caso contrario lo que conseguiremos será que la zona de estar dedicada a la relajación se una a la cocina. Aunque en una cocina/comedor se pueden tener a la vista los vasos, tazones, jarras y otros reci-

pientes atractivos de porcelana, la zona del salón está dedicada fundamentalmente al entretenimiento y la relajación.

Cómo guardar los artículos de comedor

El almacenaje de los artículos relacionados con el comedor tiene que estar subdividido. Dispón de un estante para las mantelerías y servilletas, y otra para los salvamanteles, servilleteros y posavasos. Guarda la cubertería en un cajón divido en compartimentos; si la cubertería es de buena calidad (con un baño de plata y con mangos labrados), forra las divisiones con fieltro para evitar que las superficies se rayen.

Otra opción son los estuches tradicionales para cuberterías. Consisten en cajas divididas en secciones específicas para guardar individualmente los cubiertos. Para los cuchillos, en la parte de arriba de la caja hay unos nichos pequeños en los que se encajan los filos y unos más anchos para los mangos en la parte de abajo. Las cucharas y los tenedores también tienen sus compartimentos específicos.

Cómo decorar los módulos de almacenaje

El sistema de almacenaje de un comedor no tiene por qué ser soso. Puedes decorar los módulos para que formen parte de tu esquema decorativo.

Cómo decorar aparadores

El frente de un aparador es como un lienzo en blanco que puedes decorar sutil o primorosamente. Una simple moldura puede formar un panel o puedes pintar las puertas de diferentes colores. Otra opción es transformar las puertas con recortes en blanco y negro de fotocopias, postales, recuadros hechos con papel autoadhesivo o partituras escritas a mano, que darán un poco de gracia incluso al aparador más sencillo.

También puedes hacer un panel de tela. En las cocinas tradicionales el tejido más empleado es el algodón de cuadros, pero también pueden servir unos paños de hilo.

Cómo vestir estantes

En un comedor de estilo campestre, unas simples baldas montadas en la pared se pueden convertir en el centro decorativo de la habitación. Puedes clavar una cinta ancha en el borde frontal del estante, o papel liso de color blanco cortado en zigzag. Incluso materiales más mundanos como el papel de periódico y el papel marrón se pueden transformar en atractivos flecos o remates, con la ventaja añadida de que reemplazarlos es fácil y barato.

En un estilo actual, se puede cubrir la parte delantera de la balda con una tira de cobre o de otro metal fino. De una hoja de cobre fina se pueden cortar tiras estrechas y fijarlas al borde del estante con unas cuantas puntas. El borde de metal se puede dejar liso, como una tira de

realce, o se puede perforar para crear un patrón o un motivo sencillo.

Almacenaje a la vista

En un comedor el almacenaje se puede convertir en un elemento de exposición. Es importante elegir artículos que complementen el diseño y la decoración de la zona del comedor.

Cómo almacenar platos

En una zona de comedor de estilo rústico o informal, se pueden exponer los platos en un aparador o en un estante. En algunas casas, un estante estrecho con una ranura o hueco en la base sirve para colocar y exponer los platos en ángulo, con el borde inferior metido en la ranura y el revés del plato apoyado contra la pared.

Algunas personas cuelgan de la pared platos decorativos de cerámica, fuentes y piezas sueltas de vajillas antiguas en lugar de las típicas ilustraciones. Para conseguir un aire más actual, se pueden utilizar platos de cristal de colores, bandejas o fuentes decorativas.

Almacenar otros utensilios

En un aparador se pueden colocar colecciones de diferentes estilos, colores y formas, o incluso temas. Hay gente que colecciona un tipo determinado de porcelana, como teteras o hueveras, y otra colecciona artículos de un determinado diseño o diseñador.

La disposición de la porcelana en el aparador también puede ser informal, compuesta por una colección de tamaños y formas sin orden ni concierto. Para lucir todas las piezas, coloca las más altas al fondo y las más pequeñas delante.

La forma más práctica de guardar los vasos y la cristalería es en un aparador. Si quieres tenerlos a la vista, haz unas puertas con paneles de cristal, pues sin la protección de un espacio cerrado, perderán su brillo con rapidez y se pondrán mates con el polvo y la contaminación. El cristal tiene que estar brillante y bien pulido.

Fondo izquierda: esta bolsa para cubertería es un accesorio decorativo en cualquier mesa, pero también es práctico para una fiesta tipo bufé. Si a cada comensal se le da un paquete individual con la cubertería que van a necesitar, les será más sencillo sostenerla y cuidarla.

Izquierda: una sencilla estructura de aparador de tres estantes situada encima de un cubre-radiador conforma un atractivo expositor para un servicio de porcelana antiguo.

Haz una rejilla para platos

Una rejilla para platos consiste en un marco rectangular en forma de caja con pares de varillas de anclaje de 1,75 cm/$^1/_2$ pulgada aproximadamente de diámetro, colocadas en paralelo unas al lado de otras.

La distancia entre ellas (de delante a atrás) debe ser suficiente para poder sostener un plato (aproximadamente 3-4 cm/1 $^1/_2$ pulgada) y el alto debe poder acomodar un plato llano (unos 30 cm/1 pie).

Cómo guardar alimentos

La fruta fresca y los vegetales se pueden disponer para lograr un efecto apropiado y atractivo. Por ejemplo, en verano un recipiente de cristal con jugosos limones y limas aludirá al frescor y al sabor; en otoño, una fuente de cristal o plata llena de uvas rojas y verdes darán un toque de opulencia. Un cuenco de color crema lleno de alcachofas puede convertirse en un interesante centro de mesa alternativo para el invierno, cuando ya no hay tantas flores disponibles.

Cómo guardar botellas y cristalería

Existen muchos tipos diferentes de botelleros (véase cuadro de la izquierda), pero en el comedor es aconsejable guardar poco vino, pues la calidez de la habitación no es conveniente para el buen estado del vino y porque las botellas cogen polvo. Una pequeña muestra de un par de docenas de botellas puede quedar bien debajo de una consola o de una mesa auxiliar, en las baldas inferiores de una estantería o en una chimenea en desuso. Los vinos de buena calidad deben guardarse en un ambiente con temperatura controlada, como un sótano.

Otros tipos de alcohol, como los licores, también se pueden guardar y exponer. En lugar de dejar todas las botellas a la vista, elige las más bonitas.

Las botellas bonitas de cristal transparente decoradas o de formas atractivas con contenido transparente o de color pueden convertirse en un elemento característico si dirigimos o enfocamos un sutil haz de luz sobre ellas. De igual forma, las licoreras de cristal pueden convertirse en adornos decorativos.

Otro lugar donde se pueden exponer las bebidas y las botellas es en un carrito, para poder trasladarlas de un sitio a otro. Esto es especialmente útil cuando se sirve una copa en el salón antes de la comida y también se necesitan las bebidas o los vasos en el comedor. Existen muchos tipos de carritos, desde el clásico modelo de haya laminada Alvar Aalto a los modelos de metal o madera. Escoge uno ligero, fácil de manejar y que combine con el resto de tu mobiliario y decoración.

Expositor decorativo

El sistema de exposición en un comedor no siempre tiene que ser práctico. De hecho, puedes crear un expositor decorativo que sea el eje de todo tu esquema.

Expositores decorativos minimalistas

En un ambiente actual, la exposición debe guardar un orden y estar en armonía con su entorno. Existe una costumbre oriental según la cual los artículos muy preciados y las posesiones artísticas de la casa se deben guardar en un arcón. Los objetos se sacan por turnos y se muestran durante ciertos períodos de tiempo, para que se pueda admirar toda su belleza.

En situaciones como la anterior, los pocos objetos que se vayan a exponer deben ser de gran calidad e interés,

Abajo: en la mayoría de los huecos que quedan entre los módulos se puede adaptar un botellero cuadrado de madera.

Derecha: este aparador tiene una luz interna automática que se enciende cuando se abre la puerta, facilitando así la localización del objeto buscado.

Izquierda: *este módulo estrecho de estantes forma una división entre la cocina/comedor y el salón, y constituye el lugar idóneo para exponer objetos decorativos. El tabique divisorio bajo es un apoyo perfecto para platos, fuentes y cubertería y permite liberar el reducido espacio de las superficies de trabajo de la cocina.*

pues son pocos los elementos en los que se pueda centrar la atención.

Fondos para expositores

El fondo de un expositor es muy importante. Por ejemplo, en una habitación pintada con colores ricos u oscuros, destacarán enormemente los colores claros, las imágenes o fotografías en blanco y negro, los marcos dorados y los espejos. Sin embargo, si se pone una acuarela de colores pastel o pálidos en un marco claro o neutro o en una pared de color similar, no se verá. De la misma forma, una muestra de objetos color crema en una pared crema también se perderá.

Un fondo liso o decorado con colores pálidos puede realzarse con una exposición y un arreglo de colores más fuertes. Por ejemplo, en un comedor rústico de color crema es una buena idea introducir un arreglo de cristalería antigua soplada a mano y cuencos sencillos de terracota. La cristalería añadirá un matiz verde y los cuencos un tono marrón.

Estos objetos también pueden inspirar una puesta de mesa con un mantel decorativo, porcelana blanca, cubertería de plata y servilletas verde oscuro, y para otra ocasión se puede modificar la atmósfera con un ramo de flores amarillas, un mantel amarillo pálido y servilletas blancas y verdes.

Cómo reducir la altura de las baldas

Las baldas grandes y profundas son ideales para guardar artículos voluminosos, como cafeteras y fruteros, pero no para los objetos más pequeños o delgados, como platos y tazas, pues una balda profunda dificulta su acceso y deja mucho espacio sin utilizar por arriba y por atrás.
Reduce la altura de la balda montando otra en el medio o colgando de la balda superior unos separadores plásticos, que se sujetan con clips en el borde de la balda superior.
Sin embargo, debes tener en cuenta que estas baldas temporales no están diseñadas para soportar grandes pesos.

tapiz exótico

con borlas

Transformar un comedor neutro es rápido y sencillo con paneles de tela, que darán a tus fiestas un ambiente adicional. Hemos empleado un sari semitransparente de color vibrante. Los bolsillos a contraste de organza transparente con fleco de abalorios irisados se pueden utilizar para sostener menús, especias aromáticas u hojas secas decorativas. Varía el diseño según la ocasión; por ejemplo, para una fiesta infantil puedes utilizar tela de cuadros y bolsillos llenos de golosinas de colores, o en Navidad un terciopelo con ribete de pelo y bolsillos llenos de dulces típicos de la época.

Materiales

Tela suficiente para cubrir las paredes

Hilo dorado

Ribete de abalorios

Alfileres

Organza para los bolsillos

Adornos de espejo dorados

Listones de madera

Anillas de bronce (de las que se utilizan en los marcos de los cuadros)

Alcayatas o ganchos para cuadros

Borlas o piedrecillas de pasta

Herramientas

Tijeras

Máquina de coser

Papel

Plancha

Sierra de arco

Punzón

Martillo

Preparación del tejido

1 Corta el tejido en piezas del largo necesario para el tamaño de la habitación (no intentes cubrir una pared entera con una sola pieza; es mucho más fácil colocar varias una al lado de otra). Enhebra la máquina de coser con hilo metálico dorado, puede que tengas que ajustar la tensión y usar el tamaño de aguja recomendado por el fabricante para hilo metálico. Haz un dobladillo en la parte superior e inferior de cada pieza, presiona la tela y cóselos formando un canal. Sujeta con alfileres el ribete de abalorios debajo del canal superior, metiendo el remate por debajo de la tapa de tela. Cose una segunda línea de puntos para fijarlo en su sitio.

2 En un trozo de papel dibuja un patrón cuadrado, corta tres cuadrados de organza por panel, dejando 1 cm/¹⁄₃ pulgada de más en cada lateral. Presiónalos con una plancha fría.

Haz un dobladillo y cóselo con hilo dorado formando un canal.

Con una plantilla de papel, corta tres cuadrados de organza por panel, dejando tela para la bastilla.

Conoce los materiales

Los saris tienen una excelente relación calidad-precio para decorar una casa, pues de uno solo se consiguen unos 10 m/393 pulgadas de tela de buena calidad. Además, sus colores son espectaculares. Se pueden comprar en tiendas de telas hindúes y asiáticas, pero cada vez hay más grandes almacenes donde se pueden adquirir. Muchos saris tienen remates de adorno de tejido metálico, que le añaden un interés adicional y que puedes utilizar para tu diseño Con los saris se pueden hacer fantásticas cortinas ligeras, simplemente caídas o clavadas a una barra. Si quieres más intimidad y suavizar la intensidad de la luz, las puedes combinar con una persiana. También se pueden utilizar para cubrir el dosel de una cama o para hacer un tapiz de pared, llenando así la habitación de color.

Decoración de los bolsillos

3 Corta ribetes de abalorios del tamaño de los cuadrados, que serán los bolsillos, y sujétalos con alfileres.

4 Cose los ribetes a los bolsillos (tendrás que poner el prensa-telas hacia la derecha o izquierda para no romper los abalorios). Sujeta los bolsillos con alfileres a distancias similares en los paneles de tela y a continuación cóselos.

5 Cose un adorno dorado de espejo en el centro de cada bolsillo.

Fijación de los paneles a la pared

6 Corta los listones planos de madera al largo necesario con una sierra e introdúcelos en los canales superior e inferior de los paneles de tela. Ciérralos con unas puntadas.

7 Con un punzón haz agujeros pequeños que perforen la tela y lleguen hasta los listones. Atornilla con cuidado anillas de colgar en los agujeros del extremo superior de cada panel.

8 Sujeta los panales a la pared con unas alcayatas o ganchos para cuadros; puedes decorar el centro con borlas (como en la foto) o con piedrecillas de pasta.

Sujeta con alfileres el ribete de abalorios en la parte superior de cada cuadrado de organza.

Cose el ribete con cuidado, para no estropear los abalorios.

Cose a mano los adornos dorados de espejo en el centro de cada cuadrado.

Alternativa

Si prefieres un revestimiento más permanente para la pared, puedes elegir entre varios métodos. En tiendas especializadas puedes adquirir revestimientos de tela para pared; son bastante caros, pero resistentes, lo que significa que se utilizan a menudo para el interior de comercios. Las telas apropiadas para este fin incluyen las de tejido pesado, como la arpillera o los linos de alto contenido en fibras naturales. Estos revestimientos consisten en una superficie en relieve de tela con un forro de papel, que se coloca como el papel de pared estándar.

Otra opción, que supone una solución rápida para paredes pobres, es fijar listones delgados en la parte superior e inferior de la pared. Se tensa entonces una tela entre los dos listones y se grapa o se clava. Para que no queden huecos, hay que montar ligeramente un ancho de tela sobre otro. Las telas más adecuadas para este sistema son la lona y las de fibras naturales. Una vez estirada la tela, se puede rociar con un poco de agua para que encoja y quede más tirante.

Introduce los listones de madera en los canales de los extremos de los paneles.

Con un punzón haz agujeros en la parte de arriba de la tela y atornilla anillas de bronce en el borde.

Sujeta los paneles a la pared con unos ganchos para cuadros y decóralos después.

Cómo iluminar tu comedor

La luz de un comedor requiere diferentes niveles de iluminación; además, un conmutador sería ideal para poder crear el ambiente adecuado a la ocasión. El centro debe estar sobre la mesa y la luz debe distribuirse de forma que los comensales se vean entre ellos y lo que están comiendo.

Cómo utilizar las velas

Si se utilizan velas hay que hacerlo con cuidado, sobre todo si los soportes son de cristal, pues se pueden recalentar y romper. Es mejor utilizar recipientes diseñados para velas y suficientemente anchos para que la llama no esté en contacto directo con el cristal. Nunca desatiendas una vela encendida en una habitación. Es aconsejable no usar velas aromáticas en el comedor, pues su perfume puede interferir en los olores desprendidos por la comida. Los sentidos del gusto y el olfato están estrechamente vinculados, y los olores dulces y sabrosos pueden entrar en conflicto y resultar poco apetitosos.

Derecha: la luz creada por esta pantalla segmentada crea un efecto de remolino sobre el techo.

Fondo derecha: se puede conseguir una luz ambiental en la mesa por medio de velas cortas metidas en recipientes decorados de cristal y velas largas en candelabros individuales clásicos.

Cómo crear una atmósfera

Para una información general sobre la iluminación, véase el capítulo *Una iluminación eficaz,* en la página 134. En los comedores, la iluminación juega un papel fundamental en la creación de una atmósfera adecuada. A la hora del desayuno la luz ha de ser brillante y estimulante para poner en marcha a los somnolientos. En verano es mejor la luz natural, por lo que las ventanas deben poder descubrirse para dejar pasar la luz. En el invierno la luz artificial sustituye a la natural, por lo que es aconsejable disponer de cortinas y persianas que oculten la oscuridad y el frío exteriores.

Un tipo de iluminación para cada ocasión

Una luz central sobre una mesa fijará la atención sobre la comida e iluminará los platos y los objetos relacionados que estén encima de la mesa. Los apliques también contribuyen a aumentar el nivel de luz de la habitación. La hora del desayuno y de la comida no requieren mucha luz artificial, excepto en los días especialmente grises, en los que se puede encender la luz como complemento a la ya presente en la habitación.

Una lámpara replegable de centro colocada sobre una mesa es una buena forma de cambiar el estilo de una comida. Si se sube cerca del techo, la amplitud de iluminación será mayor y cubrirá la mayor parte de la mesa con un abanico de luz. Si, por el contrario, se baja la lámpara cerca de la mesa, el haz de luz se concentrará en una zona más pequeña, haciendo que la atmósfera sea más íntima, ideal para una cena.

Otra forma de cambiar la atmósfera es usar un conmutador de luces. Para el desayuno y las comidas familiares, la luz debe ser brillante y clara, para poder ver la comida y los utensilios. Sin embargo, para una comida elegante en otoño y en primavera, o en una cena para adultos, se puede reducir la luz y complementarla con velas y apliques de luz tenue.

Luces reflejadas

En una cena, la luz reflejada resulta sutil y atractiva. Se puede conseguir por diferentes vías: la más evidente es a través de un espejo. Si tienes uno encima de la repisa de la chimenea o en una pared detrás de una consola o una mesa auxiliar, puedes colocar un grupo de velas para que reflejen sus llamas en él. Con esto se duplica el impacto de la luz de las llamas y consigue un efecto muy interesante.

También hay apliques de pared para velas. Son soportes de velas montados en la pared con una chapa trasera, cuya función original consistía en evitar que las paredes se manchasen con la grasa y la cera, además de aumentar la intensidad de la luz. El panel trasero de un aplique generalmente es de metal pulido (cobre, bronce o acero), y a veces tiene una pieza tallada de cristal o espejo.

El cristal liso también puede reflejar cierta cantidad de luz. Si por la noche colocas una lámpara de mesa o una vela frente a una ven-

tana, su superficie pulida reflejará la luz sobre la habitación. Además, la oscuridad exterior realzará con mayor intensidad esa luz.

Pantallas de lámparas

Las pantallas con que vistas tus lámparas tendrán una gran influencia en el nivel de luz que desprendan. Si eliges una pantalla de cristal teñida de amarillo, la luz adquirirá un tono dorado, mientras que una pantalla blanca apagará ligeramente la fuerza de la luz, aunque seguirá siendo brillante y clara. Una pantalla densa restringirá el chorro de luz por los laterales y lo concentrará hacia abajo.

Si la pantalla es de base abierta, como las que tienen forma de sombrero de culí, la luz brillará por fuera de la base y algo por la parte superior, en un foco triangular de ancho creciente. Las pantallas tubulares dirigen el haz de luz en dirección al suelo, mientras que las redondas o de globo no forman un foco directo, sino que emiten la luz por los latera-

les de la pantalla y crean un brillo suave y homogéneo, incluso si tienen una apertura en la parte de arriba para poder colocar la pantalla y para que escape el calor.

Las bombillas generan calor, por lo que durante el curso de una noche harán que aumente la temperatura ambiental de la habitación. Las bombillas no deben estar nunca en contacto directo con una pantalla o una cubierta, pues se calientan con el uso y pueden provocar que el material se queme o se derrita.

Arriba: estos cuencos chinos de cerámica, con dibujos hechos con granos de arroz, son un atractivo elemento decorativo para una mesa como soportes para velas.

Izquierda: en una habitación grande, una lámpara de araña, con una estructura labrada en hierro como la de la foto, puede convertirse en el centro de atención y reducir la sensación de altura y distancia de la habitación.

Accesorios de comedor

Los accesorios de comedor realmente giran en torno a la mesa y reflejan el tipo de comida que se va a celebrar, e incluso el de los alimentos que se van a servir. Para las comidas informales, la puesta de mesa puede ser menos seria: quizás unos cuencos para pasta y fideos, un cuchillo y un tenedor, un platito para ensalada y unos vasos para el agua y el vino. Puedes utilizar mantelitos individuales y servilletas de colores, pues son más divertidos y prácticos. Para ocasiones más formales, sin embargo, la mesa ha de vestirse con un mantel y un servicio de cubertería completo, servilletas blancas y diversas copas para agua y vino. Los extras que puedas poner, como velas y flores, dependerán del espacio disponible y del momento en que se va a celebrar la reunión. Serán todos estos elementos los que logren crear ambiente. Los asientos para una mesa de comedor han de elegirse por su comodidad y por su apariencia. Una silla vertical y rígida, con poco o ningún respaldo, provocará que los comensales no estén quietos en su sitio durante la comida, mientras que un asiento acolchado de respaldo flexible hará que se relajen y disfruten de la velada.

DESDE ARRIBA A LA IZQUIERDA EN EL SENTIDO
DE LAS AGUJAS DEL RELOJ

Si trasvasas el agua mineral del recipiente plástico en el que se suministra a unas botellas de cristal de colores conseguirás un atractivo complemento para tu mesa

Las bandejas son muy tradicionales pero a la vez muy prácticas para llevar y traer cosas de la mesa.

Es aconsejable tener vasos de diversos tamaños y formas para vinos y bebidas diferentes.

Puede que haya que proteger algunas superficies de mesa, como el cristal y la madera, de las hojas de cuchillos y los platos calientes, para que no se marquen y se estropeen.

No hagas un centro decorativo para la mesa tan grande que haga que los comensales tengan que esforzarse para verse los unos a los otros o que impida mantener una conversación.

El resto del mobiliario de un comedor es tan importante como la mesa, puedes combinar los materiales de que están hechos y los tiradores de todos los armarios y aparadores.

Este sobre de gasa tiene un servicio individual de cubiertos. Es un método sencillo para disponer la cubertería en un bufé, para que cada uno tenga su cubierto.

En una zona de comedor más informal, quizás una que forme parte de una cocina, resultan prácticos los taburetes y una barra de desayuno para las comidas diarias.

Considera todos los aspectos de tu comedor, incluso los interruptores pueden ser elementos decorativos.

Una planta pequeña, como este cactus, puede convertirse en un complemento más espectacular si lo colocamos en un plato o cuenco gigantesco.

Piensa en el tipo de asientos adecuados: los taburetes aprovechan bien el espacio en las zonas reducidas.

Este cubierto de mesa conjuga elementos modernos, como los manteles individuales y servilleteros de cuero, con un aire clásico.

Un decorativo y dorado vaso de té marroquí se convierte en un perfecto soporte para velas.

Los candelabros añaden un toque de romanticismo y encanto en las cenas.

Cocinas

Cómo planificar tu cocina

La cocina es el corazón de la casa, el lugar donde la gente suele reunirse para tomar un café y charlar, pero también donde se prepara, se guarda y se cocina la comida. Las normas de higiene en una cocina deben ser rigurosas y la seguridad un factor de gran importancia a la hora de planificarla y decorarla.

Distribución de la cocina

En las cocinas largas y estrechas las zonas y unidades de trabajo se alinean a lo largo de paredes enfrentadas, como en las galeras de una nave. Las cocinas con isleta generalmente se encuentran en espacios amplios en cuyo centro se instala un bloque de módulos para facilitar la creación de un triángulo de trabajo. El bloque de módulos se denomina isleta por no estar rodeado ni junto a ninguna otra zona con encimeras o módulos.

Planifica tu espacio

El papel que juega la cocina ha variado en los últimos 30 años. Antes era un espacio con una sola función, pero en la actualidad suele tener que cumplir varias.

Estés diseñando una cocina desde cero o modificando o adaptando una ya existente, es mejor tener en cuenta las reglas básicas.

La más importante de todas es que deberías buscar consejo y ayuda profesional respecto a los temas de fontanería y electricidad.

El triángulo de trabajo

Diseñar una buena distribución de la cocina lleva su tiempo y esfuerzo. Cada una es única en forma y tamaño y también tendrá sus propios problemas que habrá que resolver. La norma general como punto de partida es asegurarse de que formamos el triángulo de trabajo, que planifica las tres principales zonas de trabajo de una cocina: el fregadero, el horno/placa y la nevera.

Estas zonas se deben situar en los vértices de un triángulo imaginario, de forma que a la hora de preparar la comida puedas trabajar eficientemente entre cada punto. Es aconsejable disponer de una encimera al lado de cada extremo del triángulo.

Este triángulo de trabajo no debe situarse entre dos puertas principales para no sufrir interrupciones por ser vía de paso. Hay que dejar un espacio fácilmente accesible entre los puntos y no alejarlos demasiado. Si el recorrido entre la nevera y las zonas de cocina y

Derecha: las diferentes zonas de trabajo de la cocina son de fácil acceso y la isleta proporciona una enorme superficie para trabajar.

En frente: el diseño de esta pequeña cocina aprovecha al máximo el espacio disponible. El panel corredero del fondo de la habitación se pliega y conecta con la sala de estar.

Electrodomésticos

Al elegir los electrodomésticos debes guiarte por la cantidad de espacio de que dispones y por tu forma de comer y divertirte. Si eres asiduo a la comida para llevar, probablemente no le sacarás mucho provecho a una cocina semiprofesional. Si vives solo y tienes lavavajillas, puede que te resulte excesivo un fregadero de dos cubetas con trituradora integrada y escurridor doble.

Derecha: *estos módulos son largos y estrechos para dar más altura a la habitación. Los frentes acristalados aligeran los módulos.*

Abajo: *allí donde escasea el espacio en las paredes resulta muy efectivo este tipo de estanterías abiertas, con una hilera inferior de ganchos para tazas.*

de la cocina. Junto a la nevera, puedes almacenar, por ejemplo, fruta fresca y hortalizas en cajones o verduleros de mimbre. Al lado del lavavajillas te puede resultar útil instalar alacenas para la vajilla y cristalería y cajones para la cubertería. (véase *Exposición y almacenaje,* páginas 218-9).

¿Empotrados o no?

Existen dos tipos básicos de módulos de cocina: los empotrados y los no empotrados. Puedes elegir el que prefieras u optar por combinarlos. Una cocina empotrada siempre hace que una habitación parezca más hecha a la medida, mientras que la no empotrada permite una mayor versatilidad y variedad.

En las cocinas pequeñas, los módulos empotrados se pueden diseñar para aprovechar al máximo el limitado espacio del que se dispone. Los módulos sueltos siempre quedarán mejor en cocinas de gran tamaño, en las que se puede colocar un aparador en una pared y una serie de alacenas y mesas en la opuesta para crear diferentes zonas de trabajo. El mobiliario independiente puede ser una buena opción si vives de alquiler, ya que te lo puedes llevar cuando te mudes.

Los diseños no empotrados te dan más tiempo para ir acumulando todas las diversas piezas que quieras. Con este tipo de cocina puedes añadir todo cuanto y cuando tu presupuesto te permita. Por el contrario, una cocina empotrada se compra e instala en una sola vez, por lo que necesitas asegurarte de que dispones del dinero necesario para pagarla de golpe o comprometerte a unos pagos mensuales.

Puede que te decidas por una combinación de los dos tipos. Es la mejor opción para asegurar las zonas en las que van instaladas los electrodomésticos de mayor tamaño o las tuberías principales.

lavado es considerable y tienes una gran familia o generalmente muchos invitados, un carrito te puede ayudar a salvar la distancia. Otra opción es construir una isleta.

También se recomienda separar la nevera/congelador del horno, ya que, a pesar de que los materiales blancos ya están aislados, el calor que emite un horno conectado a altas temperaturas puede afectar a los mecanismo de enfriamiento de las máquinas de frío.

Almacenaje

Cuando planifiques cómo vas a almacenar las cosas, asegúrate de tener en cuenta las puertas de los módulos y electrodomésticos. Deja espacio suficiente para poder abrirlas y tener fácil acceso a los fondos.

Asegúrate de tener alacenas adecuadas al lado de cada elemento

Cómo cubrir los huecos

Muy pocas cocinas son perfectamente simétricas y capaces de acomodar un número exacto de módulos del mismo tamaño. Los módulos básicos consisten en alacenas de suelo y de pared de medidas estándar, pero la mayoría de los fabricantes hacen módulos de relleno, tales como armarios para los artículos de limpieza, alacenas para especias y botelleros, que sirven para completar el diseño.

La mayoría de los módulos estándar de fábrica tienen un armazón de aglomerado, contrachapado o MDF revestido en el lateral con melamina o un material similar. Los frentes de cajones y puertas pueden estar hechos de una amplia variedad de acabados, sólo están pegados al armazón. El interior del armazón puede tener un estante fijo o diferentes estantes movibles para cubrir tus necesidades de almacenaje. Los módulos esquineros tienen accesorios especiales, como estantes giratorios que permiten disponer de todo el fondo de la esquina. Algunos módulos sólo traen un cajón, pero los hay con una columna completa de arriba abajo.

Al instalar la cocina, primero se debe hacer todo el trabajo de base y después añadir la decoración. La razón es que es mejor hacer todo el cableado y los conductos para tuberías y respiraderos antes de poner el suelo o los azulejos. Antes de pintar o alicatar, instala la cocina, el extractor y la campana, la placa, el fregadero y los radiadores. La nevera/congelador se pueden instalar después, ya que sólo se necesita un enchufe eléctrico y, a veces, acceso a una toma de agua.

Muchos módulos empotrados tienen un zócalo en la base, que se puede colocar después de poner el suelo. El zócalo se ajusta entre la base del módulo y cubre las patas ajustables en las que se apoyan la mayoría de los módulos inferiores.

Izquierda: una de las ventajas de una cocina empotrada es que puedes disponer de alacenas hechas a medida que aprovechan el espacio disponible, tales como el estrecho módulo esquinero de esta cocina.

Abajo: estas alacenas empotradas tan estilosas se diseñaron para continuar la línea de la abertura que lleva desde la cocina al comedor.

Por ejemplo, artículos como un horno empotrado o un fregadero necesitan un módulo estable para sostener los puntos de fontanería y desagüe. Sin embargo, los muebles generales y la mesa/encimera pueden ser independientes con toda facilidad.

Cómo instalar tu cocina

A no ser que seas un entusiasta manitas del bricolaje, deja que la cocina te la instalen unos profesionales. Suelen aparecer muchos problemas y se precisan conocimientos técnicos.

Consulta al electricista, al fontanero y al instalador de los módulos antes de que empiecen y asegúrate de que cada uno sabe lo que hacen los demás. Si en lugar de estar todos contratados por la misma empresa trabajan por libre, intenta que planifiquen su trabajo y que lo hagan siguiendo un orden lógico para evitar que se interfieran.

Abajo derecha: *esta cocina es característica del estilo profesional para casa. Su centro es la gran placa de acero y la campana de estilo industrial. Al alzar la unidad sobre patas altas, disminuimos el efecto visual de predominio porque conseguimos espacio y luz en la parte inferior.*

Estilos de decoración

Una vez se hayan solucionado todos los aspectos prácticos, puedes empezar a pensar en el color y la decoración. Puedes elegir entre diferentes estilos de cocina, por lo que debes considerar cuidadosamente qué aspecto quieres que tenga y cómo se ajusta éste a las diferentes funciones que tiene que satisfacer tu cocina.

Cocinas profesionales para casa

El estilo de cocina profesional para casa está inspirado en las cocinas industriales revestidas de acero de los cocineros profesionales. Las cocinas más modernas son blancas, de acero y frías, pero se adaptan fácilmente a una casa mediante el color, la madera y elementos más suaves.

El equipamiento está compuesto principalmente por cocinas de aire industrial, nevera/congelador de gran tamaño y amplias y lisas extensiones de zonas de trabajo. Éstas son las ideales para los entusiastas de la cocina. El horno profesional generalmente dobla en capacidad al electrodoméstico estándar, se le puede añadir un calienta-platos y un grill.

Que tu cocina sea segura

Ten siempre una manta refractaria y un pequeño extintor de mano cerca de la placa y el horno. Fija también un detector de humos o una alarma en una zona alejada de las instalaciones principales. Si los niños tienen acceso a la cocina, coloca pestillos en las puertas de las alacenas, pon barreras de seguridad en los hornillos y, si es posible, una puerta de seguridad en el acceso a la cocina. No guardes los cuchillos afilados en el cajón de la cubertería. Una buena idea son las barras magnéticas que se sujetan a la pared. Otra opción son los tacos, que mantienen los cuchillos ordenados, cubren las hojas y dejan los mangos al aire.

Izquierda: *esta cocina con revestimiento metálico tiene un estilo moderno y elegante.*

Abajo: *una forma de suavizar el aspecto industrial es introducir madera, como esta superficie de trabajo.*

Fondo: *esta sencilla hoja antisalpicaduras de acero es de fácil limpieza al ser lisa.*

Estos equipos tan grandes y serios también necesitan una nevera de iguales dimensiones y revestida de acero. Los diseños de tipo americano de gran tamaño ya se pueden adquirir en el mercado minorista.

Para enlazar estos aparatos de acero, a menudo la zona de trabajo y los antisalpicaduras de la cocina también se hacen de acero. Este tipo de encimera generalmente se hace a la medida, lo ideal sería sacado de una única hoja de acero para que no queden trozos o juntas antiestéticas en el medio de una zona de trabajo.

Este tipo de cocina es muy resistente y duradero por su origen industrial. Las versiones domésticas no están diseñadas para tal volumen de trabajo, pero son robustas y tienen una larga vida productiva en una cocina doméstica media.

Tales cantidades de acero en una misma habitación pueden darle un aspecto frío y vacío, por lo que es importante contrarrestarlo con elementos naturales. Pueden ayudar un frente aislado de madera cálida, un suelo de madera o un panel de color. Los colores que elijas deben ir en consonancia con la frialdad del acero, por lo que los azules, los tonos claros de lavanda e incluso el naranja pueden quedar bien. El suelo puede ser de madera pero si quieres seguir fielmente el estilo industrial inclínate por el cemento pulido, el gris pizarra o piedra o por planchas de goma industrial.

Si este tipo de cocina forma parte de una cocina con *office* evita los elementos suaves y esponjosos excesivos en la zona de comedor. Repite las líneas claras y despejadas de la cocina y utiliza colores similares. Los patrones geométricos sencillos completan el aire moderno.

Arriba: *los colores brillantes sirven para suavizar la frialdad de los diseños modernos.*

Derecha: *el fregadero de estilo Belfast y los grifos de palanca tradicionales son elementos típicos de una cocina de estilo campestre.*

Cocinas sencillas y modernas

Una versión menos severa de la cocina profesional para casa es el estilo sencillo moderno, que crea un ambiente ligero, espacioso y aireado por medio del color y el espacio. Es de diseño funcional pero con cierta suavidad. Se busca lo práctico y funcional pero se intensifican los elementos de color. Las puertas de los módulos generalmente son lisas o con un pequeño detalle en el panel, pero se decoran con interesantes tiradores o pomos funcionales y con laminados o acabados llenos de color. El suelo también puede ser de color pero siempre lavable, por ejemplo se puede utilizar un tono complementario a las puertas de los módulos, que incorpore una distribución de los azulejos en damero o cortados a láser.

Se puede basar este estilo en una combinación de dos o tres colores, o dos colores y un tono más claro o más oscuro de uno de ellos.

Si tienes alguna duda a la hora de idear por primera vez el diseño, empieza haciéndolo muy sencillo. Siempre estás a tiempo de añadir elementos decorativos, pero si lo sobrecargas desde el principio te será más difícil quitarlos más adelante. Lo sencillo generalmente es lo mejor.

Estilo campestre

Otro estilo muy popular es el campestre. Incluso en casas del centro de una ciudad hay cocinas que parecen abrir sus puertas a verdes pastos y no a una autopista de dos carriles. El idilio rural da lugar a muchas interpretaciones. Por ejemplo, el estilo *folc* incorpora paneles machihembrados y de guías, suelos de ladrillo o losa, cocina esmaltada tradicional con estantes y enormes cantidades con utensilios, loza y artículos a la vista.

El estilo campestre se puede reducir a una interpretación escandinava o de los miembros de la secta *shaker* más nítida y espartana o se puede adaptar a los climas mediterráneos, donde las paredes se pintan y enlucen toscamente. Los accesorios blancos combinados con azul cobalto siguen la influencia griega, mientras que los platos de terracota y de vivos colores evocan el estilo italiano o español.

Dos zonas constantes del género campestre son el horno y el fregadero. El horno corresponde generalmente a una cocina esmaltada y domina una de las paredes de la habitación. El fregadero debe ser de estilo Belfast, profundo, alargado y de cerámica blanca. Con este estilo de fregadero van muy bien los grifos antiguos.

Los colores que elijas para la cocina deben complementar el estilo campestre que hayas elegido. Los tonos fríos, como el gris, el verde apagado y el azul grisáceo claro indican un influencia más escandinava. Los tonos fuertes como el azul verdoso oscuro o el rojo sangre combinados con madera de cerezo y con tendencia a la pulcritud y el orden son típicos de una cocina de estilo *shaker*. De estilo rural inglés son los dibujos inspiradores muy coloristas y cargados con aire de casita con jardín y la utilización de diferentes colores. La terracota combinada con verde, rojo, amarillo y azul oscuro evoca orillas más lejanas y la calidez de tierras mediterráneas.

Para darle un toque actual a este estilo y para evitar las imitaciones, concéntrate en los elementos que más te gusten y trabaja sobre ellos. Por ejemplo, los colores y texturas cálidos sugieren calor, como los muros de adobe de las casas tradicionales sudamericanas. En lugar de guardar las botellas de aceite de oliva en la alacena, déjalas a la vista. Las macetas con albahaca y orégano frescos en el alféizar de la ventana proporcionarán un sutil toque y algunos

botes de cristal claro con diferentes tipos de pasta también evocarán su país de origen.

Cocinas tradicionales

El último estilo es el de la cocina tradicional, que se basa principalmente en una fórmula duradera, probada y ensayada. En su forma más pura ésta es una cocina de trabajo como la semiprofesional, pero en lugar de tener el acero inoxidable como característica principal, lo que domina es la madera. Puede ser al natural, pintada o incluso teñida, y se combina con otros materiales y acabados determinados, como los azulejos de cerámica, la pizarra, la piedra y el cristal.

En algunos casos, para crear una apariencia tradicional se imita la madera o la madera antigua con materiales y acabados modernos. Los módulos de MDF se pueden retocar para crear falsas lengüetas y estrías, y se frota la pintura alrededor de las esquinas y en las zonas en las que, con el paso del tiempo, irían apareciendo señales de desgaste de forma natural.

La cocina tradicional básica es una habitación decorada de forma sencilla, pero de ti dependen los accesorios y los adornos. Sin embargo, aunque la función de este tipo de cocina es «para vivirla», no dejes que los accesorios alcancen tal nivel que interfieran en la funcionalidad de la habitación.

Guía de colores en un solo vistazo

La mejor opción para decorar las paredes de una cocina es utilizar colores claros y frescos en las paredes, se puede utilizar un color secundario para los módulos y los muebles.

Las cocinas profesionales domésticas (véase páginas 214-5) son generalmente blancas cubiertas de acero inoxidable, pero puedes añadir elementos de madera y toques de color naranja o azul para suavizar su apariencia.

Las cocinas modernas sencillas (véase enfrente), pueden incorporar dos colores y variar los tonos de los colores principales.

Las cocinas de estilo campestre (véase enfrente), generalmente combinan el blanco o crema con verde manzana, azul cielo, rojo cereza o amarillo chillón, a no ser que te decidas por un estilo más mediterráneo, en el que la terracota sustituye al blanco y el azul lavanda y el verde aceituna se convierten en los colores secundarios.

El estilo tradicional (véase izquierda) a menudo mezcla la madera con la pizarra, la piedra, el cristal y la cerámica y gira en torno a una paleta de colores naturales, y no de colores de moda.

Izquierda: estilo escandinavo en el que domina la madera.

Exposición y almacenaje

En una cocina las alacenas se deben situar de forma que los utensilios queden cerca del lugar donde más se van a utilizar. Por ejemplo, guarda las especias cerca de la placa y las espátulas y cucharas de madera cerca de la zona de trabajo en la que remueves los ingredientes.

Almacenamiento de tarteras y sartenes

Hay que tener cuidado a la hora de guardar las tarteras y las sartenes. Si amontonas unas sartenes sobre otras, coloca entre ellas hojas dobles de papel de cocina para evitar que se dañe el esmalte o la superficie anti-adherente de la que quede en el fondo. Antes de guardar *woks* o tarteras de hierro fundido sécalos muy bien y dales por dentro una capita de aceite de cocinar.

Arriba derecha: los ganchos de carnicero se utilizan para colgar utensilios de acero cerca de la placa, que es donde se utilizan con más frecuencia.

Cómo guardar y exponer el equipamiento de cocina

Las alacenas de la cocina son zonas fundamentales para guardar el equipamiento, las tarteras y sartenes y los alimentos enlatados, pero en una cocina también se pueden exponer muchas cosas.

Cómo guardar utensilios

En la mayoría de las cocinas muchos utensilios se guardan fuera para tenerlos a mano, lo que hace que estén a la vista. La forma en que se guarden o muestren dependerá del estilo y la decoración que hayas elegido para la cocina, pero aquí te damos algunas sugerencias.

Las espátulas, las cucharas de madera y los utensilios ligeros de madera pueden ir metidos en un bote de cristal, de cerámica o de metal sobre la encimera.

Las barras y los ganchos de carnicero son opciones muy populares para colgar utensilios. Puedes utilizar barras de madera para las cocinas de estilo campestre o tradicional y de acero para las más modernas.

Los ganchos de carnicero tienen forma de S, están hechos de acero y se presentan en dos tamaños: los grandes pueden aguantar el peso de tarteras y sartenes, mientras que los pequeños son ideales para colgar cucharas, espátulas y batidores.

Cuando cuelgues utensilios pesados, asegúrate de que la barra puede soportar ese peso. Si utilizas una barra larga para utensilios pesados, necesitarás más sujeciones a la pared o al techo.

Una alternativa a las barras son las cadenas, que deberán ser de un metal resistente y de eslabones grandes. Se puede colgar la cadena en horizontal entre dos puntos o cortarla en diferentes medidas y colgarlas por separado para que caigan verticales.

Envases y unidades de almacenaje

Los tarros no siempre se tienen que guardar dentro de las alacenas. Ponlos a la vista sobre un estante como elemento decorativo y para acceder fácilmente a lo que guardes en ellos, como té, café y azúcar. Dales cierta unidad: escoge un juego de tarros de acero y cristal o de cerámica blanca.

Los envases de cristal son estupendos para tenerlos expuestos ya que muestran todo su contenido.

Los cestos de mimbre o junco sirven para almacenar en general pero ocultan la mayor parte de su contenido dentro de sus densos laterales, así que utilízalos sólo cuando no te importe que no se vea el interior.

Se puede colocar una rejilla de chapa en el interior de las alacenas o en la pared sobre la encimera, lo que permite encajar los platos y fuentes lavados en las ranuras para dejar que sequen (véase *Haz una rejilla para platos,* página 197).

Cómo exponer el equipamiento

Aunque en las cocinas modernas se opta por la tendencia a las encimeras limpias, se pueden dejar a la vista algunas piezas útiles para suavizar las esquinas y para dar la sensación de un espacio habitado.

Por su uso constante, los saleros y pimenteros generalmente se colocan en una estantería abierta que permita su fácil acceso. Hay diversas formas y tamaños de molinillos, pero en cualquier cocina queda bien un juego de cromo, cristal o madera. Elige un par que combine con los colores generales de la cocina.

Las piezas clásicas, tales como el exprimidor Philippe Starck Alessi o una cafetera eléctrica francesa, son las típicamente expuestas. También están de moda las cafeteras espresso y las teteras de líneas sencillas.

La norma para estos accesorios es que deben ser útiles y bonitos a la vez. Si lo vas a dejar a la vista, elige el que tenga la forma más bonita, los mejores acabados así como el de las líneas más interesantes, ya que formará parte del diseño de la cocina.

Cómo guardar y exponer alimentos

La fruta fresca y las verduras dan un agradable toque de color a una cocina de la misma forma que serán adornos en constante cambio a medida que los vayas reponiendo. Para exponer bien frutas y verduras, busca cestos metálicos de trama abierta, que permiten que la fruta se vea y respire, así como recipientes de cristal. El inconveniente de los recipientes de cristal es que limitan el aire a la fruta del fondo, lo que significa que madurarán y se pudrirán con mucha más rapidez. Asegúrate de consumir la fruta y las verduras en pocos días, antes de que empiecen a arrugarse a enmohecerse.

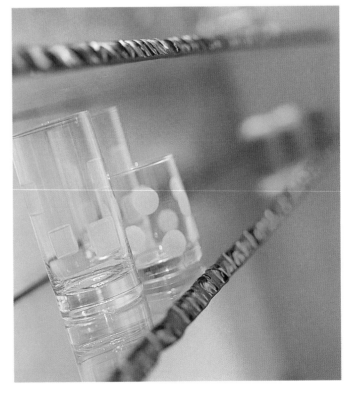

Izquierda: *los platos se pueden guardar de forma ordenada en un cajón. Unas espigas de madera evitan que los platos puedan moverse y romper.*

Abajo izquierda: *los utensilios elegantes y de uso frecuente pueden formar parte de la decoración.*

Abajo: *el cristal es un buen expositor porque refleja la luz en la habitación.*

efectos de pintura

de escritura a mano

Una forma barata y efectiva de darle un toque de humor e ingenio a una pared es pintar caracteres sobre ella. En un idioma extranjero siempre queda mejor que en tu lengua materna, lo que añadirá glamour a algo tan mundano como una receta. La escritura se consigue usando bastoncillos de algodón y esmalte acrílico al agua. Si te sientes seguro de tu ortografía, puedes trabajar a pulso, pero si quieres conseguir un efecto más controlado y nítido, utiliza un proyector y obtendrás una guía sobre la pared. Puedes disponer de un proyector en la mayoría de las empresas de alquiler de herramientas.

Materiales

Pintura al agua (acrílica) azul claro para la capa base

Papel de acetato para proyector

Esmalte acrílico azul pizarra

Bastoncillos de algodón

Barniz acrílico satinado

Herramientas

Brocha o rodillo

Ordenador

Rotulador

Pincel de cerdas suaves

Proyector aéreo

Brocha para barniz

Prepara la superficie

1 Aplica la base azul claro sobre la pared y deja que seque.

Crea el acetato de la receta

2 Teclea la receta que hayas elegido en el ordenador usando una letra adecuada e imprímelo en papel de acetato. Como alternativa, puedes escribir a mano sobre el acetato con un rotulador permanente, que es lo que nosotros hemos hecho aquí.

Transfiere la receta

3 Utiliza una brocha suave y ancha para aplicar el esmalte a la pared mediante pinceladas al azar.

4 Coloca la hoja de acetato sobre el proyector y ajústala para que la receta llene la pared. Trabaja con rapidez, «escribiendo» en el esmalte con un bastoncillo de algodón. Cambia el bastoncillo en cuanto notes que está empapado.

5 Una vez seco, protege la pared pintada aplicando una base de barniz acrílico con una brocha especial para barniz.

Aplica la capa base por toda la pared utilizando una brocha o un rodillo.

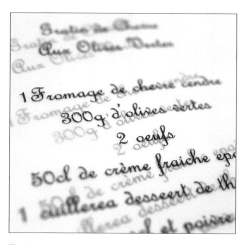

Teclea tu receta e imprímela sobre papel de acetato o escríbela directamente en el acetato.

2 oeufs.

50cl de crème fraîche épaisse

1 cuillère dessert de thym frais.

sel et poivre

Coupez le chèvre en tranches puis, en mor...

Battez ensemble la crème fraîche et les oe...

ajoutez le thym frais, du sel et du poiv...

Dans quatre ramequins, disp...

fromage puis versez des...

Con una brocha suave y ancha, aplica el esmalte con pinceladas al azar sobre la pared.

Con un bastoncillo de algodón «escribe» en el esmalte guiándote por lo proyectado sobre la pared.

Una vez esté seco, protege la pared con una capa de barniz acrílico satinado.

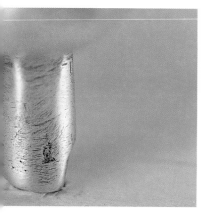

alacenas de cocina
remodeladas con chapa de madera

Si estás cansado de tus alacenas o te han tocado unas que no son de tu agrado, puedes remodelarlas de diferentes maneras. Una forma sencilla y rápida de renovar puertas lisas y planas es pegarles una chapa fina de madera sobre la superficie de melamina. La belleza de este tratamiento radica en que parecerá que las puertas son de madera maciza. Además existe una enorme variedad de chapas por lo que puedes elegir el color y la veta que más te guste. Si le aplicas un par de capas de barniz para yates, endurecerás la superficie. Unos tiradores sencillos de cromo rugoso le darán un aspecto muy actual.

Materiales

Chapa de madera

Adhesivo de contacto

Sustituto de aguarrás

Barniz para yates

Tiradores o pomos de tu elección

Tornillos

Herramientas

Lija flexible

Lápiz

Regla de metal

Cuchilla

Espátula para el adhesivo

Pila de libros o similar

Paño

Lija de poca dureza húmeda y seca

Brocha para barniz

Taladro y brocas para madera

Destornillador

Prepara las puertas

1 Limpia en profundidad cada una de las puertas de melamina para eliminar restos de grasa y suciedad.

Corta la chapa

2 Coloca cada puerta boca abajo sobre la hoja de chapa y con un lápiz dibuja los perfiles.

3 Con mucho cuidado corta la chapa ayudándote con una regla metálica y una cuchilla (véase imagen inferior izquierda, página 224). Hazlo con cuidado porque es quebradiza y se marca con facilidad.

Pega la chapa

4 Extiende una capa fina y uniforme de adhesivo por el frente de una puerta y por la parte trasera de su correspondiente chapa y deja que seque hasta que estén pegajosas. Coloca la chapa con cuidado sobre la puerta. En este punto la precisión es muy importante, ya que la cola se

En cuanto hayas limpiado la superficie de las puertas, utiliza una lija para formar una «llave».

Ve colocando cada puerta sobre la chapa y marca el contorno con un lápiz.

Conoce tus materiales

La mejor forma para fijar paneles de chapa es usar adhesivo de contacto. Es una cola muy cáustica, por lo que se debe emplear en espacios bien ventilados. Utiliza una mascarilla como protección extra contra los vapores. Es importante que las capas que apliquemos en las superficies sean finas y uniformes, ya que las dos partes se unen de forma instantánea. Esto significa que es imposible recolocarlas, por lo que hay que tener mucho cuidado al colocar la chapa sobre la puerta. Una vez pegadas, se debe presionar de manera uniforme toda la superficie para evitar que algunas zonas se despeguen o aparezcan burbujas, hazlo con libros gran peso y déjala secar según las recomendaciones del fabricante.

adhiere al momento y después es difícil mover la chapa. Cuando esté en su sitio, cúbrela con un paño para evitar las marcas y pon encima pilas de libros de manera uniforme.

Toques de acabado

5 Cuando el frente de la puerta esté seco, corta tiras finas de chapa ligeramente más anchas que

los laterales de las puertas. Extiende cola tanto en el lateral como en la tira y coloca ésta en su sitio. Utiliza una cuchilla bien afilada para cortar lo que sobresalga hasta conseguir un ajuste perfecto (una buena idea es cambiar la cuchilla en cada corte). Retira el exceso de cola con un paño ligeramente mojado en el sustituto del aguarrás para que los restos no

dejen marcas. Repite este proceso hasta cubrir todas las puertas.

6 Pule la chapa con lija fina húmeda y seca, para conseguir un acabado perfecto y pásale un paño ligeramente humedecido en el sustituto del aguarrás (no emplees agua ya que ésta hinchará la chapa). Utiliza una brocha limpia para aplicar una fina capa de barniz para yates en la superficie y laterales de cada puerta. Deja que sequen y vuelve a pasar ligeramente la lija antes de aplicar las dos capas restantes de barniz que le darán un acabado más resistente.

7 Marca la posición de los tiradores o pomos y taladra con una broca para madera.

8 Atornilla los tiradores. Vuelve a colgar las puertas y aprieta las bisagras.

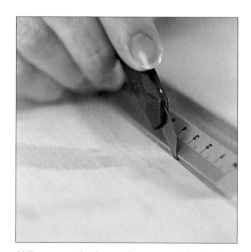

Utiliza una regla de metal y una cuchilla bien afilada para recortar todas las piezas de chapa.

Cubre las superficies con adhesivo de contacto ayudándote con una espátula.

Corta tiras finas de chapa para los laterales de las puertas. Pégalas y córtalas hasta ajustarlas.

Alternativa

Para darles un aspecto más industrial a unas alacenas ya existentes, puedes seguir el mismo proceso utilizando planchas de metal. Esta no es una opción barata y debes considerarla sólo si tus alacenas son de buena calidad y están en buenas condiciones. Para un acabado realmente profesional, es mejor que lleves las puertas de tus alacenas a un carpintero de metales que las forrará con finas planchas metálicas para conseguir un acabado perfectamente uniforme. Si quieres intentarlo tú mismo, elige cortes de planchas metálicas que se ajusten a las puertas de tus alacenas. Las planchas metálicas robustas se pueden pegar con adhesivo de contacto aplicado en ambas superficies. Se le debe poner un peso encima hasta que haya secado. Esto no es aplicable a las planchas de agujeros, en las que deberás utilizar pequeñas tachuelas o tornillos para fijar las planchas metálicas a lo largo de los bordes de las puertas. Asegúrate de haber elegido un metal inoxidable, si no estás seguro séllalo con una capa de barniz lacado transparente. Remátalo con tiradores o pomos actuales.

Al lograr un acabado uniforme, aplícale a la chapa una fina capa de barniz para yates.

Taladra los agujeros para los tiradores o pomos con una broca para madera.

Antes de colocar las puertas, atornilla todos los tiradores.

antisalpicaduras
de vidrio templado

El cristal templado es una buena alternativa a los azulejos como placa antisalpicaduras para las cocinas y los baños. Los cristaleros te pueden cortar el cristal a medida y biselar o pulir los cantos para poder tocarlos con seguridad. Pide que te taladren el cristal para después poder colocarlo. Por detrás del cristal puedes poner el diseño que tú elijas. En este ejemplo utilizamos un diseño a cuadros sobre una hoja de aluminio, que imita a los azulejos y que continúa el cromado de los utensilios. Si frotamos la hoja con una lana de acero de poca dureza le daremos un aspecto envejecido, dejando ver el diseño del fondo.

Materiales

Corte de cristal templado ya taladrado

Papel para forrar

Cola dorada al agua

Calcomanía de hojas de aluminio

Lana de acero de poca dureza

Pulidor transparente a la cera

Pintura al agua (acrílica) azul

Tacos de plástico

Tornillos con embellecedor

Herramientas

Paño suave

Tijeras

Escuadra

Lápiz

Pincel pequeño

Taladro

Broca de albañilería

Prepara el cristal

1 Limpia en profundidad la pieza de cristal asegurándote de que no quedan marcas de grasa, y después sácale brillo con un paño suave.

Diseña el fondo

2 Con las tijeras corta un trozo del papel para forrar del mismo tamaño que la placa antisalpicaduras. Dibuja una cuadrícula del tamaño de los azulejos de la cocina con la ayuda de un lápiz y una escuadra. Asegúrate de que el dibujo no tiene cortes.

3 Coloca el antisalpicaduras de cristal encima de la cuadrícula con mucho cuidado, haciendo coincidir todos los extremos. Usa la cuadrícula como guía, y con un pequeño pincel limpio, aplica una fina capa de cola al agua alternando los cuadros.

4 Deja secar la cola durante el tiempo recomendado hasta

Limpia el cristal para eliminar la grasa y las huellas dactilares, y luego abrilántalo con un paño suave.

Con un pincel aplica una fina capa de cola al agua alternando los cuadrados del cristal.

Conoce tus materiales

El cristal es una alternativa higiénica y de fácil limpieza a los azulejos tanto en cocinas como en baños. Aunque hay que manejarlo con cuidado, el cristal también resulta muy fuerte si se le da un uso correcto. Un buen cristalero te recomendará el grosor adecuado para tu proyecto y lo cortará y lo taladrará según tus necesidades. Todo el cristal para interiores debe llevar la marca de seguridad como garantía de que es adecuado para el uso doméstico. Es importante pedir cristal con los cantos pulidos o biselados, ya que de esta forma se eliminan los bordes afilados. Como alternativa puedes probar con cristal grabado o con cristal de red metálica de Georgia.

que se vuelva transparente. Si es necesario, corta con unas tijeras la transferencia de aluminio hasta que tenga el tamaño adecuado. Aplica con cuidado la calcomanía de aluminio, asegurándote de que sigue las líneas de los cuadrados que has dibujado en el papel para forrar.

Aplica la calcomanía

5 Frota con cuidado la parte posterior de la calcomanía, asegurándote de que queda firmemente adherida a la cola al agua. A continuación, despega el papel, fijándote en que la calcomanía de aluminio queda en su sitio.

6 Humedece un trozo de lana de acero suave en un poco de abrillantador transparente a la cera y frota ligeramente la parte posterior de la calcomanía de aluminio. Esta operación levantará algunos

trocitos de la calcomanía y dejará ver algunas zonas del fondo.

7 Con un pincel pequeño, aplica la pintura al agua (acrílica) azul a la parte posterior de cada cuadrado de la hoja de aluminio y después deja que seque.

Fija el antisalpicaduras

8 Apoya el cristal contra la pared y con un lápiz marca los puntos para taladrar. Usa una broca de albañilería para hacer el agujero y ponle el taco adecuado para tu pared. Fija el antisalpicaduras en su sitio con un tornillo con embellecedor de cromo.

Aplica una calcomanía de aluminio al papel para forrar asegurándote de que se pega a la cola.

Retira el papel con cuidado fijándote en que la calcomanía sigue en su sitio.

Con un poco de lana de acero humedecida en cera transparente frota la parte posterior.

Alternativa

Para crear un antisalpicaduras tradicional de azulejos puedes usar trozos irregulares de azulejo o pequeñas teselas de mosaico hechas con una cortadora para formar dibujos orgánicos. Tendrás que empezar con una pared completamente uniforme y limpia. Primero planifica tu diseño dibujándolo sobre el papel con lápices de colores. Emplea el método de mosaico directo, lo que significa transferir tu diseño directamente sobre la pared a lápiz. Aplica adhesivo para azulejos impermeable, extendiéndolo en el revés de cada tesela o trozo de azulejo para ir construyendo el diseño pieza a pieza. Verás que es más sencillo empezar por las piezas que forman el perfil del dibujo y seguir rellenando las zonas grandes de color. Primero coloca teselas enteras y después utiliza la cortadora para conseguir piezas más pequeñas que rellenen el dibujo.

Una opción para presupuestos limitados es usar trozos de azulejos o cerámica rota. Una forma segura para romperlos es meterlos en una bolsa de plástico resistente o envolverlos en un paño de cocina. Con un martillo conseguirás romperlos en trocitos irregulares.

Pinta la parte posterior de la calcomanía con pintura al agua (acrílica) azul y deja que seque.

Termina fijando el antisalpicaduras de cristal a la pared con tornillos y embellecedores cromados.

Cómo iluminar
tu cocina

La iluminación de las zonas de trabajo de una cocina es lo más importante, es el lugar donde se vierten líquidos calientes y se utilizan cuchillos afilados. Pero la cocina también se puede usar como comedor o para tomar un café con los amigos, por lo que necesita un nivel de iluminación más suave y ambiental.

Luz natural y artificial

Es extremadamente importante proporcionar una iluminación adecuada a cada zona de la cocina. Para las consideraciones generales sobre el diseño de la iluminación, véase *Una iluminación eficaz,* página 134.

Derecha: una ventana grande puede ser un gran atractivo para una cocina, ya que proporciona una buena cantidad de luz natural. Si es demasiado brillante, una persiana ajustable ayudará a suavizarla.

Abajo: esta iluminación en la base de una isleta está dirigida a la zona de comedor y de noche crea una presentación poco corriente.

Cómo utilizar la luz natural

Los diseñadores de cocinas tenían por norma colocar el fregadero frente a una ventana para que la persona que fregase tuviese algo que mirar, pero con la llegada de los lavavajillas esto ya no es una prioridad. La luz natural aún es un bien preciado porque su acceso se ve obstaculizado por los módulos y las máquinas fijados a la pared. Para sortear este problema, mucha gente instala velux o ventanas y paneles de cristal en el techo de la cocina. Ésta es una solución perfecta para las viviendas de un solo piso.

En un bloque de apartamentos o una casa con más plantas por encima de la cocina, no siempre es posible realizar estas reformas, por lo que hay que buscar otras opciones. Las superficies brillantes reflejan bien la luz, pero su mantenimiento es complicado. Puedes utilizar colores pálidos y blancos, ya que aligeran las encimeras. Si no sobrecargas mucho una habitación conseguirás que parezca más clara.

El trato que le des a las ventanas también puede ayudar. Opta por persianas o cortinas muy finas que se puedan retirar y no por cortinajes pesados que limitan la luz y que acumulan suciedad.

Luz artificial

Una luz de ambiente global es útil, ya que te permite tener una primera impresión al entrar en la cocina y puede ser adecuada para una tarea simple o directa. Para trabajar en la cocina necesitas luces de trabajo que proyecten un haz de luz fijo y uniforme sobre la superficie de trabajo.

La iluminación de trabajo generalmente se coloca en los bajos de los módulos y deben cubrir todo el ancho para que la luz se pueda distribuir por toda la superficie inferior.

Los focos empotrados de techo iluminan bien zonas grandes como las isletas y las placas de cocina. Este tipo de iluminación requiere una ubicación y dirección cuidadosas para evitar que el haz de luz haga sombra a la persona que está en la zona de trabajo. Las luces colgantes también son un complemento útil si se colocan encima de una zona de comedor.

Elementos de luz

Las luces instaladas debajo de módulos generalmente son pequeñas tiras de luz. Antes los tubos fluorescentes eran la fuente principal de luz pero en la actualidad son más populares los tubos halógenos de voltaje de red. En relación con las luces colgantes o los apliques es mejor evitar las pantallas delicadas o frágiles, porque su limpieza es complicada, al contrario que las de metal, esmalte, cristal o cerámica.

Si la cocina es grande (o las zonas de cocina/comedor) es mejor instalar dos o tres circuitos diferentes de luces conectados a enchufes individuales. Así puedes apagar las luces principales de la cocina pero dejar una buena iluminación ambiental en la zona de comedor. También puedes instalar un interruptor junto a la puerta principal que apague todas las luces.

Arriba: la iluminación de fibra óptica instalada en la zona de trabajo de cristal y los bajos de los módulos proporciona un nivel constante de luz sobre toda la zona.

Izquierda: la iluminación lineal a lo largo de las paredes laterales ilumina la encimera desde ambos lados y no directamente desde lo alto. Este tipo de iluminación evita que se reflejen sombras sobre la comida mientras trabajas.

tablero

reciclado
de pizarra y zinc

Este elegante y útil tablero explota el bonito acabado erosionado de las pizarras viejas de tejados, que forman un marco ideal para un encerado. Dentro del marco hay un panel de zinc en el que se pueden pegar postales, recetas, invitaciones, etc. con imanes, lo que lo hace ideal para la cocina o la oficina. Deja que sean las pizarras de tejado las que determinen el tamaño de tu tablero, para que no tengas que cortarlas. Los agujeros ya taladrados se pueden utilizar para anclar las pizarras en su sitio con unos cuantos clavos de cabeza plana galvanizados para tejados.

Materiales

Losas de pizarra para tejados

Contrachapado

Papel de lija

Pintura gris pizarra

Plancha de metal galvanizado

Adhesivo de contacto

Tornillos

Clavos de cabeza plana

Tiza

Hilo de cocina

Imanes

Herramientas

Lápiz

Regla metálica

Sierra de vaivén

Pincel medio

Taladro eléctrico

Cola adhesiva para azulejos

Guantes

Taco de madera

Martillo pequeño

Mide el marco

1 Calcula las medidas del marco colocando las losas de pizarra sobre la pieza de contrachapado. Con un lápiz dibuja los perfiles de las pizarras y a continuación mide un 1 cm/½ pulgada por dentro con la regla metálica y señala el marco.

2 Con la sierra de vaivén recorta el marco y líjalo a continuación para eliminar todas las asperezas.

Pinta el marco

3 Con un pincel de tamaño medio, dale un par de capas de pintura gris pizarra a todo el marco y déjalo secar durante dos horas.

4 Una vez seca la pintura, dale la vuelta al marco y coloca sobre el agujero las planchas de metal galvanizado (debería ser lo suficientemente grande para superar los bordes del agujero en un

Para medir el tamaño del marco, coloca las pizarras sobre el contrachapado y dibuja los perfiles.

Con una sierra de vaivén, recorta el marco y a continuación líjalo para eliminar todas las asperezas.

Conoce tus herramientas

Las herramientas eléctricas agilizan la mayoría de los trabajos de bricolaje, Si no tienes ninguna, pídeselas a un amigo o alquílalas a una empresa de alquiler de herramientas. Así podrás probarlas antes de comprar las tuyas. Las más útiles son la sierra de vaivén y el destornillador/taladro eléctrico. Las sierras de vaivén tienen hojas desmontables de gran precisión que sirven para cortar diferentes materiales (se recomienda usar protección para los ojos y una mascarilla antipolvo cuando se esté utilizando la sierra).

Los taladros/destornilladores eléctricos combinados son herramientas de doble función. Las brocas desmontables sirven para hacer agujeros de varios tamaños sobre materiales diferentes, así como para atornillar con mayor rapidez. Al la hora de elegir uno, es mejor decantarse por los que tienen doble dirección para también poder destornillar con facilidad.

par de centímetros/1 pulgada). Taladra y avellana un agujero en cada esquina y atorníllalos en su lugar correspondiente.

5 Con una espátula aplica el adhesivo de contacto por la parte delantera del marco y por la trasera de las pizarras. Protege tus manos con unos guantes mientras utilices el adhesivo. Deja que seque parcialmente (para el siguiente paso necesitamos que esté pegajoso).

Monta el marco

6 Cuando el adhesivo todavía esté pegajoso, coloca las pizarras sobre el marco haciendo fuerza con un taco de madera para llevarlas a su sitio.

7 Ata un trozo grande tiza blanca o de color a un cordón de cocina o a un bramante de longitud media y anúdalo a uno de los clavos.

8 Ahora ya puedes utilizar el tablero. Con la ayuda de unos imanes pon en el marco las postales, recetas, fotos y otros papeles que tengas desperdigados.

Aplica sobre el marco de contrachapado un par de capas de pintura gris pizarra y déjalo secar bien.

Atornilla firmemente la plancha de metal galvanizado en su sitio.

Aplica adhesivo de contacto sobre la parte posterior del marco y las pizarras y deja que seque.

Alternativa

Otra opción es crear un diseño para tu tablón de cocina utilizando una plantilla. En esta idea tan original, los elementos de aire, tierra y mar están representados por las palomas, las uvas y los peces. Para hacerlo, elige una tabla de MSF de 12 mm/$\frac{1}{5}$ de pulgada del tamaño adecuado. Con un rodillo pequeño y una bandeja, aplica dos capas de pintura para encerados o una pintura acrílica negra mate. Déjalo secar. Dibuja con una plantilla una bandada de palomas en la parte superior del tablón y una hoja de parra en la esquina superior izquierda. Con la plantilla ve dibujando racimos de uvas hacia abajo hasta cubrir dos tercios de la altura del tablón, y a continuación dibuja el banco de peces. Para proteger los dibujos, pásale una ligera capa de barniz acrílico mate con un pincel de nailon. Si quieres utilizar diferentes colores, prueba diferentes tonos nacarados, como verdes jade, rosas y platas.

Cuando el adhesivo esté pegajoso, pon encima las pizarras y presiónalas para que queden en su sitio.

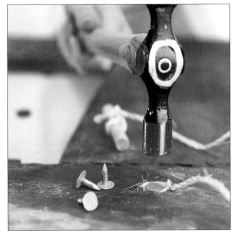

Cuando estén colocadas, fíjalas clavando puntas a través de los agujeros hechos en las pizarras.

Accesorios de cocina

Éstos son en su mayoría utensilios prácticos que generalmente quedan a la vista en una cocina, por su uso frecuente (y por ello se necesita tenerlos siempre a mano) o por su gran tamaño, peso o dificultad para guardarlos. Siempre que sea posible, no tengas los accesorios de cocina en las encimeras pues limitan el espacio disponible para trabajar y además se pueden salpicar con los ingredientes de la comida que estés preparando. Guarda los utensilios y los equipos bien ordenados para facilitar su uso. Si algunos artículos no los utilizas durante largas temporadas, cúbrelos con un paño de algodón o una funda lavable para proteger los componentes de la grasa y condensación de la cocina. Los artículos pequeños como los cuchillos deben guardarse en un taco para cuchillos o en una barra magnética colocada en la pared, ya que es peligroso guardar cuchillos afilados en los cajones. Las cucharas y espátulas de madera pueden guardarse en un recipiente de cerámica o de metal y con los mangos hacia abajo para poder identificarlos fácilmente.

Productos de estilo retro, como estas piezas croma-das, parecen clásicos pero de hecho están fabricados siguiendo los más altos estándares modernos.

Las tablas de cortar de madera tradicionales son toda-vía muy populares. Deberías tener varias para cortar diferentes tipos de alimentos, tales como carnes rojas, pollo, cebollas y ajos y frutas para que los sabores, olores y encimas no se mezclen.

Una cristalería limpia y brillante luce mucho y se puede dejar a la vista, pero date cuenta de que se puede man-char y salpicar si la cocina queda demasiado cerca.

Los artículos de uso diario, como el tostador, se pueden dejar en la encimera para tenerlos siempre a mano.

Los grifos de palanca resultan muy prácticos cuando tienes las manos pegajosas o llenas de harina.

Es mejor guardar los cuchillos en un taco de madera, fuera de peligro.

Los utensilios de acero inoxidable se pueden colgar de una simple rejilla cerca de la zona de uso.

Este viejo bloque de carnicero ha visto muchos años de uso, pero aún es bienvenido en muchas cocinas.

Las tarteras de cobre son muy apreciadas por los co-cineros profesionales ya que sus conductos atrapan el calor rápidamente, pero deben estar muy bien abrillan-tadas si se las quiere dejar a la vista.

Es práctico poner un escurridor al lado del fregadero.

Guarda los artículos complementarios juntos, así sabrás dónde están. Por ejemplo, coloca las teteras junto a ta-zas y platos, ya que los necesitarás todos a la vez.

Las cristalerías de colores añaden un inesperado to-que decorativo en los ambientes funcionales.

Lo mejor para las cocinas son los tiradores sencillos porque resulta fácil agarrarlos cuando tienes las ma-nos mojadas o grasientas. Además, también resulta fácil limpiarlos.

Los molinillos de sal y pimienta no tienen por qué pare-cer vulgares. Las posibilidades son múltiples y puedes elegir unos que vayan con el estilo de tu cocina.

Cuartos de baño

Cómo planificar tu baño

El baño es más que el lugar donde realizas tu higiene diaria: es un santuario de descanso y relajación en el que te puedes introducir después de un día de mucho trabajo, un lugar en el que puedes relajarte y mimarte.

Planifica tu espacio

Abajo: los cuartos de baño que siguen un trazado lineal, con todas las piezas colocadas a lo largo de una pared, son los que mejor aprovechan los espacios largos y estrechos.

El baño tiene que ser un espacio adaptable, con características camaleónicas. Un baño bien diseñado debería ser un espacio claro y energizante para una higiene a toda prisa por la mañana, pero también un tranquilo oasis de relajación para un baño a última hora del día. Por todo ello, planificar su diseño, distribución y decoración es muy importante.

Antes de nada, identifica tus necesidades. Si prefieres una ducha, instala una cabina de ducha independiente dentro del cuarto de baño u otro espacio y deja la bañera para el de los invitados. Si el espacio de que dispones en el baño es limitado, instala tuberías de ducha en la bañera, y así dispondrás de las dos funciones.

Si es posible, intenta aliviar el agobio de un único cuarto de baño de un solo váter instalando otro váter y un lavabo pequeño en un sitio diferente. En los dormitorios se pueden instalar lavabos e incluso una cabina de ducha independiente en un hueco o armario empotrado para aliviar la carga sobre el cuarto de baño principal.

Cuando planifiques la distribución y el diseño de tu cuarto de baño, averigua y localiza los siguientes puntos, porque el fontanero te lo va a preguntar: ¿dónde está el acceso a las cañerías y desagües? ¿Qué capacidad tiene el tanque y dónde está?

Los cuartos de baño familiares o principales deben ser prácticos y de fácil limpieza. Son espacios muy concurridos en los que a diario hay vapores y humedad por lo que la ventilación es importante. La ventilación se puede conseguir por medio de aparatos, como un ventilador colocado en una ventana, o por conductos empotrados en un falso techo, lo que dispersará la humedad a la vez que evitará la formación de moho en el cemento blanco o en la cortina de la ducha.

Una distribución eficaz del cuarto de baño

La planificación del cuarto de baño debe dejar espacio suficiente para poder moverse con libertad. La distribución de los baños tradicionales gira en torno a la pieza de mayor tamaño, la bañera.

Generalmente, la bañera queda instalada en el fondo del cuarto coincidiendo uno de sus lados más anchos con la pared más larga. Al pie de la bañera se encuentra el váter y junto a éste el lavabo, ambos lo más cerca posible de la puerta por ser los de mayor uso. Esta distribución lineal forma un pequeño pasillo enfrente de cada pieza, lo que facilita su acceso.

En una habitación cuadrada la bañera se puede pegar a la pared con el váter y el lavabo enfrente, dejando libre la tercera pared para la puerta y la cuarta para unos estantes o una ducha.

Ideas para aprovechar el espacio

Existen dos tipos de juegos de baño: los apoyados en el suelo y los colgados de la pared. Las piezas

montadas sobre el suelo se apoyan en unas bases coordinadas a modo de pedestales, mientras que las piezas que van a la pared se fijan directamente sobre ésta y dejan mucho más espacio libre a la altura del suelo.

Las piezas colgadas hacen que una habitación pequeña parezca más espaciosa gracias al espacio que queda libre, también puedes traslapar algunas para poder meter alguna otra pieza más. Por ejemplo, un lavabo puede coincidir con el borde de la cisterna del vá-

ter o con un extremo de la bañera.

Las actuales cisternas de pequeño tamaño te permiten ocultar el poco atractivo recipiente de agua detrás del panel de una pared o de una parte machihembrada, para que no queden a la vista. Sin embargo, en el caso de paneles, placas de mármol o cualquier otro tipo de cubierta, será necesario hacer una sección desmontable para tener acceso a la cisterna.

Otra opción son los muebles de lavabo, que proporcionan más espacio para guardar. El lavabo pue-

de ir apoyado sobre la superficie o encastrado, de forma que quede por debajo.

Baños «en suite»

Los baños «en *suite*» están ganando mucha popularidad, porque tienen acceso directo desde el dormitorio. En las casas antiguas, mucha gente sacrifica un segundo dormitorio o estudio por el lujo de tener otro cuarto de baño, pero en los apartamentos modernos generalmente ya son de obra para el dormitorio principal.

Medidas de seguridad

Los interruptores de la luz tienen que cumplir las normas de seguridad de la construcción. Los interruptores estándar deben instalarse en la pared exterior, no dentro del baño. Si el interruptor está dentro del baño, se deberá activar mediante un tirador de cuerda que salga de un juego de enchufes y llegue al techo. Las luces propiamente dichas deben ir metidas en unidades selladas.

Compra sólo aparatos eléctricos fabricados específicamente para el baño, tales como los enchufes para maquinillas de afeitar.

Las alfombras antideslizantes y las tiras de goma para pegar en la base de la bañera son ideales para casas con niños pequeños o ancianos. Si los niños tienen acceso al cuarto de baño, asegúrate de que los medicamentos y los artículos de limpieza están guardados en armarios de pared con cierres de seguridad.

Aroma y textura

El baño es un lugar donde el aroma y la textura tienen mucha importancia. Las velas perfumadas y los aceites de baño aumentan el efecto terapéutico y placentero del baño, por lo que debes elegir esencias relacionadas con la relajación, como la lavanda, la camomila, la mandarina y la naranja. Por la mañana, los geles de ducha con limón, bergamota, lima, romero, menta o esencia de pino te ayudarán a sentirte lleno de energía. La textura de las toallas es importante cerca de una piel desnuda, para lograr un efecto suave y calmante usa toallas de rizo tupido, pero para un secado rápido lo mejor es utilizar las de algodón e hilo.

Abajo: los lavabos dobles pueden agilizar la preparación para una pareja en la que trabajen los dos.

En ocasiones los cuartos de baño «en *suite*» están conectados con o forman parte de un vestidor o una zona de armarios, casos en los que la línea decorativa parte del dormitorio y continua en el baño, ya sea por medio de colores y diseños compartidos o combinados.

Si el espacio es reducido, una buena idea son las puertas correderas en lugar de las convencionales entre el dormitorio y el baño. Las puertas o paneles correderos ocupan menos espacio y se les puede añadir un panel translúcido en la parte superior para que la luz natural se filtre del dormitorio al baño, dándole una sensación mayor de claridad y espacio.

Habitaciones húmedas

Una nueva tendencia son las habitaciones húmedas, que consisten en pequeños cuartos completamente impermeabilizados y alicatados. Por debajo de los azulejos llevan un forro impermeable y tienen una ligera inclinación en el suelo que permite extraer el agua con facilidad a través de un único desagüe. Las habitaciones húmedas son grandes duchas sin las restricciones de puertas, cortinas o paneles. También se les pueden instalar aparatos de vapor, para que cumplan la función de saunas. En este tipo de construcción es frecuente encontrar un pequeño taburete de madera o un banco de obra alicatado que permite al bañista relajarse en el ambiente cálido y húmedo.

Decoración y estilo

El cuarto de baño es un espacio privado en el que puedes satisfacer tus fantasías y que puedes decorar de forma que te dé placer.

Decoración funcional

Elijas el estilo que elijas, asegúrate de tener en cuenta los aspectos prácticos de la limpieza y la función principal del espacio. Si pones muchos adornos pasarás más tiempo limpiando y si te decantas por una moqueta de pelo tupido te será más difícil aspirarla en profundidad. Existen moquetas acrílicas especiales, pero es un revestimiento poco aconsejable para el cuarto de baño.

Una buena ventilación es primordial porque los tejidos guardados y al aire, como las cortinas, el mobiliario tapizado y la ropa, pueden resultar dañados por el vapor y la humedad.

Esto también es aplicable a los armarios de ropa blanca, donde se guardan las sábanas y toallas, ya que el calor combinado con la humedad puede hacer aparecer moho.

Los materiales impermeables y resistentes al agua tienen un papel fundamental en la decoración del cuarto de baño. En el pasado solían utilizarse los azulejos de cerámica y los espejos, las pinturas y papel de vinilo y el cristal templado, pero en la actualidad se están introduciendo algunos materiales industriales.

El acero inoxidable se utiliza ahora para hacer bañeras y lavabos y paneles y platos de ducha. Unos paneles de poliuretano, incluso ondulado como el de los tejados, se transforman en una inusual mampara de hoja para la bañera o en una resistente puerta para una cabina de ducha.

Las mezclas de acrílico, fibra de vidrio y resina se emplean en la fabricación de unidades preformadas, tales como los lavabos y marcos «todo en uno» o las bañeras con estantes o bordes integrados en todo su contorno. Los materiales antes considerados fríos e incómodos para el cuarto de baño también han tenido su indulto, la calefacción subterránea convierte la piedra e incluso el mármol en revestimientos posibles para el suelo del baño.

Los azulejos también han evolucionado del cuadrado de un solo color a los que tienen motivos grabados. En la actualidad se muestra un gran interés en los mosaicos, ya sea puestos al azar mezclando varios tonos de un mismo color o formando un dibujo. Hay acabados metálicos e irisados, azulejos con aplicaciones metálicas y dibujos en relieve y azulejos con acabado mate, todos ellos disponibles en una amplia variedad de formas y tamaños.

Las hojas de cristal grandes se han popularizado como antisalpicaduras alrededor de lavabos y bañeras. Los paneles de cristal translúcido curvos se utilizan para crear cabinas de ducha y lavabos. También está adquiriendo relevancia la madera tratada específicamente para baños, durante mucho tiempo se ha utilizado en saunas y balnearios porque añade un elemento cálido y terrestre a lo que podría ser una habitación fría y aséptica.

Cómo utilizar el color

El color que utilices para tu baño es una elección personal, pero los azules y verdes generalmente se consideran colores apropiados, porque recuerdan al mar, el cielo, los lagos y otros cuerpos acuosos. Los amarillos y naranjas son claros y cálidos, mientras que los colores oscuros tienen un gran efecto en un cuarto de baño. Aunque en los años 60 y 70 se pusieron de moda los baños de colores, ahora se vuelve a la cerámica blanca, que es fresca, limpia y adaptable. Los artículos de baño blancos también son la opción más segura, van bien con cualquier color y con todos los estilos y líneas decorativas.

Baños lujosos

Los cuartos de baño tradicionales que siguen un estilo lujoso pueden seguir un estilo de época, con artículos como una bañera de bordes redondeados, un lavabo victoriano sobre un pedestal con antisalpicaduras decorado y jaboneras empotradas en forma de concha o un váter con cisterna colgada de la pared. Todos estos artículos están disponibles, ya como reproducciones o como artículos de segunda mano en los anticuarios y especialistas.

Para conseguir un estilo lujoso tradicional, fíjate en los interiores eduardianos y victorianos (en aquella época se llevaba la madera oscura y los colores cálidos e intensos). También puede ser atractivo y opulento el estilo Art déco, con sus formas angulosas y colores blanco, negro y cromado, o puedes retroceder hasta los fundadores de la cultura del baño y estudiar las referencias romanas, con detalles como los mosaicos y las bañeras sumergidas. Tu cuarto de baño también podría estar inspirado en el estilo de otros países y culturas, como las civilizaciones turca y árabe, que hicieron un gran uso del color y la cerámica decorativa en los azulejos. Por todo el país hay baños turcos, muchos de ellos decorados con azulejos azules, blancos, verdes y marrones de preciosos diseños geométricos. Los azulejos árabes se encuentran en algunas casas del sur de España y el norte de

Izquierda: el verde menta de la foto añade un toque de frescor a este baño en blanco y acero inoxidable de líneas actuales.

Arriba: en una habitación húmeda puedes instalar un banco a lo largo de una pared y recubrirlo de azulejo.

Abajo: una bañera clásica y eterna, con grifo y desagüe central, reposa sobre un rico suelo de azulejo azul.

Arriba: esta grifería clásica de baño y ducha sería un complemento ideal para un cuarto de baño de estilo tradicional.

Abajo derecha: el toallero que rodea el lateral de la bañera se ha adaptado de una barra de cortina de ducha.

Enfrente: la cisterna de este váter queda oculta detrás de una caja revestida de pizarra. La pizarra también se utilizó para bordear la cabina de la ducha.

África, y en ellos también dominan el color y los dibujos.

Los estilos modernos lujosos tienden a ser más funcionales que los tradicionales, la luz tiene una gran importancia a la hora de crear el aire lujoso, así como los accesorios. Tanto los acabados como las griferías y accesorios han de ser lujosos, ya que el entorno será liso.

Baños de estilo funcional

En un cuarto de baño funcional tradicional, el mobiliario básico puede inspirarse en alguna época histórica, pero en este caso, la decoración se basa en colores claros y brillantes y se debe disponer de un buen acomodo para asegurar que las superficies estén siempre libres y despejadas y sean fáciles de limpiar. El mobiliario adicional se limita al mínimo y la distribución facilita un uso rápido y eficiente. Sin embargo, por la noche se puede bajar el nivel de luz, se encienden unas velas y el ambiente cambia al lujo y la relajación.

El baño funcional moderno es casi aséptico por su eficiencia y sus líneas minimalistas. Los materiales utilizados recuerdan a los de una oficina por utilitarios y no tienen ni una sola floritura o dibujo de flores. Es un lugar en el que la higiene matinal se realiza a toda

velocidad e incluso puede tener una zona reservada para hacer ejercicio. Por la noche, este espacio se suaviza bajando las luces y con aceites de aromaterapia en la bañera o en la ducha de vapor, pero continuará con su aspecto minimalista y despejado, creando un ambiente tranquilo y cómodo que invita a la relajación.

Sanitarios

Lo primero que tienes que planear para tu baño son los sanitarios. Ten en cuenta las tuberías y las limitaciones de espacio a la hora de hacer tus planes.

Bañeras

Existe una amplia variedad de estilos entre los que poder elegir. Las bañeras generalmente se instalan a lo largo de una pared. Aun así, si dispones de mucho espacio puedes instalarla en el medio de la habitación. El lujo de una bañera no empotrada radica en el uso que se hace del espacio, pues proporciona una sensación de opulencia simplemente por el hecho de ocupar tanto sitio. Sin embargo, con este tipo de bañeras, las tuberías y los desagües deben ir por debajo del suelo al no ser posible instalarlas a lo largo de una pared.

Las bañeras sumergidas son otra opción. Si quieres instalar una bañera de este tipo tendrás que consultar a un profesional. Los *jacuzzi* y las bañeras de hidromasaje son opciones de lujo para aquellos a los que les gusta pasar horas chapoteando dentro de una bañera. Estos sistemas también los tiene que instalar un profesional.

También las hay más pequeñas que las estándar: estas medias bañeras o de asiento son muy populares en Europa, son pequeñas pero profundas y tienen un escalón o un asiento en el centro. Si se le instala un grifo de ducha en lo alto se puede utilizar como un plato hondo de ducha o como un lugar donde tomar un baño ocasional.

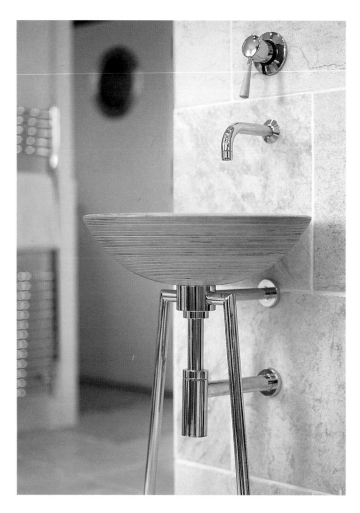

Duchas y mamparas

Si no dispones de una cabina de ducha o de una ducha instalada en una esquina con dos paredes alicatadas, un panel fijo y una puerta de cristal, puedes elegir entre varias posibilidades.

Para una ducha instalada sobre una bañera, puedes optar por una mampara fija, estándar, de doble hoja o de paneles corredizos, fabricados con plástico en relieve o cristal templado. Para que los paneles sean estancos, hay que sellar la parte inferior que está en contacto con la bañera con un aislante flexible de goma (silicona).

Para las bañeras instaladas en el medio o en la esquina de una habitación, la mejor opción son las mamparas separadas. Las duchas para estos baños se pueden instalar en el techo o en un pie o barra que salga del centro de la grifería.

Otra opción es una anilla, como un antimosquitos, suspendida del techo y de la que cuelgan las cortinas o cortina. El borde inferior del plástico queda pulcramente metido en la bañera para que el agua no salga.

Existen varias posibilidades para montar entre dos paredes opuestas o perpendiculares. Las barras de ducha estándar son rectas (para paredes enfrentadas) o en forma de L (para bañeras instaladas a lo largo de paredes perpendiculares).

La más sencilla de todas es un tubo telescópico y extensible con ventosas en los extremos. Sólo tienes que extenderla hasta conseguir el ancho necesario, bloquearla y colocarla deslizándola por la pared, no se necesitan puntas ni tornillos. La otra opción es la barra fija, que hay que asegurar con tornillos.

Váteres y bidés

Una zona inverosímil para la decoración que no se debe ignorar es el asiento del váter. Los estándar se componen de un simple aro protector y una tapa de plástico liso, y los clásicos son de madera pulida,

---

Arriba: el diseño de baños se centra más en la apariencia estética y de diseño que sólo en utilitarismo. Este lavabo de madera y pie cromado constituye un elemento de decoración muy interesante para un cuarto de baño, a la vez que un lugar para lavarse.

Derecha: el diseño de radiadores de barras y colgados de la pared no sólo calientan el baño, sino que además sirven como un perchero para toallas.

Lavabos

El lavabo que elijas deberá ser un complemento más del estilo de tu cuarto de baño. La variedad es muy amplia, ya sean de pie o fijados a la pared.

Una de las formas más populares de los baños actuales es la de un cuenco de gran tamaño, apoyado en un soporte. También los materiales varían mucho, como los de madera, que tienen un tratamiento especial que evita que se combe o arquee al entrar en contacto con el agua.

El los baños auxiliares o pequeños puedes instalar un lavabo de «aclarado», esto es, de tamaño justo para poder lavarte las manos o enjuagarte la boca, pero para lavarte el pelo. Algunos modelos incorporan un retorno o antisalpicaduras, por lo que ya no es necesario el alicatado.

Izquierda: *el panel de pizarra pulida actúa de antisalpicaduras y de marco para la grifería de pared.*

Arriba: *las paredes de gres de este ejemplo suavizan el aire de pulcritud creado por los accesorios de acero inoxidable.*

Abajo: *muchos cuartos de baño actuales incorporan lavabos que parecen grandes cuencos apoyados en encimeras o marcos.*

que da más calidez y comodidad al asiento.

La tendencia actual son los acabados más decorativos, que van desde los efectos, con etiquetas de cerveza o vino colgadas en plástico sólido y transparente, hasta las imágenes fotográficas, como hojas tropicales o flores abiertas. También hay técnicas fotográficas que reproducen imágenes de materiales, como el mármol o el granito, sobre un marco de plástico o resina.

Otro sanitario muy popular en Europa es el bidé. Es una pieza muy subestimada, que puede ser de gran utilidad en casas con niños pequeños o ancianos para los que el baño o la ducha les supone demasiadas dificultades. También resulta útil para refrescarte los pies después de una larga jornada laboral.

Griferías y otros accesorios

En los cuartos de baño modernos, la grifería y otros accesorios son una parte fundamental del diseño general. Son los que expresan algo, ya que el resto de las piezas y la decoración general normalmente son muy sencillas y lisas.

Entre los diseños actuales, hay grifos que tienen un origen práctico, como por ejemplo la palanca. Esta pequeña paleta metálica, conectada al caño o llave del agua, ha sido refinada desde aquellas originales de los baños industriales y los lavamanos de los hospitales.

Los grifos también han «emigrado» del marco del lavabo y ahora se suelen instalar directamente en la pared sobre el lavabo y junto a la espita, que se arquea con gracia en el extremo.

En el estilo tradicional hay varias posibilidades para la disposición

de la grifería, pero la más aceptada consiste en grifos separados con una espita para el agua caliente y otra para la fría, y un tapón colgado de una cadena. El diseño de un grifo clásico es una cruceta generalmente con discos de cerámica de fría y caliente.

Los cuartos de baño modernos reducen estos artículos y pueden ser tan mínimos como una palanca con una espita integrada y la palanca de desagüe incluida en la parte posterior del arco de la espita.

En los baños actuales el material más empleado para estos accesorios es el cromo, pero el cobre también resulta una opción para los de estilo tradicional. En la actualidad muchas reproducciones de grifos de cobre tienen un acabado lacarado, lo que significa que no pierden el brillo y no hay que pulirlos.

Toalleros

Otro elemento del cuarto de baño es el toallero, incluido ya en la categoría de bonito y práctico. Los toalleros han pasado de ser una necesidad a ser un elemento estrella del cuarto de baño, y ahora se pueden elegir de entre una gran variedad de atractivos diseños.

También existe una increíble variedad de toalleros calientes. El más popular y sencillo es el de escalera montado a la pared, que distribuye calor y proporciona un lugar en el que colgar y secar las toallas. Los hay de diferentes colores y acabados, y diversos anchos para las barras horizontales agrupadas en secciones.

Otro modelo es el de forma de S o serpiente. Se puede instalar en la pared para un posición fija o con bisagras para poder moverlo en ángulo recto con la pared. Asegúrate de que no colocas el toallero en un lugar en el que corras el riesgo de quemarte si está encendido.

antisalpicaduras
de mosaico con marco

Este mosaico es una atractiva alternativa a las paredes alicatadas, y se puede colocar detrás de una bañera o un lavabo o simplemente colgarlo de la pared como si fuese un cuadro. Se puede utilizar cualquier tipo de tesela, nosotros hemos elegido un mosaico de cristal irisado poco corriente. Aunque los materiales del panel son bastante caros, una de sus mayores ventajas es que es portátil, lo que te permite cambiarlo de ubicación. Puedes ponerle una moldura para completar el diseño: nosotros optamos por un sencillo marco de madera barnizado en avellana oscuro que compensa la palidez de colores de las teselas.

Materiales

Contrachapado
impermeable

Lija

Cola vinílica

Planchas de teselas

Lechada

Moldura en forma de L

Adhesivo

Barniz satinado de color
avellana

Herramientas

Regla metálica

Lápiz

Sierra de vaivén

Cola para azulejos

Brocha

Espátula de muescas

Esponja

Espátula flexible

Paño suave

Pincel pequeño

Cuchilla de inglete

Prensa de mano

Prepara el panel

1 Primero diseña el tamaño del mosaico con cuidado para no tener que cortar ninguna tesela. Con una regla metálica y un lápiz, perfila el contorno del panel en una plancha de contrachapado, asegurándote de dejar amplitud para el borde por todo el panel.

2 Recorta cuidadosamente el panel con una sierra de vaivén y a continuación elimina todas las asperezas con un poco de lija.

3 Sella el contrachapado con una solución de dos partes de cola vinílica por una de agua y déjalo secar.

4 Con una espátula de muescas aplica una capa de cola para azulejos al contrachapado ya sellado (utiliza guantes para realizar esta operación).

Fija las teselas

5 Coloca las planchas de teselas boca abajo sobre la cola,

Perfila el panel sobre el contrachapado utilizando la plancha de teselas como guía.

Con una espátula de muescas, distribuye bien la cola para azulejos sobre el contrachapado ya sellado.

haciendo presión para que queden bien pegadas al panel. Déjalas secar hasta el día siguiente.

6 Con una esponja mojada empapa bien la parte trasera de papel de las teselas. Déjala empapar unos minutos antes de retirar el papel.

7 Con una espátula flexible haz que penetre la lechada entre las teselas. Retira el exceso y déjalo secar por completo.

8 Abrillanta las teselas con un paño suave.

9 Con una cuchilla de inglete, corta una moldura en forma de L para hacer el marco, pégalo en su sitio con cola y sujétalo con una prensa de mano hasta que esté seco. Píntalo con un barniz o tinte a tu gusto.

Coloca las teselas cuidadosamente sobre la capa de cola y haz presión.

Moja el papel trasero de las teselas y deja que empape bien antes de retirarlo.

Con una espátula flexible, rellena los espacios entre las teselas con la lechada.

Alternativa

Puede que prefieras alicatar directamente la pared de tu cuarto de baño. Para ello, antes debes comprobar que tu pared es perfectamente uniforme y que la superficie está sellada con adherente.

Generalmente las teselas se venden con una trasera de papel o malla, lo que te permite trabajar con varios cuadrados de unos 30 cm/1 pie. Si vas a alicatar por detrás de un lavabo ya instalado, es aconsejable comenzar por el ángulo inferior derecho hasta ti y hacia arriba después. Si vas a alicatar una pared entera, utiliza como guía un listón para nivelar anclado a la pared. Compra siempre un diez por ciento más de las teselas que crees necesitar, por si alguna rompe o por si te equivocas. Si utilizas combinaciones de más de un color, una buena idea es mezclar las planchas de teselas.

Cuando tengas las teselas colgadas y lechadas, debes sellar con silicona el espacio que pueda quedar entre los muebles del baño y las teselas, porque constituye un efectivo impermeabilizante.

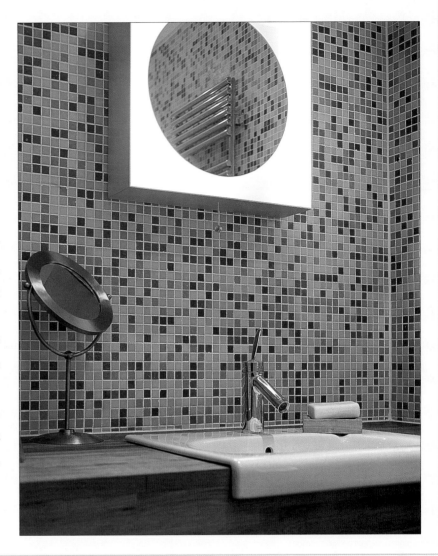

Retira con paño la lechada, déjalo secar y después abrillanta las teselas con un paño suave.

Con una cuchilla de inglete, recorta una moldura en forma de L que se ajuste al borde del panel.

cortina de ducha
de tejido exótico

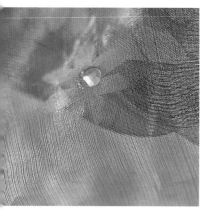

Las cortinas de ducha parecen estar diseñadas únicamente para los amantes del plástico brillante con motivos marineros o extravagantes, pues hay pocas que añadan un toque de *glamour* instantáneo a tu cuarto de baño. Esta cortina de ducha de organza pintada es bonita a la vez que práctica, pues está forrada con PVC transparente. Los dos materiales están unidos por la parte superior, lo que te permite separarlos y dejar el plástico dentro de la bañera o ducha y el tejido delicado fuera para que no se moje. Para un brillo añadido, usamos pintura irisada para tela para pegar pequeños cristales y abalorios por todo el tejido.

Materiales

Tela de organza

PVC transparente

Cinta

Contrapeso para cortinas

Pintura/cola irisada para tela

Abalorios de cristal pequeños

Cuentas pequeñas de cristal

Anillas para cortinas

Herramientas

Alfileres

Tiza de sastre

Regla metálica

Tijeras

Máquina de coser (o hilo y aguja para coser a mano)

Perforadora

Ribeteadora

Ojetes

Mide la cortina de ducha

1 Mide la caída (distancia desde la barra de la cortina hasta el suelo) y añádele un par de centímetros más para la bastilla. Une los dos materiales con los alfileres, con el PVC transparente encima. A continuación pinta una línea recta con la tiza y una regla metálica larga y corta el tejido a la altura necesaria con unas buenas tijeras.

Cose la cortina

2 Dale la vuelta a la parte de arriba del material y estírala con las manos. Cose una cinta por todo el borde con la máquina a pespunte medio o con aguja e hilo, para formar una jareta (canalillo) por el borde del material.

3 Corta un trozo de contrapeso para cortinas e introdúcelo por la jareta. Asegura el contrapeso con un par de puntadas en cada extremo. Repasa con cuidado los bordes de la cortina.

Con unas tijeras corta el material por la línea recta marcada.

Fija la cinta a lo largo del borde del tejido con alfileres y cóselo formando un canalillo.

Conoce tus herramientas

• El PVC transparente se vende en grandes almacenes de tejido y se emplea mucho como funda para mesas.

• La organza es un tejido ligero hecho a base de hilos metálicos que capturan la luz, lo que le proporciona un acabado brillante. Es bastante resbaladiza, por lo que coserla no es fácil. Fija la tensión de tu máquina para tejidos ligeros y usa una aguja especial para hilo metálico. Es mejor que antes de coser el plástico a la organza, hagas una prueba en un trozo que no sirva hasta que encuentres la tensión ideal.

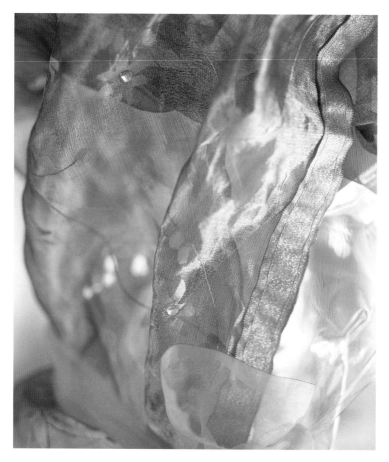

Decora la cortina

5 Con pintura o cola irisada para tela, pega algunas cuentas o abalorios de cristal a la organza. Asegúrate de que la cola para tela es impermeable, ya que va a estar en contacto con el agua.

Fija la cortina

6 Con la perforadora haz agujeros a la misma distancia en el borde superior de la cortina.

7 Con la ribeteadora, fija un ojete en cada uno de los agujeros.

8 Introduce una anilla en cada ojete y cuelga la cortina de la barra. En este caso hemos utilizado anillas con gotitas de cristal para darle un toque más *glamuroso*.

4 Dale la vuelta al extremo superior de la cortina y estíralo. Corta otro trozo de cinta y cósela a lo largo. Junta las capas de cinta, organza y PVC con unos alfileres. Cose a mano o con la máquina a pespunte medio los extremos superior e inferior.

Corta un trozo de contrapeso ligero a medida e introdúcelo por el canalillo formado por la cinta.

Dale la vuelta al extremo superior de la cortina y cose la cinta, la organza y el PVC juntos.

Pega algunas cuentas y abalorios de cristal a la cortina con cola irisada para tela.

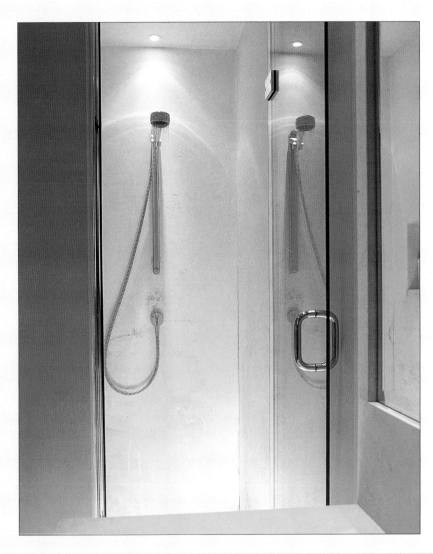

Alternativa

Los módulos de ducha empotrados sencillos de puertas de cristal lisas resultan particularmente efectivas para los ambientes actuales, en los que una cortina de baño recargada quedaría fuera de lugar. Muchos hogares disponen de armarios que podrían transformarse en una zona de ducha. Pídele consejo a un buen fontanero, que te guiará a lo largo del proceso. Los aspectos más importantes que hay que considerar son la ventilación y la corriente de las tuberías. Puede que también convenga instalar una bomba para mejorar la presión del agua.

Para impermeabilizar la zona, tendrás que montar un plato de ducha o alicatar el suelo, e instalar un desagüe. Para las paredes, usa azulejos convencionales de cerámica, mosaico o piedra (o paneles impermeables para revestir de diferentes materiales, incluidos el contrachapado y el cristal).

Si no encuentras puertas de cristal ya hechas que se ajusten a tu instalación, puedes recurrir a un fabricante que te lo hará por encargo y a medida.

Con una perforadora haz agujeros a la misma distancia a lo largo del borde superior de la cortina.

Con la ribeteadora fija los pequeños ojetes en el borde superior de la cortina.

Introduce las anillas por los ojetes y cuelga la cortina de la barra.

cortina de cuentas
de cristal recicladas

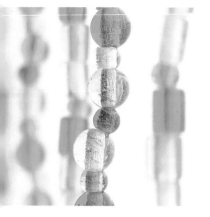

Las cortinas de cuentas constituyen una fina alternativa a las cortinas de encaje o velo, y capturan la luz en bonitos reflejos. Su resistencia a la humedad las convierte en la elección ideal para el cuarto de baño. Hemos elegido cuentas recicladas en tonos aguas de azul y verde. Es importante que el alambre o cuerda sea suficientemente fuerte para soportar el peso de las cuentas. Hemos usado alambre fino y resistente y cuentas de pliegue como sujeción para las cuentas de cristal. Para sujetar las hebras individuales, utiliza un anclaje fuerte o una barra de metal que puedas colgar de los ganchos de la barra de la cortina.

Materiales

Cuentas de cristal

Alambre fuerte

Cuentas de pliegue

Anclajes

Pintura plateada en *spray*

Broca de taladro para madera

2 puntas largas

Arandela de metal

Herramientas

Alicates o tijeras

Sierra de mano

Lápiz

Taladro

Martillo

Mide la caída

1 Mide tu ventana o puerta para calcular el número exacto de hebras de cuentas que vas a necesitar para la cortina. A continuación, calcula la «caída» o altura de cada hebra y corta los trozos necesarios de alambre con la ayuda de los alicates o tijeras.

Enhebra las cuentas

2 Usa una cuenta de cristal como anclaje de las hebras, haciendo una lazada y fijando una cuenta de pliegue con los alicates.

3 Enhebra el resto de las cuentas. Puedes seguir un diseño o hacerlo de forma aleatoria. Cuando llegues al final de la hebra, usa una cuenta de pliegue para asegurar la última (véase imagen debajo izquierda, página 258).

Prepara los anclajes

4 Con la sierra de mano, corta el anclaje a la medida que necesites.

Corta la cantidad necesaria de hebras de alambre con unas tijeras o unos alicates.

Sujeta el final de cada hebra con una cuenta de cristal y asegúrala con una de pliegue.

5 Con un aerosol de pintura plateada aplica una capa al anclaje y déjalo secar.

Fija los hilos

6 Señala la posición de los hilos de cuentas a intervalos iguales a lo largo del anclaje. Sujeta el anclaje en un torno de banco y taladra los agujeros correspondientes usando una broca para madera.

7 Introduce en un clavo fino varias cuentas diferentes y clávalo en uno de los extremos del anclaje con un martillo para formar un remate. Repite la misma operación en el otro extremo.

8 Sujeta los hilos de cuentas metiéndolos por los agujeros del anclaje, añade la arandela metálica y ata el alambre alrededor de una cuenta de cristal, sujetándola con una de pliegue.

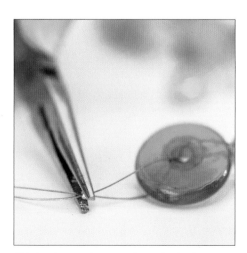

Enhebra las cuentas en un trozo de alambre y usa una cuenta de pliegue para asegurar la última.

Cuando hayas cortado la pieza de anclaje a medida, pîntala con un aerosol color plata.

Taladra los agujeros para las hebras de cuentas en el anclaje del que van a ir colgadas.

Alternativa

A la hora de tapar o proteger ventanas todo vale. Puedes combinar las persianas tradicionales de listones de madera con una cortina transparente minuciosamente decorada para crear un efecto multicapas. Puedes vestir una cortina con cuentas o trozos de espejo a distancias diversas o adornar las bastillas con borlas. La luz se reflejará en estos elementos decorativos y volverá a la habitación.

Usa tu imaginación para aplicar tus propias ideas a las ventanas. Utiliza todos aquellos materiales que puedas unir a un trozo de cuerda o alambre. Una idea de alta tecnología es enhebrar brillantes CD en nailon grueso, su superficie brillante refleja prismas de colores sobre las paredes de la habitación. Para un aspecto marinero y fantasioso utiliza conchas, erizos de mar y pequeños guijarros traídos de la playa. Para hacer agujeros en las conchas, usa una broca pequeña a poca velocidad. Para completar el efecto, añade cáñamo de jardín.

Enhebra cuentas en una punta delgada y clávala en el extremo del anclaje a modo de remate.

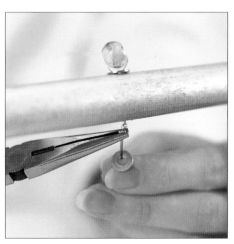

Tras colocar las hebras, pon una arandela de metal y una cuenta de pliegue como fijación.

Cómo iluminar tu cuarto de baño

La iluminación del cuarto de baño se tiene que planificar por zonas individuales, por ejemplo, el espejo de encima del lavabo enfrente del que uno se afeita o maquilla. También debería dirigirse a la cabina de ducha o a la bañera, para poder ver los geles, jabones y champús.

Derecha: además de un espejo de tamaño grande, también es aconsejable instalar en el baño un espejo de aumento.

Abajo: se pueden instalar focos de luz directamente sobre una bañera y una ducha, pero habrá que dejarlo en manos de un profesional.

Cómo planificar tu iluminación

Para las consideraciones generales sobre el diseño de la iluminación, véase *Una iluminación eficaz* página 134.

La iluminación de un cuarto de baño debe situarse de forma que se centre en las necesidades y formas de la persona que utiliza ese espacio. Por la mañana y por la noche, una buena iluminación sobre o alrededor del espejo es prioritaria para el afeitado, el maquillaje y la higiene.

Iluminación funcional

Incluso cuando la habitación dispone de una gran ventanal, lo más probable es que también necesites ilu-

minación eléctrica adicional, que puedes conseguir de focos empotrados en el techo o luces de tarea dirigidos hacia el espejo del lavabo. Asegúrate de que estas luces están dirigidas al espejo, de forma que la luz se refleje sobre tu rostro. Si la luz brilla demasiado vertical hacia abajo, iluminará tu espalda.

También se puede colocar una fila o hilera de bombillas en la parte superior y en los laterales del espejo, de forma que la luz tenga una distribución uniforme y regular. También se consigue una buena iluminación con luces laterales montadas a la pared con brazos o cabezales ajustables.

Si el halo de luz está sobre el borde del espejo, es mejor poner más luces de poco voltaje que muchas de alto voltaje, ya que estas últimas crean una luz intensa muy poco favorecedora que te hará parecer pálido. Un buen nivel de iluminación de buena calidad proporciona una interpretación exacta del color y de su temperatura, que son de vital importancia sobre todo si es en la zona iluminada donde te aplicas el maquillaje.

Para una inspección de cerca existen espejos de aumento con luces integradas, de forma que la iluminación se enfoca directamente sobre el rostro o zona del rostro en examen. Este tipo de espejos se fijan a la pared y los cables eléctricos están insertados en la carcasa del brazo o del soporte.

Iluminación decorativa

Las luces de suelo se están haciendo muy populares en los cuartos de baño actuales. Estas luces van metidas en carcasas selladas y se utilizan para iluminar una cabina de ducha o los laterales de una bañera desde el exterior. También se pueden utilizar en las esquinas de la habitación para resaltar la altura y el espacio.

A veces también se emplean luces de estante para el cuarto de baño. Un estante largo y sencillo de cristal puede hacer de soporte para muchos elementos decorativos y si se le instala una pequeña luz debajo o en un lateral se puede crear un efecto en el que el estante parece brillar. Puede resultar muy vistoso si el resto de la habitación tiene una luz tenue.

La iluminación de una cabina de ducha queda mejor con focos empotrados o fijados al techo, como las luces de mamparo náuticas. Los focos o las luces dirigibles se pueden situar directamente sobre una cabina empotrada o para que atraviesen el cristal o el panel lateral de la cabina.

Arriba: en este pequeño cuarto de baño de un espacio reformado de un ático se han instalado ventanas abuhardilladas en el techo para conseguir buena luz natural.

Izquierda: en este caso la iluminación no sólo facilita la visión, sino que realza el lavabo de cristal.

Almacenaje en el baño

En el cuarto de baño hay que guardar diversos artículos y productos, debemos mantener las toallas bien aireadas y secas, mientras que las botellas de champú, y otros productos generalmente resbaladizos, jabonosos y húmedos, hay que guardarlas por separado y cerradas para que no se escape ninguna gota.

Medidas de seguridad

Aunque los envases de cerámica y cristal son muy atractivos, no son los materiales idóneos para un cuarto de baño, pues si se rompen los minúsculos fragmentos puntiagudos que dejan son muy difíciles de recoger y si se pisan o se clavan en un pie descalzo resulta muy doloroso.

Se deben evitar las esquinas y los bordes angulosos en los módulos de almacenaje y el mobiliario pues pueden dañar la piel desnuda. Es fácil perder el equilibrio mientras te secas y golpearte con la esquina del marco del lavabo o de la bañera, y una esquina puntiaguda siempre hará más daño que una redondeada o roma.

Módulos de almacenaje

El almacenaje se puede realizar en módulos encastrados o independientes. Los primeros se pueden instalar en los bajos de un lavabo, en armarios para ropa de casa o para la caldera, o incluso en los bajos de un asiento empotrado bajo una ventana. Son muy útiles en baños pequeños y se pueden encargar a medida.

Los módulos de gran tamaño se pueden subdividir en estantes pequeños para los artículos de menor tamaño y en anchos para los voluminosos. Incluso en los estantes profundos, con cestos o cajas puedes construir diferentes departamentos que mantendrán en orden los objetos pequeños.

En algunos baños hay una caldera o un calentador de agua, que consti-

tuye un voluminoso inconveniente. Dependiendo de su tipo, puede que sea posible disimularla con un armario empotrado, pero consúltalo antes con un profesional, pues algunas requieren medidas de ventilación.

Si no tienes un calentador y prefieres los módulos independientes, puedes elegir entre muchas posibilidades, desde diseños modernos de marcos ligeros de madera o de acero y paneles de cristal al más tradicional armario de patas cortas.

Los cestos son útiles, pero los de ratán o fibra de coco sólo se pueden utilizar para objetos secos. También se pueden destinar para los desperdicios o para guardar la ropa sucia.

Arriba derecha: las rejillas tradicionales de baño para el jabón y las esponjas aún tienen un uso muy extendido.

Derecha: en una ducha, los estantes deben construirse de forma que escurran el agua y no formen charcos de agua estancada.

Izquierda: *la parte trasera de estos estantes de cristal está formada por la pared acristalada de la cabina de la ducha y se utilizan para exponer una colección de frascos antiguos de perfume. Los estantes son un elemento decorativo, no funcional, pero ayudan a crear una barrera entre los elementos de baño y ducha que no interrumpe el haz de luz que llega desde la ventana de atrás.*

Arriba: *los cestos son útiles para guardar la colada y las toallas, pues permiten la circulación del aire por los tejidos y que se evapore cualquier humedad restante.*

Soluciones para el pequeño almacenaje

En un cuarto de baño se necesitan diferentes tipos de soluciones de pequeño almacenaje para hacer frente a los diversos artículos que allí se guardan. Por ejemplo, puedes guardar los juguetes de los niños para el baño en una bolsa de nailon o de un material similar suave y de malla y dejarlo gotear encima de la bañera o el lavabo. Así estarán listos para la siguiente serie de actividades acuáticas.

Otros artículos de uso frecuente, como el jabón y las esponjas, están siempre mojados, por lo que debes guardarlos en un soporte de rejilla o de base perforada que permita eliminar o evaporar el exceso de humedad.

Un cesto o una bandeja resultan un buen recipiente para aquellos artículos que necesites sacar constantemente de un armario.

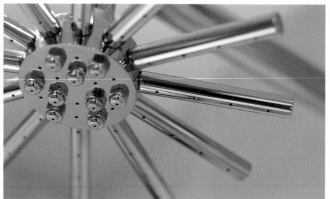

Accesorios de cuarto de baño

Los accesorios del cuarto de baño deben ser prácticos y bonitos. Primero debes escoger los artículos principales, como la grifería y los toalleros, que forman parte del mobiliario general del baño, pero pueden convertirse en algo característico. Por ejemplo, el estilo de los grifos del lavabo y la bañera o la estructura y acabado de un toallero tendrán un impacto visual en el esquema decorativo global. Después están los accesorios secundarios, como los dispensadores y las jaboneras, los soportes para pañuelos de papel, algodones y cepillos de dientes, y los espejos de aumento. Como norma, intenta elegir accesorios pequeños de acabado similar o que vaya bien con el resto de la decoración. No pongas demasiados elementos decorativos en el cuarto de baño porque se llenan de polvo, e intenta evitar recipientes de cristal y porcelana fina, a no ser que los coloques en un estante alto. El plástico y el metal son materiales robustos para el baño, pero comprueba que el metal esté sellado o barnizado para que no pierda el brillo o se oxide.

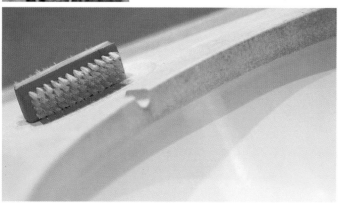

DESDE ARRIBA A LA IZQUIERDA EN EL SENTIDO DE LAS AGUJAS DEL RELOJ

Ésta es una palanca de ducha de estilo antiguo con mango de cerámica blanca, ideal para un cuarto de baño decorado en estilo tradicional antiguo.

Una roseta de ducha en forma de estrella proporciona una zona de pulverización más amplia que la mayoría de los cabezales de ducha.

Este actual lavabo en forma de cuenco está fabricado en cristal coloreado y mantiene la misma línea decorativa que el resto del cuarto de baño.

Las pilas de toallas bien dobladas pueden ser un elemento práctico y atractivo en un estante del cuarto de baño.

Los tiradores algo curvados en cajones y cabinas de ducha son más fáciles de agarrar cuando tienes las manos húmedas y resbaladizas por las cremas o aceites.

Versión moderna de una rejilla de baño tradicional con un espejo de aumento integrado.

Los recipientes de cristal y porcelana son muy bonitos, pero debes colocarlos en lugares donde no corran el riesgo

de romper al ser golpeados por una toalla o una mano.

Puedes instalar los radiadores en escalera alineados con la pared, de forma que ocupen el menor espacio posible.

Estos decorativos grifos con forma de X montados en la pared se han instalado sobre un lavabo, sus líneas limpias y escuetas complementan el práctico pero severo panel de pizarra posterior.

Esta rejilla lisa metálica es el desagüe de la base de una ducha, los surcos de los azulejos y la ligera inclinación dirigen el agua hacia este punto.

En los baños actuales se usan materiales como el cristal, el cemento, el acero y la madera, este lavabo de madera tratada se convierte en un elemento llamativo poco corriente.

Con materiales como el *corian* se pueden moldear y vaciar formas determinadas. Esta vía para el exceso de agua se ha diseñado como parte del marco del lavabo.

Se pueden adquirir rejillas de enganche para toallas ajustables a la mayoría de los radiadores de pared.

Un radiador en forma de tirabuzón es un divertido y práctico complemento para el cuarto de baño.

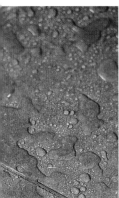

Zonas de trabajo y de juego

Cómo planificar zonas de
trabajo y de juego

Si dispones de espacio libre, piensa en sacarle el máximo provecho. Si trabajas desde casa, necesitarás una zona para ello o puede que quieras reservar un espacio para un pasatiempo o afición. Los niños mayores necesitan una zona tranquila para estudiar, mientras que los más pequeños querrán un lugar donde jugar.

Trabajar y jugar en casa

El número de ordenadores utilizados en una casa se está igualando con rapidez al de los televisores. Cada vez hay más gente que, desde sus casas y a través del ordenador, trabaja por su cuenta. También se almacenan en el ordenador las cuentas domésticas y las listas de direcciones, porque de esta forma se evita el desorden y permite llevar una casa de forma eficiente. Muchos niños en edad escolar utilizan regularmente el ordenador para hacer sus deberes, para jugar y para enviar correo electrónico a sus amigos.

El trabajo desde casa se está convirtiendo en una alternativa generalizada a la vida en una oficina tanto por razones domésticas como económicas. Desde el punto de vista financiero, a una empresa le cuesta mucho menos contratar a alguien que trabaja desde su propio domicilio, y esta opción es posible gracias a la rápida y sencilla interacción ofrecida entre el hogar/oficina y los clientes por la video-conferencia, el correo elec-trónico y la tecnología informática.

Un espacio dedicado al trabajo tiene la misma importancia que una zona dedicada al juego en los hogares con niños. El cuarto de juegos o leonera será el lugar específico en el que se guarden los juguetes y juegos y así el salón

permiso de obras y asesoramiento técnico.

También tendrás que conseguir luz natural y ventilación, vencer la humedad, y si quieres instalar un váter y un lavabo, tener acceso a las tuberías y desagües. En un ático necesitarás lo mismo, la ventilación es importante porque en estos espacios bajo techo durante el verano hace mucho calor, y si también quieres instalar un servicio, tendrás que averiguar la cercanía de las tuberías.

Un ático con velux o ventanas al techo puede convertirse en un útil espacio de juego o donde disfrutar de una afición (pintar, coser...), o transformarlo en una zona de trabajo. Los bordes inclinados del tejado demasiado bajos para poder estar de pie se pueden aprovechar para el almacenaje con armarios bajos o estanterías sobre ruedas. Las estanterías se pueden construir en triángulo a base de estantes en tamaños decrecientes, de forma que pueda colocarse debajo de la inclinación del tejado y no a lo

Enfrente: una pintura de color puede dar vida a una zona de trabajo, pero debes evitar dibujos que distraigan la atención.

Izquierda: un ático con cristales en el techo se ha convertido en un amplio y luminoso estudio de pintura.

Abajo: esta mesa curvada proporciona una amplia zona de trabajo en la habitación de un estudiante.

quedará disponible para la relajación de los adultos.

Planifica tu espacio

Debido al incremento del trabajo desde casa, mucha gente busca un espacio desde el que llevar su negocio. Algunos optan por convertir un garaje, reformar un sótano, desván o buhardilla o remodelar una construcción exterior independiente, mientras que otros aprovechan un dormitorio de invitados o sólo una parte de una habitación grande. Estas áreas también se pueden transformar en zonas de juego.

Si utilizas un sótano o un desván, tendrás que tener en cuenta tres aspectos importantes: el acceso, la estructura y la altura.

El acceso generalmente se realiza a través de una escalera: si es vertical se necesita un hueco de 3 m x 0,9 m/118 x 35 pulgadas; si es en espiral, llega con 1,7 m^2/66 pulgadas^2, pero hay que tener en cuenta que una escalera de caracol puede ser un inconveniente para los niños más pequeños y los ancianos.

Si vas a remodelar un sótano, puede que tengas que reforzar las vigas del techo, y si es una zona con poca altura, tendrás que excavar el suelo para darle más espacio y poder poner una membrana impermeable. Para estas modificaciones a gran escala necesitarás

Arriba: en las oficinas modernas desde casa son necesarios los cables y las líneas. En este escritorio se ha realizado un agujero para que pasen los cables hasta el enchufe que evita que se amontonen entre la pared y el fondo de la mesa.

Derecha: esta zona de estudio se ha creado al final de la escalera de la planta baja. Aquí es importante la luz eléctrica porque no se dispone de luz natural.

largo de ella. Para no restar ni un centímetro a la altura, la mejor opción es instalar focos empotrados en el techo. Se puede subdividir un espacio amplio abierto con puertas o mamparas plegables, pero que nos permitan volver a abrirlo con facilidad.

Los cuartos pequeños deben estar bien iluminados y aireados y decorados de forma sencilla para aprovechar al máximo el espacio, y en el caso de los sótanos para aprovechar al máximo la luz. No utilices este cuarto como trastero para esos muebles que ya no quieres en casa. Al contrario, sé preciso e invierte tiempo y dinero en seleccionar muebles ligeros. Tendrás que tener cuidado a la hora de comprar muebles grandes, asegúrate de que caben por el hueco de la escalera que lleva a la habitación.

Es posible que tengas que comprar un escritorio para montar en casa. En las habitaciones pequeñas puedes ahorrar espacio si encargas muebles hechos a la medida, aunque probablemente serán más caros.

En caso de que un módulo estándar tenga un alero que sobresalga y que deje un espacio entre la pared y la base, puedes hacer una mesa a medida ensamblada directamente a la pared. Los muebles plegables también son útiles en las habitaciones reducidas, ya que se recogen cuando no se estén utilizando y se abren fácilmente cuando se necesiten.

Cómo crear espacio en una habitación

El trabajo desde casa requiere disciplina y es mejor disponer de una habitación independiente dedicada exclusivamente a esa actividad. Si no es posible, puedes crear un espacio en una zona de una habitación que puedas utilizar sin molestar a los demás. También es importante separar la vida laboral de la doméstica, para que te puedas concentrar en cada una por separado.

Si los niños están utilizando el ordenador para hacer los deberes, no deberían tener distracciones exteriores, por lo que ese espacio debe estar alejado de la vía principal de la casa o del bullicio de la cocina, para que se puedan concentrar en su tarea con dedicación plena. Si utilizan el ordenador para jugar, los demás agradecerán que los pitidos y demás sonidos de los juegos no se escuchen en la zona en la que intentan relajarse o escuchar música.

Si tu zona de trabajo forma parte de una habitación grande puedes buscar la manera de cerrarla por medio de biombos, paneles, librerías ligeras movibles o incluso con persianas venecianas o estores. Estas divisiones no tienen que ser permanentes, pueden ser flexibles para darte privacidad o aislarte cuando lo necesites.

Consideraciones útiles para la zona de trabajo

A la hora de planificar tu zona de trabajo, deberás tener en cuenta

algunas implicaciones prácticas y de salud.

Si en una oficina habitual se emplean ordenadores y pantallas de visualización, el cumplimiento de la normativa sanitaria y de seguridad es responsabilidad de la empresa, pero en casa depende de ti. Siempre que sea posible, hay que colocar la pantalla del ordenador cerca de una ventana con luz natural y girada para evitar que el resplandor dé en los ojos y desdibuje zonas de la pantalla.

No tengas la luz demasiado baja. Hay que igualar el nivel de luz de la habitación con el de la pantalla.

Ten cerca de la mesa estantes donde puedas colocar archivos o libros de uso frecuente. Si tu trabajo implica mucho papeleo, te será útil una mesa con brazo, como las que forman una L, porque te proporciona espacio extra para recopilar o disponer los documentos con los que estés trabajando.

Creación de mamparas decorativas

Hay muchas formas de separar un hueco o esquina de una habitación con mamparas.

Los biombos estándar son paneles enmarcados en madera. También hay paneles de madera curva hechos con pequeños filetes de madera, que se articulan y ondulan como los escritorios antiguos de tapa. Éstos son más flexibles que los paneles enmarcados y se pueden utilizar en zonas complicadas y rodeando perfiles extraños. Como alternativa puedes usar una librería o una hilera de plantas altas y tupidas.

271

Una zona de estudio no tiene que parecer una oficina, puede combinarse con el estilo del resto de la habitación. En este ejemplo, se ha elegido un estilo de época escandinavo que va muy bien con este elegante escritorio.

Mantén la superficie del escritorio libre de objetos pequeños y cosas que se puedan meter bajo libros y papeles (Véase *Almacenaje y exposición,* página 278).

También es fundamental una buena ventilación en un área de trabajo para evitar el estrés y la fatiga. Si la habitación está demasiado caliente y soporífera, correrás el riesgo de quedarte dormido. Las pantallas y la luz eléctrica desprenden calor, por lo que debes dejar la puerta abierta y la ventana ligeramente entornada.

Los ordenadores, faxes, impresoras y teléfonos siempre suponen un batiburrillo de cables y líneas que hay que ordenar y mantener enrollados, para evitar que se estropeen y que alguien pueda tropezar en ellos. También te facilitará la identificación de un cable en caso de que necesites quitarlo.

Las sillas son importantes. En casa se suelen utilizar en cualquier situación, pero una silla de oficina debe ser ajustable en altura y posición para cada usuario de la casa, desde un niño a un adulto.

Para lograr una posición correcta siéntate en la silla y ajústala hasta que toques con los brazos extendidos la base de la pantalla, tus ojos estén situados a la misma altura que el borde de la pantalla y tus pies toquen el suelo por completo. Si trabajas sentado durante muchas horas, te será muy cómodo un reposapiés.

Si utilizas un teclado, no debes doblar demasiado las muñecas y las teclas no deben ser rígidas al tacto. Para evitar daños oculares y dolores de cabeza, comprueba que la pantalla guarda una distancia cómoda con tus ojos, aproximadamente 61 cm/2 pies para ordenadores de sobremesa y menos si utilizas un portátil.

Consideraciones prácticas para el cuarto de los juguetes

Puedes pintar un cuarto dedicado al juego con colores brillantes, decorarlo con imaginación y adecuarlo para los niños, y que no guarde la seriedad de una habitación compartida con adultos. Debes eliminar por completo las esquinas angulosas en el mobiliario. Si es posible, lija esos puntos hasta redondearlos y suavizarlos, o pega esquineros de goma para evitar que los niños más pequeños se golpeen contra ellos y se hagan daño. Esto mismo se puede aplicar a las zonas de trabajo, ya que los adultos se pueden golpear las piernas o las caderas contra el borde de una mesa o la esquina de un armario al pasar por su lado.

Color, luz y atmósfera

Tanto las zonas de trabajo como de juego se benefician de la luz y de la ventilación, son lugares en

Izquierda: *una zona de trabajo debe estar bien iluminada y aireada. Aprovecha al máximo toda la luz colocando la mesa cerca de una ventana, pero comprueba que no se refleja en la pantalla de tu ordenador.*

los que la mente y el cuerpo tienen que estar alerta y activos, y la decoración y el entorno deben ayudar a enfatizar esta perspectiva. El lugar ha de facilitar la concentración, pero no ser soso o aburrido. Si has convertido un sótano o un ático, debes sacar provecho a la más mínima luz disponible y emplear todos los trucos decorativos para que el espacio parezca más grande.

Para empezar, deja el techo liso o con dibujos sencillos y decora las paredes y el techo con un color claro. Las paredes uniformes reflejan la luz mejor que las rugosas o con relieves. Si quieres usar un color oscuro o fuerte, pinta sólo una pared a modo de panel decorativo, y preferiblemente aquella en la que esté la ventana, para que la luz que entre por ella contrarreste cualquier oscuridad. Los colores oscuros pueden resultar agobiantes y deprimentes y los rojos vibrantes, rosas y naranjas demasiado cálidos y vivos, lo que podría alterarte y distraerte de tu trabajo.

Los colores lisos o los dibujos geométricos claros constituyen la mejor opción para una zona de trabajo. Si lo decoras con muchas flores o como si fuese un dormitorio, le restarás razón de ser. Si recibes visitas de negocios, los papeles recargados de flores son demasiado informales y parecerá que no te centras en tu trabajo. Los colores claros y frescos, como el limón, el verde y el azul, y los neutros, como el *beige* y el crudo, son limpios e ideales para tu propósito.

Guía de colores en un solo vistazo

Las paredes de un estudio deben ser lisas y sin florituras. Los colores relajantes ayudan a mantener la calma, pero no deben ser tan sutiles y relajantes que te hagan quedar dormido. Una buena opción es mezclar colores brillantes y pálidos –pinta una pared con un color vivo, por ejemplo azul o verde, y después la otra en un tono más pálido del mismo color. En una habitación oscura, el techo pintado de un color claro o de blanco ayudará a reflejar la luz natural, así como los marcos blancos de las ventanas.

persianas

divisorias a rayas

La mayoría necesitamos un lugar donde organizar el papeleo. Si tu zona de trabajo está en un rincón de una habitación que cumple otras funciones, estas persianas te serán de gran utilidad para ocultar una mesa desordenada o el lugar donde llevas a cabo una afición. La mayoría de los tejidos de peso medio se pueden utilizar para unas persianas si los endureces con una solución de apresto. Elige una tela de ancho suficiente para no hacer costuras, pues impedirían enrollar la persiana con facilidad. Si la zona que quieres cubrir es más ancha que tu tela, confecciona varias persianas de acceso a diferentes zonas.

Materiales

Accesorios para estores

Tela de algodón

Apresto para tela (de combustión lenta)

Cinta adhesiva protectora

Pinturas acrílicas

Agente para pintar tela

Hilo

Herramientas

Cinta métrica

Escuadra

Tijeras

Lápiz

Sierra de arco pequeña

Tiza de sastre

Pinceles pequeños

Plancha

Grapadora

Aguja

Prepara los materiales

1 Dibuja la zona que vas a tapar con las medidas exactas del ancho y alto. Decide dónde vas a fijar las persianas y calcula cuántos accesorios de montaje vas a necesitar. Ayudándote con la cinta métrica, la escuadra y las tijeras, corta la tela. Marca la longitud de las barras de anclaje guiándote por el ancho de la tela.

Corta a la medida

2 Si es necesario, con la sierra puedes cortar a la medida que necesites las barras de anclaje que vienen en los accesorios de montaje de los estores.

3 Aplica el apresto por todo el tejido. Esto evitará que se deshilache cualquier corte de la tela y reforzará el tejido contra el fuego.

Dibuja las rayas

4 Con un lápiz dibuja rayas de diferentes anchos y pega tiras de cinta adhesiva en los bordes.

Añade los colores

5 Usa aproximadamente seis colores acrílicos mezclados con un agente para pintar tela y pinta las rayas. Entre color y color

Mide las barras de anclaje guiándote por el ancho de la tela.

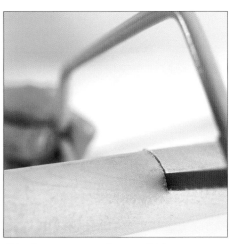

Si las barras son muy largas, córtalas con una sierra de arco pequeña.

deja secar bien las rayas antes de colocar más tiras de cinta adhesiva.

6 Cuando hayas pintado todas las rayas, plancha el revés de la tela siguiendo las instrucciones relativas al agente de pintura para tela. Esto sirve para asegurarte de que la pintura no destiñe.

Monta la persiana

7 Fija la tela al mecanismo del estor por medio de la tira adhesiva suministrada. Refuérzalo con una grapadora si tu estor es largo y pesado.

8 Con aguja e hilo cose un canalillo para la barra en el final de la tela. Introduce la barra y encájala en su sitio. Por último, instala el cordón del juego de montaje del estor.

Aplica el apresto sobre el tejido del estor para protegerlo contra el fuego.

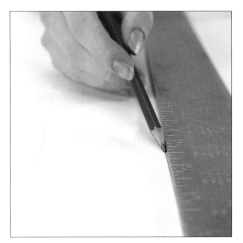

Sobre el tejido dibuja rayas de diferentes anchos con la ayuda de una regla metálica y un lápiz.

Con un pincel mediano, pinta las rayas y utiliza cinta adhesiva para que las líneas sean rectas.

Alternativa

Si prefieres un sistema divisorio más permanente y formal, puedes instalar unas puertas que se puedan plegar cuando necesites todo el espacio de la habitación. Estas puertas están montadas sobre pequeñas ruedas encajadas en raíles montados en el suelo y el techo. También pueden estar colgadas con bisagras y sujetas a simples pasadores encajados en placas de suelo. En las tiendas de bricolaje se pueden adquirir puertas plegables ya hechas. Las puertas paneladas se pueden adaptar quitando los paneles superiores y colocando marquetería o cristal, con lo que consigues que se filtre la luz suficiente conservando cierto grado de privacidad en cada lado de la habitación. Los paneles de marquetería se presentan en diversos modelos y materiales, incluso en madera comprimida de densidad media, cartón piedra y metales prensados. Los paneles de cristal se pueden comprar en una cristalería, donde nos los cortarán a la medida. Puedes elegir entre paneles de cristal liso, al ácido o coloreados y teñidos, y hay que fijarlos con masilla o con bordes reforzados para cristal.

Cuando las rayas estén secas, plancha el revés para comprobar que la pintura no destiñe.

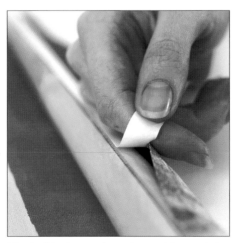

Fija el tejido al mecanismo de recogida usando la tira adhesiva que viene en el juego de montaje.

Cose un canalillo en el final del estor, introduce la barra y encájala en su sitio.

Almacenaje
y exposición

En las zonas de trabajo y de juego el almacenaje es importante: en un lugar de trabajo necesitas tener a mano libros de consulta y archivos, y en un área de juego se deben guardar los diferentes tipos de juguetes y juegos en sus recipientes o cajones para no perderlos o para que no acaben formando un espantoso revoltijo.

Cómo almacenar en la zona de trabajo

En una zona de trabajo lo más importante es evitar el desorden. Mantén a mano lo que necesites y guarda los artículos que utilices muy de vez en cuando en estantes altos o en los armarios y archivadores más alejados. Evita tener a tu alrededor montañas de archivos, cajas y papeles, pues el entorno puede rodearte y agobiarte. La mejor forma de mantener el control sobre los papeles es revisarlos con regularidad, que la bandeja de «entrada» se desborde.

Si tu escritorio está organizado, también te será más fácil hacer frente a lo que pasa por allí. El material de oficina (clips, gomas, grapadora y cinta adhesiva de celofán) debe guardarse en un cajón dividido por secciones, pues te permite saber exactamente el lugar de cada cosa y localizarla cuando la necesites.

Los artículos pequeños como clips y chinchetas los puedes guardar en tarros de cristal transparente con tapa de rosca, que permiten encerrarlos con seguridad a la vez que muestran su contenido. Los recipientes de plástico transparente pueden resultar útiles, pero la tapas no suelen ser tan firmes como las de rosca y con el tiempo el plástico fino y brillante acaba por quebrarse y agrietarse.

Pero una zona de trabajo no tiene por qué ser sosa y estricta. De hecho los artículos de papelería y los accesorios de oficina pertenecen a un entorno de reciente impacto en términos de color, patrón y diseño.

Los archivos que antes solían ser grises o tenían una carcasa de lo más sosa, ahora se presentan en

Derecha: *puedes colocar un archivador bajo tu escritorio, que te hará más accesible la documentación y además aprovecha bien el espacio.*

Abajo: *los cajones archivadores son extremadamente útiles y los puedes etiquetar para poder ubicar objetos rápidamente.*

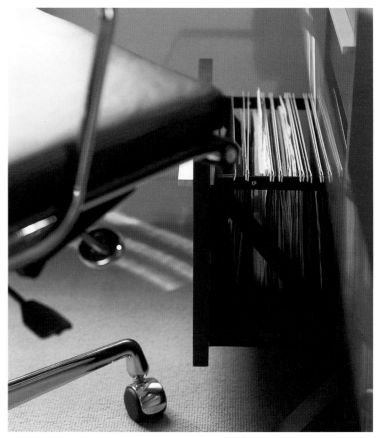

una amplia variedad de colores, lo que permite identificar un archivo a distancia. En lugar de comprar una docena de archivos con el mismo acabado, cómpralos de diferentes colores para que puedas adjudicar un color a cada tema. Esto le dará a tu área de trabajo un aspecto más vivo. O incluso crea tú los tuyos propios (véase cuadro *Etiquetas decorativas para cajas de almacenaje,* página 280).

Otra pieza útil puede ser una rejilla de pared, que puede ser de madera o de metal, y consiste en un panel de barras del que se pueden colgar objetos. Las rejillas de pared son generalmente más robustas que los tableros y con ganchos pequeños de carnicero puedes hacer de ella un buen lugar para colgar tijeras, martillos y llaves inglesas.

Una rejilla de pared de gran tamaño puede soportar el peso de estantes pequeños y se puede colocar en la pared de un banco de trabajo. Los diferentes ganchos y accesorios se pueden utilizar para colgar artículos de papelería (cinta de celofán, etiquetas adhesivas, un reloj, una cuchilla, reglas, etc.) de forma que quede todo a la vista y a mano. Este tipo de arreglo es mejor para una mesa o banco de trabajos secundarios, no al lado de la principal, pues todos esos artículos colgando delante de una persona que intenta trabajar pueden distraer y hacer que el espacio parezca reducido y abarrotado.

Si necesitas muchos estantes y módulos de almacenaje en tu área de trabajo es mejor que los pintes del mismo color de la pared para

reducir su efecto dominante. Esto hará que los estantes parezcan una parte integrante de la pared y no algo simplemente apoyado en ella.

Mobiliario práctico para la zona de trabajo

Si en tu trabajo tienes que recopilar información, muestras o material de consulta y llevarlo a tu mesa, te será muy práctico un carrito como mueble complementario. Puedes utilizarlo para llevar material de una zona a otra en un solo movimiento y evitarte el tener que cargar con montañas de archivos. También puedes mantenerlo cerca de tu mesa para colocar docu-

Arriba izquierda: los muebles diseñados para artículos como cintas y CD no siempre los mantienen cerrados, pero sí facilitan su identificación.

Arriba: éste es otro ejemplo de un módulo especialmente diseñado. En él se guardan en orden un reproductor de CD, CD y cintas de vídeo.

Izquierda: en un estudio pequeño, resultan muy útiles los estantes de cristal templado o de plexiglás, pues dan una gran capacidad de almacenaje pero no resultan demasiado pesados ni bloquean la luz.

Etiquetas decorativas para cajas de almacenaje

Es importante etiquetar los contenidos de las cajas y archivadores, para poder apuntarlos con facilidad. Para los archivadores del trabajo, usa etiquetas blancas con letras negras. Si utilizas los archivos o cajas en ambientes húmedos o con las manos mojadas, cubre las etiquetas con forro adhesivo. Para los niños pequeños que aún no saben leer, son prácticos los códigos de colores, de forma que los vestidos de muñecas estén en la caja rosa, los soldaditos en la roja y los libros en la verde. También puedes recortar imágenes o dibujos para que sepan a qué lugar corresponde cada cosa.

Derecha: este sistema de almacenaje tiene baldas de diferentes tamaños y forma una eficiente zona de trabajo a lo largo de una sola pared.

Abajo: hay revisteros en muchos materiales, colores y acabados por lo que los puedes coordinar con tu esquema decorativo.

mentos y utilizar los estantes superiores a modo de extensión de tu escritorio.

Del mismo modo que los equipos modernos de oficina, las piezas viejas o antiguas pueden resultar útiles, atractivas e interesantes. Los mostradores antiguos de tiendas con cajones de cristal en el frente pueden dar un agradable cambio a una oficina casera con mobiliario y tejidos de estilo tradicional. Los arcones de cajones planos no sólo te dan un buen servicio de almacenaje: por su tamaño y estructura también los puedes utilizar a modo de zona de trabajo adicional, división parcial

de una habitación o incluso de soporte para una cafetera.

También podemos utilizar una estantería pequeña de la misma forma en que utilizamos el arcón para crear una división baja o parcial. Estas pequeñas barreras ayudan a dividir el espacio de trabajo del resto de la casa sin interrumpir la luz ni el campo de visión. Puedes fijar una estantería de tres baldas (de altura inferior a 92 cm/3 pies) al suelo y a una pared contigua para que sea estable. El lateral que dé a la zona de trabajo será el de las baldas, mientras que la parte trasera mirará hacia el resto de la habitación, y podemos ocultarla

con el respaldo de un sofá o pintándola a juego con la pared de esa zona (véase página 270 para más ideas sobre cómo crear un espacio independiente para tu zona de trabajo).

Cómo exponer en la zona de trabajo

Aunque la función principal de tu zona de trabajo debe ser práctica, no hay razón para no exponer algunos adornos encima de un juego de archivadores y crear así un ambiente más cómodo y agradable. Si tienes un corcho al lado de tu mesa, también podrás colgar un calendario, fotos de familia y algunos números de teléfono de utilidad. También puedes darle un poco de vida con alguna lámina, pero no conviertas tu zona de trabajo en un espacio abarrotado.

Cómo almacenar en la zona de juego

Si una habitación infantil también cumple la función de zona de juego, guarda los juguetes en cajas al terminar el día y así eliminarás la tentación de que una personita salte de la cama y siga jugando en cuanto cierres la puerta. Un buen almacenaje de los juguetes contribuye al aprendizaje de la disciplina y el orden. También ayuda a despejar el suelo cuando acaban los juegos, de forma que si hay un cambio de las actividades diurnas a las nocturnas, el espacio se puede adaptar rápidamente. Además, los adultos tienen que comprobar que los niños duermen sin tropezar con monopatines, trenes de juguete o sobre una muñeca o juguete favorito.

En una habitación infantil los cajones plásticos con tapa resultan muy prácticos. Se pueden colocar a lo largo de una pared y etiquetar para poder identificar su contenido sin necesidad de abrirlos uno a uno. Los cajones con ruedas se pueden meter debajo de la cama o la litera y las baldas estrechas son ideales para los libros y los juguetes pequeños, como soldaditos, cochecitos y muñecas.

Si un niño sabe que sus juguetes siempre tienen que volver a la misma caja o bolsa, aprenderá rápido la rutina, lo que ahorrará a un progenitor o cuidador la ingrata tarea de buscar un objeto determinado hasta la saciedad.

Un almacenaje fácilmente accesible evita que los objetos pequeños se separen o se pierdan. Para las habitaciones de niños un poco mayores, puedes guardar esos objetos pequeños, como pinceles, pinturas o peluches favoritos en un colgador con bolsillos montado en la pared o en la puerta. Es fácil de hacer, con un tejido de algodón fuerte (lienzo o percal) o incluso con un material más interesante, como la tela vaquera (véase el cuadro de la derecha). El panel se puede fijar a la pared o a la puerta con ganchos y ojales o con un trozo de cuerda resistente atado a uno de los extremos del anclaje y anudado a un par de ganchos fuertes. Los bolsillos se pueden hacer con colores que contrasten con la parte trasera o decorados con letras de fieltro, recortes de lo guardado en ellos o con botones.

Cómo exponer en la zona de juego

En una habitación infantil, el almacenaje también cumple una función expositora. Por ejemplo, una tropa de vaqueros puede ser divertida si se alinea sobre una balda de una habitación en la que predomina el tema de los indios y los vaqueros. Si la Barbie es la muñeca del momento y la habitación está pintada de rosa en su honor, podemos colocar la propia muñeca a la vista para que forme parte del esquema general.

Las zonas de exposición también pueden cumplir una función informativa. Resultan muy prácticos los tableros para los boletines de notas y los informes, así como para los deberes y los horarios escolares. Puede que también haya que poner láminas con chinchetas, si utilizas un tablero de corcho, protegerás la pared de nuevos agujeritos cada vez que cambie la moda.

Haz tu propio colgador

Necesitas recortar un rectángulo largo del material que hayas elegido. Si piensas colgarlo de una puerta, toma las medidas de la puerta y redúcelo hasta que la parte trasera sea unos 61 cm/2 pies más corta que el alto de la puerta y unos 23 cm/9 pulgadas más estrecha en cada lado. Cose el dobladillo de la parte trasera y unos canalillos en los extremos superior e inferior en los que quepa una barra del ancho de la tela. Cuela las barras en los canalillos y remata los extremos de la tela para que no sobresalgan.
Mide los objetos que vas a guardar en los bolsillos y corta las telas del mismo tamaño dejando un buen trozo para las bastillas. Cose el dobladillo de la parte de arriba, mete hacia dentro los laterales y el fondo del bolsillo y cóselo a la parte trasera del colgador.

Izquierda: este módulo alargado de baldas no sólo guarda eficientemente juguetes y libros, sino que también los expone de manera atractiva.

panel

expositor machihembrado

Los paneles ligeros de listones son ideales para una oficina en casa o un estudio con diferentes necesidades de almacenaje. Hemos hecho los paneles con tablas de suelo machihembradas, pero cortando las lengüetas. La parte ingeniosa reside en que las ranuras hacen de anclaje de estantes y cuadros, que se pueden colgar a diferentes alturas. Sólo hay que desenganchar y redistribuir lo que quieras colgar. Los paneles se pueden fijar directamente a la pared o, para tener una versión menos permanente, fijarlos a listones verticales clavados. Usa ganchos para colgar los cuadros de las ranuras.

Materiales

Listones de madera

Tablas de suelo machihembradas de madera de coníferas

Tornillos

Solución para nudos

Base acrílica

Pintura acrílica blanca satinada

Cola para madera

Herramientas

Serrucho

Banco de trabajo

Cinta métrica

Cepillo de carpintero o sierra de vaivén

Lija

Taladro eléctrico

Avellanadora

Brocha

Sierra de arco para metales

Destornillador

Mide el área

1 Delimita la altura y el ancho del panel. Con un serrucho, corta los listones de madera y las tablas para suelo a la medida necesaria.

2 Sujeta cada tabla en un banco de trabajo y elimina las lengüetas con un cepillo de carpintero.

Fija las tablas

3 Dispón las tablas ya cortadas, dejando 1 cm/½ pulgada de margen entre ellas. Coloca los listones verticales en cada extremo. Si el ancho de tu panel tiene más de 4 m/157 pulgadas, añade otro listón central para darle más estabilidad.

4 Taladra y atornilla la parte trasera de los listones a cada tabla con una avellanadora, comprobando que las cabezas de los tornillos quedan por debajo de la superficie de la madera.

Con un serrucho corta los listones y las tablas machihembradas del tamaño necesario.

Sujeta cada tabla al banco de trabajo y elimina las lengüetas con una sierra de vaivén.

5 Cuando hayas fijado todas las tablas a los listones, dale la vuelta al panel y líjalo bien. Con una brocha vieja, aplica un poco de solución para nudos en todos los nudos resinosos, lo que evitará que la resina atraviese la pintura y estropee el acabado.

Pinta las tablas

6 Aplica una capa de base acrílica y dos de pintura acrílica blanca satinada y deja que seque.

Haz el estante

7 Usa otra tabla para suelos (sin la lengüeta) para hacer el estante. Corta dos piezas de la misma longitud y ensámblalas para formar la base y la parte trasera. Corta dos cuadrados idénticos con las esquinas recortadas para formar los laterales. Encólalos y atorníllalos. Dale una capa de solución para nudos, base y pintura acrílica.

8 Con la sierra para metales corta un trozo de marco metálico en forma de L para ajustar al borde superior del estante.

9 Taladra, avellana y atornilla el extremo más largo del marco metálico sobre el estante. Tiene que encajar perfectamente entre las tablas y anclarse en la ranura.

Con una broca de avellanar, atornilla todas las tablas a la parte trasera de los listones.

Aplica con una brocha un poco de solución a los nudos resinosos para que no salga la resina.

Aplica sobre las tablas una capa de base acrílica y dos de pintura acrílica satinada.

Alternativa

Uno de los métodos más atractivos para guardar CD es meterlos horizontalmente en las ranuras de un panel de madera. Las mejores maderas son las nobles de vetas vistosas, pero si quieres construir el tuyo propio, necesitarás una ranuradora. Puedes adaptar esta idea haciendo una versión más simple: añade piezas de anclaje al frente de un panel fino. Esboza las medidas aproximadas para calcular los materiales que vas a necesitar. Consigue un panel de madera o de madera comprimida de densidad media cortado a la medida y anclajes cuadrados suficientes cortados al mismo ancho. Comprueba que los anclajes tienen la profundidad necesaria para sujetar los CD con firmeza. Con una escuadra y un lápiz suave marca ligeramente la posición de los anclajes en la parte trasera y delantera del panel, asegurándote de que entre ellos guardas espacios del ancho de un CD. Extiende una fina capa de cola para madera en una de las caras de los anclajes y colócalos en su sitio. Sujeta los anclajes clavando una hilera de puntas desde la parte de atrás del panel. Por último, fija el panel a la pared con tornillos o placas en cada extremo.

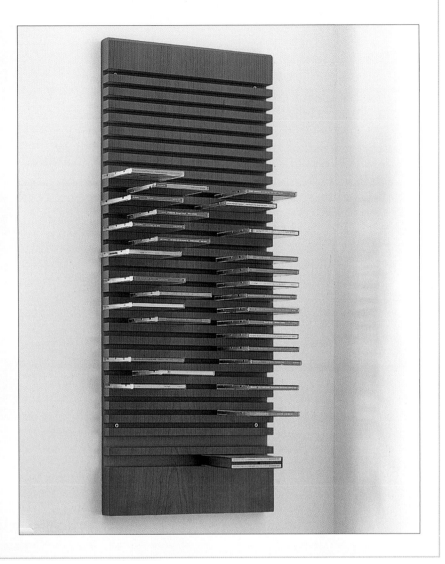

Forma la balda con otra tabla para suelo, y aplícale la solución para nudos, la base y la pintura.

Corta un trozo de marco metálico con forma de L que se ajuste a la parte superior de la balda.

Taladra, avellana y atornilla el borde más largo del marco metálico sobre el borde superior de la balda.

Iluminación para el trabajo y el juego

El tipo y modelo de iluminación que elijas tanto para la zona de trabajo como de juego son muy importantes: las zonas de trabajo tienen que ser luminosas y estar bien aireadas y deben propiciar la concentración, mientras que en una habitación infantil, la seguridad es lo prioritario.

Abajo derecha: una luz movible que enfoque directamente sobre el papel o la pantalla es una necesidad básica en un ambiente de trabajo o de estudio.

Iluminación para el espacio de trabajo

Siempre que sea posible, hay que colocar la pantalla del ordenador cerca de una ventana con luz natural y girada para evitar que el resplandor dé en los ojos y desdibuje zonas de la pantalla. No tengas la luz demasiado baja. Hay que igualar el nivel de luz de la habitación con el de la pantalla.

Es imprescindible tener una luz ajustable especial para trabajar como complemento de la pérdida de intensidad de la luz natural. Una lámpara casera estándar de pantalla o una luz central no es suficiente, pues proyectan sombras sobre la pantalla, dificultando la visión. También son necesarias las luces de mesa o de tarea, como los focos empotrados o dirigibles, para iluminar el resto de la superficie del escritorio.

Iluminación para el cuarto de jugar

Para un área de juegos es más apropiada la luz ambiental intensa, para que en la medida de lo posible el nivel del suelo quede libre de cables. Pon fundas de seguridad en las tomas de corriente para impedir que los deditos puedan investigar en los agujeros, e instala enchufes de seguridad con clavijas parcialmente revestidas.

En lugar de escoger lámparas de mesa con pie de porcelana o materiales que rompan con facilidad, opta por lámparas robustas. En los grandes almacenes encontrarás una gran variedad especialmente diseñadas para las habitaciones infantiles.

Las lámparas no sólo dan luz, sino que también pueden ser un elemento divertido e interesante del esquema decorativo, especialmente en una zona de juego. Por ejemplo, hay pantallas de papel con forma de luna creciente o de paraguas de muchos colores.

Si los niños que juegan en esa zona pasan la mayor parte del tiempo en el suelo, necesitarás que el haz de luz sea ancho y salga del techo, por ejemplo, por medio de focos empotrados y apliques. Las pantallas de los apliques pueden ser cerradas para impedir el acceso directo a las bombillas y que en caso de que la bombilla explote, los cristales no se esparzan.

Si la zona de juego también cumple la función de estudio para un niño mayor o para un adulto, se pueden fijar a la pared luces de tarea ajustables para poder colocarlas por encima de un escritorio o zona de trabajo sin interrumpir en la zona de juego. Este tipo de luz de trabajo tiene que enfocarse de forma que el haz brille en diagonal por los papeles de la mesa y llegue hasta el trabajo en curso.

Cómo personalizar archivos

Puedes personalizar los archivos de tu oficina en casa con papel de regalo decorativo de color plata y tonos pastel brillante o con forro adhesivo de colores. Elige colores que simbolicen el contenido del archivo. Por ejemplo, puedes usar el azul para los asuntos relacionados con el agua y el verde para los temas de jardinería y comercio de césped.

Izquierda: *la mejor situación de un escritorio es cerca de una fuente de luz natural. En este caso los espejos reflejan y aprovechan al máximo la luz disponible.*

Abajo izquierda: *las luces de tarea deben proporcionar un nivel alto y uniforme de luz pero no deben ser demasiado intensas ni tampoco deslumbrar.*

Usos de la luz natural

Es mejor que las cortinas sean sencillas para aprovechar al máximo la luz natural. Para una zona de trabajo son ideales los estores y las persianas venecianas, porque se pueden utilizar para proteger de la luz directa y brillante, o se pueden recoger en los días más oscuros.

En un cuarto de juegos, elige cortinas y persianas sencillas o algo del estilo de una persiana romana plegable que resulte efectiva y bonita (esta última debe colocarse fuera del alcance de unos dedos pegajosos). Si una zona de juegos se dedica en realidad más a una afición de un adulto, tendrás que adaptar las ventanas a ese *hobby.* Por ejemplo, si la fotografía o los vídeos familiares son una afición pertinaz, necesitarás persianas totalmente opacas.

Cómo crear tu propia pantalla decorativa

Personaliza la pantalla de una lámpara para una habitación infantil pintando la parte exterior o pegando recortes de formas y dibujos. Prueba a cortar motivos de cortinas y sábanas que ya no uses y aplícalos a la pantalla. Si utilizas motivos florales, deja que un extremo de un pétalo sobresalga del borde inferior de la pantalla para conseguir un acabado más decorativo. Compra siempre pantallas con garantía de seguridad y decora únicamente la parte exterior.

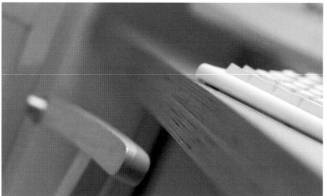

Accesorios de la zona de trabajo

La zona de trabajo de una casa debe ser más suave y cómoda que un espacio comercial o de oficina, pero aun así debe cumplir su función de manera efectiva. El almacenaje y una buena planificación son las claves del éxito: un escritorio encastrado puede convertir el hueco inutilizado de una escalera o un largo pasillo en una práctica habitación adicional. Dado que se trata de ambientes caseros, puedes darles un toque divertido con accesorios (archivos y lapiceros) y colores y diseños brillantes. De todas formas, no deben ser excesivos para que no distraigan tu atención. Una vez repartido el espacio para la mesa y el almacenaje, los puntos más importantes son la ventilación, la iluminación y los asientos. La ventilación es importante si utilizas aparatos eléctricos, pues desprenden calor y pueden cargar y secar el aire de la habitación. La iluminación directa, proporcionada por un foco o flexo ajustable, es vital para un buena visión y para el cuidado de la vista. Por último, una silla ergonómica y ajustable es indispensable para una postura correcta y un buen apoyo de la espalda.

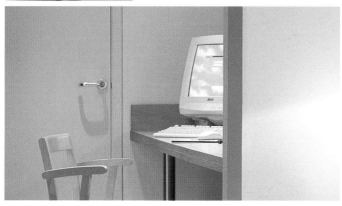

Un viejo pichel cumple la función de lapicero, una solución de almacenaje práctica y extravagante a la vez.

Los bordes suaves, como los del brazo de la silla y el escritorio, hacen de este espacio un ambiente de trabajo más agradable y seguro.

Un buen almacenaje es esencial para tener los objetos en orden y a mano, sobre todo en espacios reducidos.

Las baldas de las estanterías se pueden distribuir de forma que acomoden libros de diferentes tamaños y formas.

Las baldas transparentes no parecen tan pesadas o densas como las de madera maciza o madera comprimida de densidad media, y dan una sensación espaciosa a las habitaciones pequeñas. Sin embargo, sólo debes utilizar cristal templado laminado o plexiglás para este tipo de sistema de baldas.

Puedes utilizar un archivador pequeño como base de un escritorio, lo que significa que siempre tendrás a mano los archivos que utilices con más frecuencia.

Un etiquetado claro te facilitará la identificación del contenido de tus archivos y cajones.

Los reflejos sobre la pantalla del ordenador dificultan la visión, por lo que debes colocar una luz lateral ajustable y persianas en la ventana para lograr el nivel adecuado de luz en tu zona de trabajo.

Los colores claros y brillantes pueden dar mucha vida a un estudio o cuarto de trabajo.

Si utilizas mucho papeleo, asegúrate de que tienes suficiente espacio encima de la mesa o escritorio para colocar todo tu material.

Los artículos de papelería coordinados hacen más agradable y atractiva una mesa de trabajo.

Esta zona de estudio se ha empotrado al fondo de un pasillo y da un espacio adecuado y dedicado al trabajo.

Las lámparas de trabajo no tienen por qué ser sosas, este moderno diseño tiene un cabezal ajustable que se desliza a lo largo del soporte principal de acero.

Se pueden aprovechar armarios antiguos para guardar documentos o juguetes. Las puertas frontales macizas se pueden sustituir por mallas de alambre o tela de pliegues para darle un aire más hogareño.

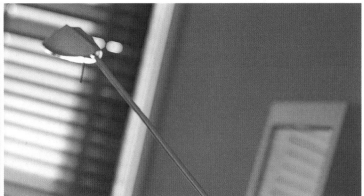

Zonas
de paso

Cómo planificar las zonas de paso

Los pasillos y vestíbulos son zonas de la casa que a menudo se pasan por alto, pero tienen una gran importancia, no sólo porque conectan una habitación con otra, sino porque si están decorados de forma sencilla y atractiva, pueden hacer que el hecho de pasar por ellos sea más agradable.

Los vestíbulos, rellanos, escaleras y pasillos comunican los diferentes niveles y habitaciones de una casa, pero a menudo son estrechos, oscuros y difíciles de aprovechar. Si dispones de un pasillo largo, prueba a subdividirlo en tres partes: el vestíbulo de entrada, el pasillo central y el final, y dale a cada sección un enfoque diferente.

Vestíbulos

La zona inmediatamente interior a la puerta de la entrada es un lugar de mucho movimiento, en el que la gente entra y sale, donde se recibe el correo y donde generalmente se guardan los abrigos, botas, sombreros y guantes. También hace de barrera con el mundo exterior: es un lugar de transición entre la realidad de la vida y el trabajo en la ciudad y el acogedor interior del hogar.

Para dar cabida a esa transición y a estas funciones debes crear un espacio tranquilo y organizado, y para hacer frente a las idas y venidas de esta zona, debe disponer de un buen servicio de almacenaje y un lugar donde poder sentarse para ponerse y quitarse los zapatos. Debe estar decorado de forma clara y agradable.

Accesorios

El primer accesorio de la entrada es normalmente un felpudo, que se coloca en el suelo por dentro o

Derecha: los paneles de cristal instalados encima de las dos puertas principales que dan a este pasillo permiten que entre la luz natural en esta zona interior sin ventanas.

Abajo: la iluminación es esencial en un vestíbulo. En la foto se muestra una luz inferior instalada justo encima del zócalo para iluminar el pasillo.

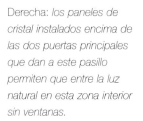

por fuera de la puerta. El suelo interior de esta zona debe cubrirse con un material práctico y que se pueda limpiar con facilidad. La piedra, la madera, las losas o las baldosas son una buena opción, pero hay que suavizarlos o darles vida con una alfombra de pasillo antideslizante.

El revestimiento del suelo debe ser fuerte y resistente, ya que sufrirá mucho desgaste; el mismo que sufriría una bonita alfombra de lana virgen. Puedes optar por la moqueta, pero en este caso coloca una alfombrilla en la zona inmediatamente interior a la puerta, o una alfombra de pasillo que proteja la zona central de la moqueta.

Pasillos

Los pasillos se encuentran en el «centro» de la casa e invariablemente tendrán puertas que se abran y cierren a su alrededor, pero aun así no soportan el mismo movimiento frenético que la zona de entrada.

Generalmente el pasillo no está lleno de gente, si es gente muy ocupada, normalmente están de paso, por lo que se puede aprovechar como una zona con cierta intimidad para recibir o hacer una lla-

mada de teléfono. Para satisfacer esta posibilidad, resultarán prácticas otra mesa y una silla. Puede que necesites la mesa para las guías de teléfonos, la agenda, un bloc de notas y un bolígrafo. También te puede ayudar una lamparita de mesa. Si no dispones del espacio suficiente para colocar una mesa, puedes instalar un par de baldas en la pared.

Dependiendo del tamaño de tu pasillo, te puede resultar útil disponer algunos muebles a modo de altos en el camino. Por ejemplo, si tu cocina está en el extremo opuesto del pasillo al comedor y colocas una mesita baja o un baúl pequeño al lado de la puerta del comedor, podrás apoyar una bandeja llena de platos o un plato caliente mientras abres la puerta.

En un pasillo largo, un punto de apoyo al lado de la puerta de un dormitorio también puede ser de utilidad para apoyar la ropa limpia de casa, unas bombillas, libros u

Izquierda: los vestíbulos tienen que ser prácticos, por lo que es buena idea instalar un módulo en el que guardar abrigos, zapatos y otros enseres.

Arriba: las puertas plegables de acordeón son ideales para dividir zonas en las que se dispone de espacio reducido.

otros objetos que tengas que distribuir.

También resulta práctico un arcón de cajones en un pasillo que comunique dormitorios, pues en él puedes guardar la ropa de cama lavada y planchada de varias habitaciones. Como norma general, los muebles para pasillos deben ser ligeros, estrechos y no muy voluminosos, para que el pasillo no se convierta en una carrera de obstáculos.

El punto final

La tercera zona corresponde al final del pasillo. En lugar de descartarlo por ser oscuro y sombrío, haz de él otro centro, de forma que cuando atravieses la puerta principal y mires al fondo del pasillo, te encuentres una bonita visión.

Esta zona debe estar iluminada para verla bien y poder calcular la distancia. Saber dónde termina el pasillo tiene un efecto psicológico reconfortante al saber dónde estás y lo que hay entre el final de la pared y tú.

Rellanos

Si el vestíbulo o pasillo dispone de un rellano, ya sea un rincón o al lado de una ventana, puedes aprovechar el espacio o ancho disponible. En este caso, puedes utilizar el espacio para crear un rinconcito especial, con una simple silla y una mesita para libros y revistas, o con una escultura grande. Si la zona es lo bastante amplia para acomodar una mesa grande, unas estanterías y una silla, también se puede utilizar como zona de estudio o de trabajo.

Escaleras

Las escaleras generalmente dan al vestíbulo y conectan un piso con otro. Deben estar bien iluminadas y tener un pasamanos o una estructura firme sobre la que apoyarse en caso de que alguien tropiece o resbale. Algunas casas tienen

Arriba: *un muro curvado es un efecto original.*

Abajo: *una mesa engastada en la pared es un elemento decorativo en este descansillo.*

Derecha: *luces con forma de escudo y papel de pared estarcido dorado añaden interés a este largo pasillo.*

Página siguiente: *las escaleras pueden ser elementos esculturales.*

tragaluces o varias ventanas en los niveles superiores para dar luz natural a las escaleras.

Si instalas claraboyas o ventanas de buhardilla proporcionarás una incalculable fuente de luz diurna. No es necesario poder abrir la ventana; puede ser un panel fijo y, si no es panorámica, no hay por qué vestirla. En las casas antiguas, estas luces de techo recibían el nombre de linternas y tenían diversas e interesantes formas, como las ovaladas divididas en segmentos triangulares, imitando una naranja.

Los laterales de la escalera se pueden cubrir con paneles de cristal templado, con ejes metálicos o de madera o raíles torcidos para que entre más luz.

Si utilizas moqueta, alfombras u otro revestimiento en las escaleras, asegúrate de que están bien fijadas. Para las alfombras, las varillas ofrecen una fijación estable.

También se puede encargar una estantería a la medida para cubrir el hueco de la escalera, que siempre constituye un espacio incómodo que hay que utilizar con cuidado. Otra opción, si lo

permite el tamaño, es cerrarlo para construir un baño aparte o un armario para los artículos de limpieza y la aspiradora. También se puede dejar abierto y colocarle baldas o vestirlo con una mesa y una silla o un botellero de gran tamaño.

Decoración y estilo

Teniendo en cuenta que los pasillos suelen estar en la parte más interior de la casa y normalmente no tienen ventanas y son oscuros, tendrás que recurrir a trucos y técnicas decorativas para darle más luz y ventilación al tuyo.

Una forma de decoración tradicional pero práctica para los recibidores y huecos de escaleras son las molduras. Consisten en listones de madera estrechos y altos, con un acabado redondeado o sencillo. Por debajo de la moldura, se puede empapelar la pared con un acabado grueso de protección y pintarla con un color oscuro y brillante, que resistirá patadas y marcas involuntarias. La zona superior se puede pintar con un color claro, para conseguir un efecto de altura y espacio.

Le puedes dar un aire oriental poco corriente si pintas de negro la parte inferior de la pared y de rojo la superior y el zócalo. Este estilo chinesco es un reflejo de los acabados lacados tan populares en China y se puede iluminar con focos regulables empotrados en el techo. Unos cuadros o espejos enmarcados en dorado o plateado también resaltarán contra el fondo.

También se puede emplear para decorar el vestíbulo la técnica del «cuarto de impresión»; es una técnica del siglo XVIII a la que se le puede dar un giro actual. Para crear un «cuarto de impresión» tradicional, en el pasado se pintaban la paredes de una pequeña habitación o vestíbulo con colores medios u oscuros y sobre éstos se

pegaban grabados en blanco y negro de paisajes o retratos. A continuación se enmarcaban los grabados con bordes que los hacían parecer cuadros reales. Esta técnica se puede adaptar fácilmente utilizando fotocopias o fotografías en blanco y negro.

Un espejo también resulta un elemento atractivo al final de un pasillo; pero evita cubrir toda la pared con espejo, pues te puede poner nervioso el verte cada vez que pases por allí. También puedes colocar un espejo ovalado o una colección de diferentes tamaños y formas dispuestos de manera original.

Cómo unir espacios

Partiendo de la idea de que un pasillo es el nexo entre las habitaciones, es aconsejable decorarlo de forma sencilla. Además de resultar agobiante, un papel demasiado cargado o de muchas flores puede hacer que un pasillo parezca más pequeño. Sin embargo, las paredes lisas no tienen por qué ser sosas, se pueden decorar con cuadros y espejos o con paneles de madera real o artificial.

Los pasillos largos son zonas estupendas para colgar conjuntos de fotos, grabados o pinturas. Con un juego de fotos en blanco y negro, de dibujos o caracteres, o incluso una colección de platos o pañuelos enmarcados, se puede crear una conexión de un extremo a otro del pasillo. Aunque los cuadros no pertenezcan a la misma serie, se pueden colgar por temas; por ejemplo, flores y mariposas.

Otra forma de unir espacios se consigue con una greca o pintando el zócalo de un color fuerte o dominante, de forma que capture tu visión hasta una esquina o un piso superior. También ayuda a dar unidad a un espacio una moqueta o alfombra del mismo color y dibujo, pero en los pasillos largos esto puede exagerar el efecto de longitud. Para estos casos lo mejor es colocar un juego de alfombras que creen zonas de interés por todo el pasillo.

Enfrente arriba: se ha instalado una ventana alargada en la parte superior de una pared que cubre dos niveles de escaleras. La ventana se convierte en un elemento decorativo de la pared y ofrece una vista panorámica desde el nivel superior.

Enfrente abajo: la seguridad es un factor importante en una escalera. En este caso, el pasamanos y los ejes tradicionales se han sustituido por cables de acero de alta tensión, que proporcionan una barrera de seguridad en el lateral de la escalera.

Izquierda: las escaleras de peldaños sueltos permiten que la luz pase de un piso a otro y tienen un aspecto menos voluminoso y sólido que las de peldaños cerrados.

Abajo: para dar altura, se ha tirado el tabique interior que formaba un pasillo entre la cocina y la habitación contigua, creando una zona de paso abierta.

Almacenaje en zonas de paso

Las zonas de paso, como vestíbulos y pasillos, son generalmente lugares de mucho movimiento en los que se realiza la mayor parte de la actividad diaria doméstica. Como tales, el almacenaje debe ser eficiente y flexible para cubrir las necesidades de toda la familia.

Derecha: en este vestíbulo un cierre estrecho con un panel de cristal translúcido decorado oculta perfectamente los abrigos y sombreros.

Cómo guardar los libros

Los vestíbulos y rellanos son espacios ideales para guardar libros, pues sólo se necesita un estante estrecho, que podemos encargar a medida para que encaje en lugares complicados o reducidos. Incluso se pueden guardar los libros de mayor tamaño; si son demasiado altos para el estante, podemos tumbarlos en horizontal o sobre un lateral.

Cómo guardar abrigos y zapatos

Necesitarás diferentes opciones de almacenaje para las zonas de paso. Los percheros son un elemento común. La forma más tradicional consiste en un listón de madera fijado a la pared con una hilera de ganchos. Cumple su función, pero no resulta nada atractivo. Para darle un poco de vida, puedes pintarlo y poner ganchos de bronce. Un diseño más moderno incorpora una trasera de acero o plástico y unos ganchos de madera o cromo. Los niveles se pueden variar, de forma que las prendas más cortas queden a media pared y las largas en el nivel superior.

Un perchero de dos niveles es una buena solución para una familia; así las prendas infantiles pueden quedar a una altura apropiada para los niños, y las de los adultos en los niveles superiores. Así se consigue el doble de capacidad para colgar en el mismo espacio. La distribución más efectiva es la que alterna los ganchos inferiores a medio camino de los superiores y a la vez evita que unas prendas cuelguen directamente encima de otras.

Es mejor guardar las prendas pequeñas, como guantes, sombreros y bufandas, en un cajón o en una balda para que no se enreden con las prendas grandes. Una solución práctica para los sombreros y los cascos de bicicleta o moto es poner una balda encima del perchero. Los paraguas tienen su lugar específico en el paragüero, ya sea un recipiente alto o una vasija.

Los zapatos y las botas tienen un acomodo más complicado. Deben guardarse por pares y metidos en un mueble bajo en forma de caja subdividido en compartimentos. A cada par de zapatos le corresponde su cajetín, pero puede que tengamos que enrollar o doblar las botas. Si el mueble zapatero está sobre el suelo, fijado a la pared, puedes suavizar la parte superior con cojines y utilizarlo como asiento.

Si el asiento del zapatero no es factible, podemos poner una silla de respaldo recto o un taburete. Cualquier asiento que pongamos en esta zona debe ser práctico: su comodidad sólo tiene que ser temporal. Si tienes un porche o una cristalera, también puedes construir un asiento

Izquierda: *las aplicaciones de espejo de las puertas de este armario reflejan la luz y hacen que la habitación parezca más grande.*

Cómo instalar un cubrerradiadores

La forma más sencilla de hacer un cubrerradiadores es utilizar un cajón hecho de madera comprimida de densidad media, de aglomerado o de madera maciza que cubra tu radiador, y fijarlo a la pared, puedes contratar un carpintero para que lo haga por ti. Una vez que hayas colocado el marco, puedes cubrir el panel frontal para ocultar el cuerpo del radiador con una gran variedad de materiales. Una opción sencilla y económica es un enrejado extensible de madera para jardines, puedes pintarlo o teñirlo de cualquier color y a continuación fijarlo al marco. Las rejillas metálicas, especialmente las de acabado de bronce, suelen tener motivos de tréboles muy bonitos. La tela es otra opción: puede utilizarse como un panel liso y tenso o plegado para que parezca una cortina. Evita los paneles frontales macizos, pues restringen el flujo de calor y reducen la eficiencia del radiador.

empotrado con bisagras en el que puedas guardar los zapatos.

Otra alternativa consiste en un sistema de dos baldas bajas sobre las que podemos disponer los zapatos en línea, y que podemos hacer con dos planchas de madera o dos raíles. Si alzamos ligeramente la parte trasera de los raíles, los tacones de los zapatos podrán descansar sobre ellos.

Estantes

Una mesa o un estante nos será muy útil y nos proporcionará un lugar donde apoyar el correo. La mesa debe ser como una consola estrecha que quede bien pegada a la pared. Las mesas de los vestíbulos generalmente se convierten en un foco de cosas inútiles y propaganda, por lo que hay ser disciplinado y mantenerlo bien ordenado si elegimos esta última opción.

Un estante puede ser pequeño y liso y podemos fijarlo directamente a la pared sobre el radiador del vestíbulo. Los radiadores suelen estar colocados al lado de la puerta principal para que al llegar a la casa encontremos un ambiente cálido y reconfortante. El estante también impide que la gente entre directamente en contacto con el calor del radiador y que puedan caer pequeños objetos por detrás (véase el cuadro de la derecha).

Otro artículo que vas a necesitar en esta zona son las llaves, pues es aquí donde guardas las del coche, de casa y de la oficina. Los colgadores de pared para llaves te ayudarán a mantenerlas en orden y a mano.

Un colgador de llaves puede ser sencillo, como un panel de corcho con hileras de ganchitos, o más elaborados, como un armario pequeño con una puerta que oculta las llaves.

diseño de hojas
y enredaderas

Inspirado en las formas flotantes de escayola y hierro forjado históricas, este diseño es perfecto para añadir interés a un vestíbulo soso. Hemos empleado las técnicas tradicionales de pintura con plantilla para repetir el motivo, pero tanto el tamaño del dibujo como la combinación de colores apagados le dan un aire muy actual. Con técnicas sutiles de sombreado y realce que imitan la forma en que se reflejaría la luz, conseguimos un efecto tridimensional. El patrón está hecho con dos cartulinas para plantillas de tamaño A1 y diseñado de forma que cada vez que se coloque la cartulina, se repita el dibujo.

Materiales

Cinta de enmascarar

Color base: pintura al agua (acrílica) verde

Cartulinas grandes para plantillas

Pintura al agua (acrílica) verde oscuro para la enredadera

Pintura al agua (acrílica) blanca

Pintura al agua (acrílica) gris/verde

Barniz acrílico mate

Herramientas

Rodillo y cubo

Chinchetas

Cuerda

Lápiz

Cuchilla

Pinceles para plantillas

Pinceles finos

Prepara la superficie

1 Enmascara la parte superior del motivo con cinta adhesiva, aplica una capa de base y déjalo secar. Extiende dos cartulinas en una superficie plana y, con un trozo de cuerda y un lápiz, haz un compás cuyo centro esté situado entre las dos cartulinas.

2 Dibuja un primer círculo cuyo diámetro sea la mitad del ancho de la cartulina. Vuelve a colocar la chincheta y dibuja dos círculos más pegados a cada lado del primero.

Haz tu diseño

3 Une los círculos con un lápiz para crear un patrón ondulante que formará el tallo de la enredadera. Usa curvas francesas para seguir las líneas del patrón y darle el ancho a la enredadera.

4 Usa plantillas curvas para crear los extremos en espiral de la enredadera y para añadir hojas al azar.

5 Recorta el diseño con una cuchilla, dejando «puentes de unión» donde sea necesario.

Aplica el color

6 Con la cinta de enmascarar pega la plantilla a la pared y aplica el color a la enredadera con un pincel seco mediante ligeros toques. Coloca la segunda cartulina haciéndola coincidir con el primer patrón y plantilla. Repite este proceso hasta completar todo el ancho de la pared.

7 Para pintar las sombras, decide la dirección de entrada de la luz y, con un pincel estrecho, dibuja una fina línea gris/verde en las zonas de la enredadera que de forma natural quedarían sombreadas.

8 Para los realces, dibuja con un pincel fino una sombra color hueso en las zonas de la enredadera en las que se reflejaría la luz (si tienes una fuente de luz natural en el vestíbulo o la habitación, como una ventana, trabaja con ella y no contra ella, pues así conseguirás que las sombras y realces que apliques sobre la enredadera queden tan naturales como los que se proyectan en objetos tridimensionales cuando les da la luz).

9 Cuando la superficie esté seca, dale varias capas de barniz acrílico mate.

Con una chincheta y un trozo de cuerda haz un compás centrado entre las cartulinas.

Con una cuchilla recorta el diseño dejando los «puentes de unión» necesarios.

Con un pincelito seco, aplica el color a la enredadera mediante toques ligeros.

mural

de fotografías en blanco y negro

En lugar de dejar que tus fotos más preciadas se pudran en un cajón o en un álbum, ¿por qué no las utilizas para transformar una pared? Hemos usado un ordenador, un escáner y una impresora para ampliar y teñir nuestras imágenes costeras en blanco y negro. Si no tienes de un ordenador, en muchas tiendas de fotos te ampliarán tus negativos originales a tamaño póster. También puedes ampliar fotos y modificarles el color en una fotocopiadora. Las imágenes en papel las puedes aplicar directamente sobre la pared con cola para empapelar o pegarlas sobre un tablón de cartón piedra y atornillarlo después a la pared.

Materiales

Imágenes sobre papel suficientes para cubrir la zona elegida

Cola vinílica o *spray* fijador

Cola para empapelar

Barniz acrílico

Herramientas

Guillotina o cuchilla

Regla metálica

Brocha

Escuadra

Lápiz

Pincel para cola

Cubo para mezclas

Paño suave

Corta las imágenes

1 Corta las imágenes con la guillotina o con la cuchilla y la regla metálica. Comprueba que todas tienen el mismo tamaño.

Fija la tinta

2 Para fijar la tinta, haz una prueba en una esquina de la imagen dándole unas pinceladas de cola vinílica diluida en agua (una parte de cola por dos de agua). Si la tinta empieza a desdibujarse al aplicar la cola, sustitúyela por *spray* fijador.

3 Con la escuadra y un lápiz, divide la pared en cuadrados de aproximadamente 1 m^2/39 pulgadas, aunque puede variar dependiendo del tamaño de tus imágenes. Esto te permitirá trabajar por secciones.

Fija las imágenes a la pared

4 Coge las imágenes necesarias para cubrir un cuadrado de la

Con una guillotina corta las imágenes para que todas sean cuadradas y tengan el mismo tamaño.

Aplica con una brocha un poco de cola vinílica (o un spray fijador) para fijar la tinta.

Conoce tus materiales

El *spray* fijador se utiliza para fijar la pasta calcárea y los dibujos a carboncillo de los pintores. Sin embargo, también sirve para las impresiones de ordenador y las fotocopias, que podrían desdibujarse al empaparlas con cola. El *spray* se puede adquirir en tiendas de manualidades y hay que aplicarlo uniformemente y en una habitación bien aireada. Para evitar inhalar los vapores, es aconsejable utilizar una mascarilla. Si prefieres, puedes utilizar una solución de dos partes de agua por una de cola vinílica.

pared, pero comprueba que difieren en color, tema y tono. Encola la parte posterior con cola para empapelar estándar y una brocha suave. Deja que empape por lo menos durante cinco minutos (permite que las fibras de papel absorban la cola y se hinchen) antes de pegarlas a la pared guiándote por las líneas hechas con el lápiz.

5 Elimina con un paño suave todas las arrugas y burbujas que haga la cola, con movimientos de dentro a fuera de las imágenes.

Deja secar el mural hasta el día siguiente. Si en ese tiempo se han levantado algunas de las esquinas, sólo tienes que volver a pasarles una brocha empapada en cola y alisar la superficie con un paño o similar.

6 Protege las imágenes con cola acrílica mate o satinada en *spray* (para evitar las marcas de los pinceles). Como alternativa puedes aplicar un barniz convencional con una brocha limpia de buena calidad.

Con una escuadra y un lápiz, señala la zona de la pared en la que vas a pegar las imágenes.

Con una brocha especial, encola la parte trasera de las imágenes.

Elimina las arrugas y burbujas frotando suavemente las imágenes con un paño.

Alternativa

Si no quieres pegar imágenes directamente sobre la pared, puedes crear un llamativo expositor gráfico si enmarcas tus fotografías. Queda realmente bien si todas son en blanco y negro y de tamaño similar. Los marcos negros lacados tienen mucha fuerza visual, pero no desmerecen en absoluto las propias fotografías. En las habitaciones muy luminosas, se puede utilizar plexiglás no reflectante para evitar los brillos. El plexiglás es una opción más segura que el cristal para los cuartos de baño, pero se raya con más facilidad.

Dispón las fotos en el suelo para decidir su distribución. Para alinear perfectamente los marcos, usa una cinta métrica y un nivel de burbuja y haz una marca con un lápiz en el punto donde tienes que clavarlos. Asegúrate de estar utilizando las puntas y ganchos apropiados para tu pared (varían dependiendo de si son paredes macizas o tabiques). Para un resultado perfecto, comprueba que los ganchos para colgar los cuadros están ubicados en el mismo sitio.

Cuando hayas terminado, protege las imágenes con un adhesivo acrílico mate o satinado en spray.

módulo zapatero

con compartimentos numerados

Este módulo es ideal para mantener el orden en una casa ocupada. Adjudica un número a cada miembro de la familia, o cambia los número por iniciales. Es perfecto para el vestíbulo, pues da mucho servicio para zapatos y bolsos. La estructura es muy sencilla pero requiere cortes precisos con una sierra de vaivén. Las planchas de 18 mm/⅓ de pulgada de madera comprimida de densidad media son muy grandes y pesadas, por lo que necesitarás ayuda. Usa una mascarilla siempre que vayas a cortarlas. Hemos empleado un método de pintura inversa con plantillas y hemos barnizado el módulo entero para que resista el desgaste.

Materiales

Tres planchas de 18 mm/1 pie y 4 pulgadas de madera comprimida de 40 cm

Tornillos

Masilla para madera

Imprimación de secado rápido

Pintura al agua (acrílica) de color café y crema

Adhesivo en *spray*

Barniz satinado acrílico

Herramientas

Lápiz

Sierra de vaivén

Lija

Pulidora

Taladro eléctrico

Avellanadora

Tijeras

Pincel para plantillas

Brocha

Haz la plantilla

1 Haz una plantilla de papel para los soportes verticales ondulados del módulo. La altura y el fondo deben tener unas dimensiones de 30 x 30 cm/1 pie x 1 pie. Guíate por la plantilla para dibujar los perfiles. En una sola plancha deben caberte los cinco soportes verticales.

2 Recorta el diseño cuidadosamente con la sierra de vaivén y elimina todas las asperezas con una lija o una pulidora.

3 Con un lápiz marca una ranura empezando desde la parte de atrás hasta el medio de los tres soportes verticales divisorios, a unos

2,5 cm/1 pulgada del extremo. El ancho de las planchas te servirá de guía para las ranuras. Marca la ranura correspondiente en la plancha base que vaya desde la parte delantera hasta el medio.

4 Corta todas las ranuras y elimina las asperezas con una pulidora.

Dibuja una plantilla para los soportes verticales ondulados y guíate por ella para los perfiles.

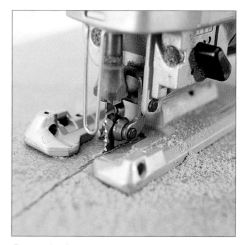

Recorta las formas con una sierra de vaivén. Usa una mascarilla mientras realices esta operación.

Conoce tus materiales

Para este proyecto utilizamos masilla para madera. Debido a su esponjosidad puede introducirse en esquinazos y grietas. Si tienes una zona grande que lijar, puedes emplear una lijadora eléctrica, que hace ese trabajo rápida y eficientemente. Para tener un acabado realmente profesional siempre completa el lijado a mano con un papel lija. Para un acabado de color uniforme, lija ligeramente después de cada capa con un papel húmedo y seco. Esto hará que tu pintura no tenga marcas de la brocha o rodillo o cualquier goteo accidental.

Encaja el módulo

5 Encaja los soportes verticales en la base. Deben ajustarse perfectamente, sin moverse.

6 Sujeta la parte trasera del módulo y marca con un lápiz la posición de los soportes verticales. Taladra, avellana y atornilla cada soporte vertical en su lugar. Coloca los soportes laterales de la misma forma. Rellena todos los agujeros de los tornillos con masilla y lija todo el módulo con una pulidora flexible.

Dale una capa de imprimación al módulo

7 Aplica una capa de imprimación de secado rápido a todo el módulo y líjalo suavemente con un papel de lija grueso.

Añade la numeración

8 Pinta la parte trasera de cada compartimiento con pintura al agua (acrílica) de color crema y déjala secar durante el tiempo recomendado.

9 En el ordenador o en una fotocopiadora amplía los números del uno al cuatro. Recórtalos con una tijera para formar una máscara y pégalos con un poco de *spray* adhesivo en la parte trasera de cada compartimiento.

10 Con pintura acrílica de color café y un pincel para plantillas, cubre el borde de cada número antes de aplicar la pintura con un pincel o brocha más grande.

11 Antes de que se haya secado la pintura, retira los números para dejar a la vista el color base. Aplica dos capas de barniz acrílico satinado sobre los números.

Con un lápiz, marca la posición de las ranuras y recórtalas con la sierra de vaivén.

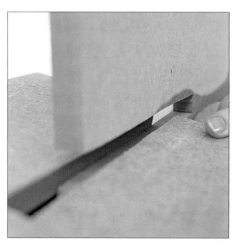

Encaja los soportes verticales en la base y comprueba que se ajustan perfectamente.

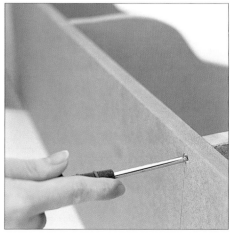

Atornilla cada soporte en su sitio y rellena todos los agujeros de los tornillos con un poco de masilla.

Alternativa

Si prefieres los sistemas de almacenaje sencillos y minimalistas, transforma una alcoba en un módulo empotrado. Este módulo de líneas rectas incorpora baldas poco profundas para guardar zapatos y un estante ancho con la función de asiento debajo del cual hay un armario profundo para bolsos y maletas.

La forma más sencilla de crear este tipo de sistemas de almacenaje es personalizar alacenas de cocina u otro tipo de armarios. Si prefieres empezar uno nuevo, dibuja tu diseño sobre el papel, midiendo la altura y el fondo de los artículos que quieres guardar. Fija a la pared soportes o listones para sujetar las baldas y colócalas en su sitio, añadiendo una más grande que haga de asiento. Fija listones verticales en cada lateral y por delante de las baldas para sujetar las puertas. Utiliza bisagras de las que se utilizan para alacenas de cocina para poder alinear las puertas con la pared. Marca la posición de las bisagras y con una broca de taladro especial para cortar, haz los agujeros. Haz las puertas con planchas de madera comprimida de densidad media o con tablas para muebles y remátalo con el color y los tiradores que elijas.

Con una brocha grande, aplica una capa de imprimación de secado rápido a todo el módulo.

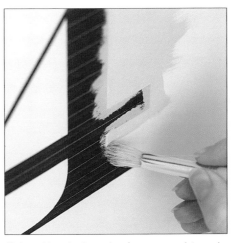

Cubre el borde de cada número con pintura al agua (acrílica) de color café.

Antes de que la pintura se haya secado, retira los números para dejar a la vista el color base.

Cómo iluminar las zonas de paso

La mejor forma de iluminar las zonas de paso y los vestíbulos es con apliques o luces de techo, pues así reducirás los obstáculos del suelo. Los focos que apuntan sobre un techo blanco magnifican el impacto de la luz. Se pueden añadir unas pantallas decorativas para que un pasillo largo tenga un aire más interesante.

Utiliza apliques como elementos decorativos

Los apliques se pueden emplear como elementos decorativos si enmarcamos la luz como si fuese un cuadro. Tomando el accesorio eléctrico como el punto central, haz un marco a su alrededor con una moldura o madera biselada de fondo plano, píntalo con un tono más oscuro que la pared, un color que contraste, o con un acabado metálico, como de bronce. Dentro del marco coloca un paspartú o un panel de otro color o, en caso de que la pared sea lisa, papel de pared decorativo. Con esto conseguirás que la luz sea mucho más que una simple fuente de iluminación.

Derecha: *una hilera de espejos decorativos, cerca del extremo superior de la pared, refleja la luz que entra por el panel del techo y la amplifica en gran medida.*

Los apliques son muy prácticos para los vestíbulos porque se pueden instalar a una altura superior a la cabeza, y si el haz de luz se dirige al techo, se consigue una iluminación suave e indirecta.

Cuando tengas visita o celebres una fiesta, el vestíbulo o la entrada de tu casa es lo primero que ven tus invitados, por lo que debe ser cálido y acogedor.

Para conseguirlo, la luz debe ser suficiente, pero no demasiado brillante.

Luz ambiental

Por las noches, puedes recibir a tus invitados con un nivel bajo de luz ambiental y, como complemento, un gran cirio de iglesia o varias velas encendidas. Las velas pequeñas las puedes introducir en un recipiente de cristal, que las hará más atracti-

vas. De todas formas, las velas deben colocarse en recipientes resistentes y seguros. De noche coloca velas enfrente de espejos para que las llamas se reflejen y dupliquen el impacto de la luz.

Falsos tragaluces

En un pasillo la iluminación es importante porque generalmente la luz natural escasea, si es que hay alguna. En una casa moderna, puedes instalar grandes paneles de luces que parezcan tragaluces.

Cuando se enciende la luz o las luces, la iluminación que se consigue es brillante pero difusa y se proyecta sobre una zona amplia, dando la impresión de que arriba hay una ventana. Se puede instalar un conmutador, para que durante el día la potencia se equipare a la luz natural exterior y durante la noche se reduzca a un brillo sutil.

Apliques

Los apliques son otra posibilidad para iluminar zonas de paso. En un pasillo largo, necesitarás combinar apliques, que crean una atmósfera ambiental, y luces o lámparas de techo, para asegurar una buena iluminación del suelo y los niveles inferiores.

También hay apliques con forma de antorcha y cuencos semicirculares de escayola que se pueden pintar para combinarlos con el color principal de las paredes del vestíbulo.

En un ambiente rústico, se pueden colgar de la pared tejas de terracota curvas, como las de las casas italianas, con la parte de abajo mirando hacia arriba. En esta zona curvada, se puede colocar un platito o un portavelas para sujetar las velas que queramos encender. Otra alternativa consiste en taladrar y cablear las losas para que hagan de soporte de una bombilla. Existen bombillas con forma de vela que incorporan un sistema de parpadeo que las hace confundibles con las velas reales.

Iluminación empotrada

Otra posibilidad de iluminación decorativa que se puede utilizar en una casa antigua consiste en instalar un tubo de luz estrecho y largo detrás de una cornisa o del marco de un cuadro, que oculta la luz directa y proyecta la sombra de los bordes decorativos de escayola.

Puntos de luz

Una hilera de focos empotrados es un sistema efectivo para iluminar un pasillo.

También se les puede instalar un conmutador para variar la intensidad de luz.

Puedes instalarlos en circuitos diferentes de forma que una fuente de luz se dirija hacia un objeto o un detalle del fondo del recibidor y la parte delantera y media queden a oscuras o con una iluminación más sutil.

Sea como sea, comprueba que el haz de luz no da directamente sobre la cara de un visitante.

Luces para cuadros

Además de aumentar el nivel de iluminación general de un pasillo, las luces para cuadros realzan los cuadros colgados en la pared. Estas luces se presentan en modelos finos, lineales y modernos, no más grandes que una pluma estilográfica, o en versiones más tradicionales y más grandes de bronce. Ambas hay que instalarlas partiendo del zócalo hasta la parte trasera de los cuadros, lo que supondrá tener que hacer un canal en la escayola de la pared y recubrirlo cuando se haya terminado la instalación. El efecto visual general se puede aprovechar para hacer una galería en miniatura.

Abajo izquierda: los focos empotrados en el suelo siguiendo la línea del zócalo son una forma de dar luz artificial a un pasillo.

Abajo: las luces empotradas en el techo complementan la luz natural que llega a través de las ventanas del comedor.

Índice

Agradecimientos

A AWJ, por supuesto.

Muchas, muchísimas gracias a todos los propietarios y diseñadores de las casas incluidas en este libro, así como a todas las personas enumeradas a continuación, que colaboraron en la búsqueda de estilismos y localizaciones: Jane Taylor y Corrine Day, de Heals; Jo Leyland, de Purves and Purves; Di y Eva, de Sheila Fitzjones; Sam y Kate, de Parker Hobart; Melissa, de Halpern; LK Bennett, Kings Road, Londres SW3; Karen y Jennifer, de Damask y Liberty Parker, de Habitat. Mi agradecimiento especial a Jean Johnston por su ayuda inestimable en la verificación de las fotografías; a Ray, por sus habilidades en la cocina y a Charlie, por su alegría y su destreza doblando ropa. ¡Vaya equipo!

LOCALIZACIONES

A la autora, al fotógrafo y al editor les gustaría darles las gracias a las siguientes personas y empresas por permitir que fotografiásemos sus hogares e instalaciones.

Leyenda

D = Derecha I = Izquierda
A = Abajo AR = Arriba
D = Detalle C = Centro

Tara Bernerd
(desarrollo/diseño de interiores)
2 Bentlick Street, Londres W 1 U JX,
020 7009 0101

y John Hitchcox
(desarrollo/diseño arquitectónico)
Yoo The Banking Hall, 20-28 Maida
Vale, Londres W9, 020 7266 2244

Bulthaup Kitchens
1 North Terrace, Alexander Square,
Londres SW3B, 020 74945 3663
(diseño arquitectónico realizado por
John Pawson)

Chesneys
194-101 Battersea Park Road, Londres
SW11 4ND, 020 7627 1410.
www.antiquefireplace.co.uk

Damask
Broxholme House, New Kings Road,
Londres SW6 4AA, 020 7731 3553.
www.damask.co.uk

Diligence
Providence House, High Street,
Stockbridge, Hampshire SO20 6HP,
01264 811 660.

Lisa Dodds (hogar de la artista)

Stephen Featherstone
Diseñador arquitectónico y director de
diseño de Llewelyn-Davies Architects
020 7612 9435

Christopher Healey Furniture
27-29 Union Street,
Londres SE1 1SD, 020 7639 4645,
también disponible en Concord
Designs, 01524 412 374,
www.concorddesigns.co.uk

Karen Howes
de TMH Designs Ltd.
208 The Chambers,
Chelsea Harbour, Londres SW10 0XF,
020 7349 9017,
tmh@dircon.co.uk

Interior Design House
The Coach House, 8 Avenue Crescent ,
Londres W3 8EW,
020 8752 8648
(diseñador de interiores Fleur Rossdale
y arquitecto Peter Wadley, 020 8752
8642
wadley@dircon.co.uk)

Hunter Johnston
(arquitecto)
020 7976 5000

Ivan and Sheila Levy
277 Kings Road, Londres SW3, 020
7376 7767

California Closets
(especialistas en almacenaje)
Unit 8, Staples Corner Business Park,
1000 North Circular Road, Londres,

020 8208 4544
www.calcloset.com

Gordana Mandic de buildburo
Unit 4 Illiffe Yard, Crampton Street,
Londres SE 16 3QA, 020 7708 3911,
www.buildburo.co.uk

John Minshaw Designs Ltd.
(diseñador de interiores)
119 George Street, Londres
W1H 5TB, 020 7258 0627

Claire Nelson de Nelson Designs
(diseñadora de interiores)
169 St. John's Hill, Londres
SW11 1TQ, 020 7924 4542

Original Bathrooms
143-145 Kew Road, Richmond,
Surrey, 020 8940 7554

Gregory Phillips Architects
66 Great Cumberland Place,
Londres W1H 7FD, 020 7724 3040

Camilla Ridley
(diseñadora de moda)
339 Fulham Road, Londres
SW10 9TW, 020 7351 7259
www.camillaridley.com

Stephen Ryan
(diseño y decoración)
7 Clarendon Cross, Holland Park,
Londres W11 4AP, 020 7243 0864

Andrea Sedgwick de Interiors Bis
60 Sloane Avenue, Londres SW3,
020 7838 1104

Victoria Stapleton de Brora
344 Kings Road, Londres, 020 7352
3697
www.brora.uk

Emily Todhunter de Todhunter Earle
Chelsea Reach, 79 Lots Road, Londres
SW10, 020 7349 9999

Sasha Waddell
(servicio de diseño de interiores y tienda
de muebles sueca)
269 Wandworth Bridge Road,
Londres SW6 7LT, 020 7736 0766

Helen Wilson de FK&F
(especialistas en cocinas)

19 Carnwath Road, Londres
SW6 3HR, 020 7736 6458

Worlds End Tiles
Railways Gds, Silverthorne Road,
Londres SW8, 020 7819 2100

ACCESORIOS
Nuestro agradecimiento a las siguientes
empresas por habernos facilitado
amablemente sus productos para las
fotografías.

Aero
347 Kings Road, Londres SW3, 020
7351 0511

Alessi showroom
22 Brook Street, Londres W1K 5DF,
020 74912428

The Chair Company
82 Parsons Green Lane, Londres SW6,
020 7736 5478
www.thechair.co.uk

Channels
3 Kings Road, Londres SW6 4SB, 020
7371 0301

Cucina Direct
0870 727 4300, catálogos o pedidos
en www.cucinadirect.co.uk

Habitat
196 Tottenham Court Road y varias
sucursales, 0845 601 0740
www.habitat.net

Heals
234 Kings Road, Londres SW3
020 7349 8411 y 196 Tottenham Court
Road, Londres W1, 020 7636 1666
www.heals.co.uk

Ligne Roset
23-25 Mortimer Street, Londres
W1T 3JE, 020 7323 1248
www.lrwestend.co.uk

Parma Lilac
020 8960 9239

The Pier
200 Tottenham Court Road, Londres
W1P 0AD, 020 7814 5042, pedidos por
correo 020 7814 5020
www.pier.co.uk

Purves & Purves
80-83 Tottenham Court Road, Londres
W1, 020 7580 8223
www.purves.co.uk

Russell Hobbs
0161 947 3170 para distribuidores
locales

319

EDIMAT LIBROS, S. A.
C/ Primavera, 35
Polígono Industrial El Malvar
28500 Arganda del Rey
MADRID-ESPAÑA
www.edimat.es
© en lengua castellana: Edimat Libros, S. A.

ISBN: 84-9764-500-6
Depósito Legal: M-6979-2004

Título original: The Essential Guide to Decorating
Traducción: MTM Traducciones Maremagnum

Primera edición en el 2002 por Murdoch Books UK Ltd
Copyright © 2002 Murdoch Books UK Ltd

Un registro de este libro se encuentra disponible en la British Library.

Responsable de sección: Natasha Martyn-Johns
Editor: Claire Musters
Diseñador: Kenny Grant
Director editorial: Anna Osborn
Jefe de diseño: Helen Taylor
Archivo de imágenes: Bobbie Leah
Fotografía: Ray Main y Graeme Ainscough
Estilista: Charlotte Cave
Ayudante de fotografía: Sophie Munro

Director general: Robert Oerton
Editor: Catie Ziller
Jefe de producción: Lucy Byrne
Director de ventas internacional: Kevin Lagden

IMPRESO EN ESPAÑA - *PRINTED IN SPAIN*

Murdoch Books UK Ltd
Ferry House, 51–57 Lacy Road
Putney, London, SW15 1PR
Tel: +44 (0)20 8355 1480
Fax: +44 (0)20 8355 1499
Murdoch Books UK Ltd es una filial de
Murdoch Magazines Pty Ltd

UK Distribution
Macmillan Distribution Ltd
Houndsmills, Brunell Road
Basingstoke, Hampshire, RG1 6XS
Tel: +44 (0)1256 302 707
Fax: +44 (0)1256 351 437
http://www.macmillan-mdl.co.uk

Murdoch Books®
GPO Box 1203, Sydney
NSW 1045, Australia
Tel: +61 (0)2 8220 2000
Fax: +61 (0)2 8220 2020
Murdoch Books® marca registrada de
Murdoch Magazines Pty Ltd